史记·列传

[西汉] 司马迁·著
金源·编译

【卷一】

陕西新华出版 三秦出版社

图书在版编目（CIP）数据

史记·列传 ／（西汉）司马迁著；金源编译． -- 西安：三秦出版社，2008.01（2024.1重印）
（国学百部经典丛书）
ISBN 978-7-80546-046-8

Ⅰ．①史… Ⅱ．①司… ②金… Ⅲ．①中国—古代史—纪传体②史记—译文 Ⅳ．①K204.2

中国版本图书馆CIP数据核字（2007）第188777号

书　　名	史记·列传
作　　者	［西汉］司马迁 著　金源 编译
责　　编	淡懿诚
封面设计	新华智品

出版发行	三秦出版社
社　　址	西安市雁塔区曲江新区登高路1388号
电　　话	（029）81205236
邮政编码	710061
印　　刷	北京一鑫印务有限责任公司
开　　本	680×1020　1/16
印　　张	18
字　　数	260千字
版　　次	2008年4月第2版
印　　次	2024年1月第2次印刷
标准书号	ISBN 978-7-80546-046-8
定　　价	69.80元（全二册）
网　　址	http://www.sqcbs.cn

前　言

《史记》是中国第一部纪传体通史，被鲁迅先生誉为"史家之绝唱，无韵之《离骚》"。作者司马迁，字子长。生于公元前145年，卒年不详。我国古代伟大的史学家、文学家。

《史记》叙述了上起黄帝，下至汉武帝太初年间三千年来的政治、经济、文化等多方面情况，及帝王将相、儒林游侠等其他重要人物的事迹。全书分十二本纪、十表、八书、三十世家和七十列传，共一百三十篇，五十二万六千五百字。

"本纪"实际上就是帝王的传记，因为帝王是统理国家大事的首脑，为他们作传记而名之曰"本纪"，正所以显示天下本统之所在，使官民行事都有一定的纲纪的缘故。

"表"是各个历史时期的简单大事记，是全书叙事的联络和补充。

"书"是个别事件的始末文献，它们分别叙述天文、历法、水利、经济、文化、艺术等方面的发展和现状，与后世的专门科学史相近。

"世家"记载了诸侯王国的大事，这是因为诸侯开国承家、子孙世袭，也就把他们的传记叫作世家。

"列传"主要是各种不同类型、不同阶层人物的传记，少数列传则是叙述国外和国内少数民族君长统治的历史。

总之，司马迁写作《史记》以"本纪"叙帝王，以"世家"载诸侯，以"列传"记人物，以"书"述典章制度，以"表"排列大事，网罗古今，包括百代，打破了以年月为起讫，如《春秋》的编年史以地域划分和《国语》的国别史的局限，从而创立了贯穿古今和社会生活各个方面的通史先例，成为正史的典范。

《史记》在叙事上非常成功，把头绪纷繁的人物和事件组织得详略得当、脉络清楚，使全书的结构既宏伟又严整。在艺术上进行了大量的加工，使得作品文字流利、形象生动、故事情节精彩纷呈。同时，全书语言丰富多变，洗练晓畅，并且融注了作者深沉而强烈的主观感情，读来令人耳目一新。

《史记》在历史文学上也有很高的成就，尤为突出的是对人物的描写。书中对社会各阶层人物的活动有广泛而生动的描写，特别是对于下层人民的才智功德作了鲜明的肯定和表彰。《陈涉世家》专门为农民起义领袖陈涉立传，高度评价了他在推翻秦王朝统治中的"首事"之功。《刺客列传》歌颂荆轲、聂政等刺客的抗暴精神。《魏公子列传》里着重赞扬了侯嬴、朱亥这些市井之民的才智和侠义。《货殖列传》则通过对商贾活动的描述，保存了极为珍贵的古代经济史料。政治家、军事家、学者、文人、游侠、娼优、医者、卜者等各类人物都在书中留下栩栩如生的剪影，构成了一幅色彩斑斓的社会生活画卷，加上作者对所记述的人和事"不虚美，不隐恶"的"实录"态度，是《史记》的思想价值高出于后来一切官修史书之所在。

　　以史为鉴，知千秋盛衰兴趣；前事不忘，明万代是非得失。今读《史记》可知王侯将相兴衰之道，先哲圣贤治世之方，更可以推陈出新，古为今用，实乃一部治国安邦、立身处世的最佳教科书。

编　者
2008年1月

目 录

卷 一

伯夷列传…………………………………… 1
管晏列传…………………………………… 5
老子韩非列传……………………………… 10
孙子吴起列传……………………………… 20
伍子胥列传………………………………… 32
商君列传…………………………………… 46
孟尝君列传………………………………… 57
平原君列传………………………………… 73
魏公子列传………………………………… 80
春申君列传………………………………… 91
乐毅列传…………………………………… 104
廉颇蔺相如列传…………………………… 114
吕不韦列传………………………………… 130

卷 二

刺客列传⋯⋯⋯⋯⋯⋯⋯⋯⋯⋯⋯⋯⋯⋯140
淮阴侯列传⋯⋯⋯⋯⋯⋯⋯⋯⋯⋯⋯⋯163
扁鹊列传⋯⋯⋯⋯⋯⋯⋯⋯⋯⋯⋯⋯⋯190
魏其武安侯列传⋯⋯⋯⋯⋯⋯⋯⋯⋯⋯198
李将军列传⋯⋯⋯⋯⋯⋯⋯⋯⋯⋯⋯⋯214
卫将军骠骑列传⋯⋯⋯⋯⋯⋯⋯⋯⋯⋯228
汲黯列传⋯⋯⋯⋯⋯⋯⋯⋯⋯⋯⋯⋯⋯245
游侠列传⋯⋯⋯⋯⋯⋯⋯⋯⋯⋯⋯⋯⋯253
滑稽列传⋯⋯⋯⋯⋯⋯⋯⋯⋯⋯⋯⋯⋯262

伯夷列传

【原文】

　　夫学者载籍极博，犹考信于六艺。《诗》《书》虽缺，然虞夏之文可知也。尧将逊位，让于虞舜，舜、禹之间，岳牧咸荐，乃试之于位，典职数十年，功用既兴，然后授政。示天下重器，王者大统，传天下若斯之难也。而说者曰尧让天下于许由，许由不受，耻之，逃隐。及夏之时，有卞随、务光者。此何以称焉？

【译文】

　　学者们记载史实的典籍固然广博，可仍然要以《六经》（即《诗》《书》《易》《礼》《乐》《春秋》）作为考证征信的依据。《诗经》《尚书》虽不完整，存在缺损，但是记载虞、夏两代的文献，依然可以得见。尧将退位时，让给虞舜，舜、禹之间交接的时候，四方诸侯之长和州牧们都来推荐，先让他们代理职位，主持职务数十年，功绩都非常显著了，然后把政权授给他们。这是表示天下是极贵重的宝器，王位是极重大的法统，所以，传授天下是如此的慎重啊！可是诸子杂记说：尧想把帝位让给许由，许由不肯接受，并以此为羞辱而逃走隐居起来。到了夏朝的时候，又有卞随、务光两位隐士。这种事又要如何解说呢？

尧　姓祁，名放勋，中国古代传说的圣王。因封于唐，故称"唐尧"。为陶唐氏部落首领，年老，咨询四方部落首领，命舜摄政，经三年考绩，让位于舜，史称"禅让"。

【原文】

　　太史公曰：余登箕山，其上盖有许由冢云。孔子序列古之仁圣、贤人，如吴太伯、伯夷之伦详矣。余以所闻由、光义至高，其文辞不少概见，何哉？

【译文】

　　太史公说：我攀登过箕山，山上传说有许由的坟墓。孔子论列古代仁圣贤人，如吴太伯、伯夷等辈算是详细得很。但依我认为所听到的，许由、务光的气节是最高尚的，但在经书里有关他们的文辞记载却一点也没见到，这是为什么呢？

【原文】

孔子曰："伯夷、叔齐，不念旧恶，怨是用希。""求仁得仁，又何怨乎？余悲伯夷之意，睹轶诗可异焉。"其传曰：

【译文】

孔子说："伯夷、叔齐不会记挂过去的怨仇，因此怨恨他的人也就少了。"又说："希求仁德而得到仁德，又怨恨什么呢？对伯夷叔齐的心意我感到悲伤，但看到他们遗留下来那些诗文，可又为他们感觉有点儿诧异。"他的传记上说：

【原文】

伯夷、叔齐，孤竹君之二子也。父欲立叔齐，及父卒，叔齐让伯夷。伯夷曰："父命也。"遂逃去。叔齐亦不肯立而逃之。国人立其中子。于是伯夷、叔齐闻西伯昌善养老，盍往归焉。及至，西伯卒，武王载木主，号为文王，东伐纣。伯夷、叔齐叩马而谏曰："父死不葬，爰及干戈，可谓孝乎？以臣弑君，可谓仁乎？"左右欲兵之。太公曰："此义人也。"扶而去之。武王已平殷乱，天下宗周，而伯夷、叔齐耻之，义不食周粟，隐于首阳山，采薇而食之。及饿且死，作歌，其辞曰："登彼西山兮，采其薇矣。以暴易暴兮，不知其非矣。神农、虞、夏忽焉没兮，我安适归矣？于嗟徂兮，命之衰矣！"遂饿死于首阳山。

【译文】

伯夷、叔齐是孤竹国君的两个儿子。父亲想将王位传给叔齐，等到父亲去世，叔齐要让位给伯夷，伯夷不肯接受，说："这是父亲的遗命啊！"于是离家逃走了。叔齐也不肯即位而逃走了，国人只好立第二个儿子为王。这时候，伯夷、叔齐听说西伯昌擅长让老人得到充分的照顾，心想：怎么不去归附他呢？等到达的时候，西伯已经去世了。武王用车载着木制灵牌，并追尊西伯昌为文王，东去讨伐商纣。伯夷、叔齐便扣住武王的马劝谏说："父亲死了还没安葬，就要发动刀兵打仗，能说是孝子吗？作为臣子却要去弑杀国君，可说得是仁者吗？"武王左右的人想要杀掉他们，太公说："这是有仁义的人啊！"于是把他们搀扶开去。等到武王平定殷纣的暴乱之后，天下都归附周朝了，而伯夷、叔齐却耻做周朝的臣民，为了坚守节义，拒不吃周朝的米粮，隐居在首阳山中，采些野菜来充饥。等到饿得将死的时候，作了一首歌，歌辞说："登上那座西山呀！去采些薇菜。以暴臣取代暴主，还不知道自己的错误哩！神农、虞、夏的时代一去不复返了，叫我到哪里去好呢？我叹息我的命运真是衰薄啊！"于是饿死在首阳山中。

伯夷　为商末孤竹君之长子，姓墨胎氏。名允，字公信，谥夷，后人称之为伯夷。

【原文】

由此观之，怨邪非邪？

【译文】

由此看来，伯夷、叔齐是抱怨呢，还是不抱怨呢？

【原文】

或曰："天道无亲，常与善人。若伯夷、叔齐，可谓善人者非邪？积仁絜行如此而饿死！"且七十子之徒，仲尼独荐颜渊为好学。然回也屡空，糟糠不厌，而卒蚤夭。天之报施善人，其何如哉？盗跖日杀不辜，肝人之肉，暴戾恣睢，聚党数千人横行天下，竟以寿终。是遵何德哉？此其尤大彰明较著者也。若至近世，操行不轨，专犯忌讳，而终身逸乐，富厚累世不绝。或择地而蹈之，时然后出言，行不由径，非公正不发愤，而遇祸灾者，不可胜数也。余甚惑焉，傥所谓天道，是邪非邪？

【译文】

有人说："天道是没有偏爱的，只是常常帮助好人。而像伯夷、叔齐这样的人，难道称不上是好人吗？这样地聚积仁德、修养品行，竟然饿死了！"再说七十二位贤人里，孔子特别赞美颜渊好学，可是颜回常常穷得连最粗糙的食物都吃不饱，而终了早死了。上天对于好人的报偿，怎么是如此的呢？盗跖每天杀死无辜的人，烧烤人肉来吃，放纵暴戾，聚集朋党几千人，横行天下，却反而能够长寿而终，这又是依循什么德行呢？这些都是特别显明的例子了。像到了近代，行为不遵循法度，专做犯法坏事的，却能终身安逸享乐，富贵丰厚，几代不断。而有的人选好地方才肯进步，该说话的时候才说话，走路不走小道，不是公正的事不奋发去做，然而却遭遇天灾人祸，简直数不胜数。我实在觉得很迷惑，倘若这就叫作天道的话，那么，天道到底是对呢，还是错呢？

叔齐 名致，字公达，谥齐，后人称之为叔齐。后耻食周粟，饿死首阳山。

【原文】

子曰："道不同不相为谋。"亦各从其志也。故曰："富贵如可求，虽执鞭之士，吾亦为之。如不可求，从吾所好。""岁寒，然后知松柏之后凋。"举世混浊，清士乃见。岂以其重若彼，其轻若此哉？

【译文】

孔子说："志向不同的人，不能互相谋划。"也只好各自遵从自己的意志去做了。所以说："富贵如果可以追求得到的话，即使是赶车子的下贱之人，我也愿意去做。如果不能勉强求得的话，还是依照我所爱好的去做了。""天气寒冷，才会知晓松柏是最后凋谢的。"世俗混浊不堪，清高的人才会被显现出来。这难道是因为世俗的人是那样地重视富贵，而清高的人又是这样地轻视富贵吗？

【原文】

"君子疾没世而名不称焉。"贾子曰："贪夫徇财，烈士徇名，夸者死权，众庶冯生。""同明相照，同类相求。""云从龙，风从虎，圣人作而万物睹。"伯夷、叔齐虽贤，得夫子而名益彰。颜渊虽笃学，附骥尾而行益显。岩穴之士，趣舍有时若此，类名堙灭而不称，悲夫！"闾巷之人，欲砥行立名者，非附青云之士，恶能施于后世哉？

【译文】

"君子痛惜死后而声名不能称扬于世间。"贾子说:"贪婪之人为财而死,英烈之人为名而死,夸诞之人为权势而死,而一般的人只顾自己的生命。""同是灯火,自然互相映照;同类的东西,自然互相应求。""云随着龙飞起,风随着虎而吹;当圣人出现的时候,万物的本来面目都能清晰可见。"伯夷、叔齐虽然贤明,得到夫子的赞扬,而声名更加称道于天下;颜渊虽是好学,因为跟随夫子,而德行更加彰明。居住在山崖洞穴的隐士,他们的出世和退隐有一定的时机。像这些人如果声名埋没而得不到称扬,真是悲哀啊!"乡里间人想要砥砺德行、建树声名,不攀附青云直上之士,怎能留传声名于后世呢?

管晏列传

【原文】

管仲夷吾者,颍上人也。少时常与鲍叔牙游,鲍叔知其贤。管仲贫困,常欺鲍叔,鲍叔终善遇之,不以为言。已而鲍叔事齐公子小白,管仲事公子纠。及小白立为桓公,公子纠死,管仲囚焉。鲍叔遂进管仲。管仲既用,任政于齐,齐桓公以霸,九合诸侯,一匡天下,管仲之谋也。

【译文】

管仲名夷吾,是颍上人。年轻时和鲍叔牙有过交往。鲍叔牙知道他很有才能。管仲家庭贫穷生活困难,常常多取鲍叔牙的财物,鲍叔牙待他一如既往,从不提起这件事。后来鲍叔牙侍奉齐国公子小白,管仲侍奉公子纠。等到小白即位为桓公,公子纠被杀,管仲就被囚禁了。鲍叔牙于是把管仲推荐给桓公。管仲做了齐相,执掌齐国的政事,齐桓公在他的辅佐下成为霸主。齐桓公多次会合天下的诸侯,拥护周室,使天下复归于正,这是管仲的智谋。

管仲 春秋时期齐国著名的政治家。名夷吾,字仲,颍上(今安徽颍上)人。经鲍叔牙力荐,为齐国上卿(即丞相),辅佐齐桓公成为春秋时期的第一霸主,被称为"春秋第一相"。

【原文】

　　管仲曰："吾始困时，尝与鲍叔贾，分财利多自与，鲍叔不以我为贪，知我贫也。吾尝为鲍叔谋事而更穷困，鲍叔不以我为愚，知时有利不利也。吾尝三仕三见逐于君，鲍叔不以我为不肖，知我不遭时也。吾尝三战三走，鲍叔不以我为怯，知我有老母也。公子纠败，召忽死之，吾幽囚受辱，鲍叔不以我为无耻，知我不羞小节而耻功名不显于天下也。生我者父母，知我者鲍子也。"

【译文】

　　管仲说："当初我穷困的时候，曾经和鲍叔牙合伙做生意，分钱财的时候，自己多分一些，鲍叔牙并不认为我贪图钱财，因为他知道我家里穷困。我曾经替鲍叔牙谋事，反而使鲍叔牙更加困窘。鲍叔牙并不认为我愚笨无能，因为他知道时机有利有不利。我曾经三次做官，三次被君主罢斥，鲍叔牙并不认为我没有才能，因为他知道我运气不好。我曾经三次带兵打仗，三次战败逃跑，鲍叔牙并不认为我胆小懦弱，因为他知道我家中有老母亲。公子纠与小白争君位失败，召忽自杀，我忍辱被囚禁，鲍叔牙并不认为我无耻，因为他知道我不羞小节，而以功名不显扬于天下为耻。生养我的人是我的父母，了解我的人却是鲍叔牙先生！"

【原文】

　　鲍叔既进管仲，以身下之。子孙世禄于齐，有封邑者十余世，常为名大夫。天下不多管仲之贤而多鲍叔能知人也。

　　管仲既任政相齐，以区区之齐在海滨，通货积财，富国强兵，与俗同好恶。故其称曰："仓廪实而知礼节，衣食足而知荣辱，上服度则六亲固。四维不张，国乃灭亡。下令如流水之原，令顺民心。"故论卑而易行。俗之所欲，因而予之；俗之所否，因而去之。

【译文】

　　鲍叔牙把管仲推荐给桓公以后，自己的官位处在管仲之下。子孙世世代代在齐国享受俸禄，有封地的十几代，他们在齐国大多是有名的大夫。天下的人不称道管仲的贤能，而称道鲍叔牙能举荐人才。

管仲做了齐相掌管齐国的政事以后，由于齐国小，又处在东海边上，所以就发展工商业，积聚钱财，以使国家富足，军队强大，并且和人民的好恶相一致。所以在他所著的《管子》书中说道："仓廪里充满了米谷，人民才能重视礼节；衣服食物丰足有余了，人民才能知道荣辱；在上位的人遵行礼度，父母兄弟妻子的关系才能和睦团结；礼义廉耻若不能施行，国家就要灭亡。颁布的命令如同有源的流水，那么政令就能顺合人民的心愿。"所以他的政论平易而又容易施行。百姓所需要的，就给予他；百姓所反对的，就废置而不施行。

【原文】

其为政也，善因祸而为福，转败而为功。贵轻重，慎权衡。桓公实怒少姬，南袭蔡，管仲因而伐楚，责包茅不入贡于周室。桓公实北征山戎，而管仲因而令燕修召公之政。于柯之会，桓公欲背曹沫之约，管仲因而信之，诸侯由是归齐。故曰："知与之为取，政之宝也。"管仲富拟于公室，有三归、反坫，齐人不以为侈。管仲卒，齐国遵其政，常强于诸侯。后百余年而有晏子焉。

【译文】

他在执行政事的时候，擅长把本来有害的事变成有益的事，把本来要失败的事，转变为成功的事；重视衡量轻重的法度，审慎对事情的权衡。齐桓公本来因为生蔡姬的气，要南下袭击蔡国，管仲却劝桓公讨伐楚国，斥责楚国不把包茅朝贡给周室。齐桓公本来是北面征讨山戎，管仲因而劝燕国实行召公时的政治。齐鲁两君在柯地会合时，齐桓公想背弃他与曹沫所签订的盟约，管仲从而劝桓公信守条约，诸侯因此都归服齐国。所以《管子》说："知道给予就是获取，这是为政的法宝。"管仲的财富和公室相当，有三归台和反坫，齐国人并不以为他奢侈。管仲死后，齐国沿袭他的政治法度，一直是诸侯中的强国。百余年以后，齐国又有晏子。

【原文】

晏平仲婴者，莱之夷维人也。事齐灵公、庄公、景公，以节俭力行重于齐。既相齐，食不重肉，妾不衣帛。其在朝，君语及之，即危言；语不及之，即危行。国有道，即顺命；无道，即衡命。以此三世显名于诸侯。越石父贤，在缧绁中。晏子出，遭之涂，解左骖赎之，载归。弗谢，入闺。久之，越石父请绝。晏子戄然，摄衣冠谢曰："婴虽不仁，免子于厄，何子求绝之速也？"石父曰："不然。吾闻君子诎于不知己而信于知己者。方吾在缧绁中，彼不知我也。夫子既已感寤而赎我，是知己；知己而无礼，固不如在缧绁之中。"晏子于是延入为上客。

【译文】

晏平仲名婴，是春秋齐国莱地夷维邑人，辅助齐灵公、庄公、景公，因提倡节俭，并努力工作，为齐国所敬重。做了齐相以后，吃饭不吃两道荤菜，妻妾不穿丝帛绸衣。他在朝廷上，国君和他说话时，他就以正言相对；不和他说话时，他就端正其行仪。国家有道的时候，他就顺从命令去做事；无道的时候，他就衡量命令，可以施行，才去照办。因此在齐灵公、庄公、景公三代，他的名声在诸侯中间非常显赫。越石父贤能，因罪拘禁为人服劳役。晏子出使晋国，在路上遇到他，解下车子左边的马把他赎了出来，一同坐车回来。回到家之后，晏子没有向他说一声，就进入了内室。过了很久，晏子还没有出来，越石父请求断绝交往。晏子感到很惊异，整理衣服帽子向他谢罪说："晏婴虽然德行不好，可是把您从困厄中解救出来，为什么您这么快就要离去呢？"越石父说："话不是这样说。我听说君子对于不知己的人，可以委屈求全；但对于知己的人，意志应该得以伸展。当我被拘禁为人奴仆的时候，那是因为他们不了解我。您既然因为感动醒悟而把我赎出来，便是我的知己。知己的人竟然对我无礼，倒还不如做人家的奴仆好！"晏子于是把他请入内室作为上宾看待。

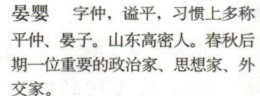

晏婴　字仲，谥平，习惯上多称平仲、晏子。山东高密人。春秋后期一位重要的政治家、思想家、外交家。

【原文】

晏子为齐相，出，其御之妻从门间而窥其夫。其夫为相御，拥大盖，策驷马，意气扬扬，甚自得也。既而归，其妻请去。夫问其故。妻曰："晏子长不满六尺，身相齐国，名显诸侯。今者妾观其出，志念深矣，常有以自下者。今子长八尺，乃为人仆御，然子之意自以为足，妾是以求去也。"其后夫自抑损。晏子怪而问之，御以实对。晏子荐以为大夫。

【译文】

晏子做了齐相，有一天坐车外出，他的车夫的妻子从门缝中偷看他的丈夫。看到他的丈夫替相国驾车，遮盖着大的车盖，鞭策着驷马，趾高气扬，自以为是。等到回家，他的妻子请求离婚。丈夫问她的原因，妻子回答说："晏子身高不到六尺，做了齐相，名声显赫于诸侯之间。今天我看他外出，志向远大，时常有谦虚卑逊的表情。你身高八尺，替人驾车，而且看你的神情，志得意满，因此我才请求要和你离婚。"自此以后车夫的态度非常卑逊恭敬。晏子觉得很奇怪，便问他。车夫把事情如实告诉了晏子。晏子便推荐他做了大夫。

【原文】

太史公曰：吾读管氏《牧民》《山高》《乘马》《轻重》《九府》，及《晏子春秋》，详哉其言之也。既见其著书，欲观其行事，故次其传。至其书，世多有之，是以不论，论其轶事。管仲世所谓贤臣，然孔子小之。岂以为周道衰微，桓公既贤，而不勉之至王，乃称霸哉？语曰："将顺其美，匡救其恶，故上下能相亲也。"岂管仲之谓乎？方晏子伏庄公尸哭之，成礼然后去，岂所谓"见义不为无勇"者邪？至其谏说，犯君之颜，此所谓"进思尽忠，退思补过"者哉！假令晏子而在，余虽为之执鞭，所忻慕焉。

【译文】

太史公说：我读管仲的《牧民》《山高》《乘马》《轻重》《九府》诸篇，及《晏子春秋》，他们所论述得实在非常详细。已经看过了他们所著的书，又想要看看他们的生平事迹，所以编写了这篇传记。至于他们的书，社会上流传的较多，所以在这篇传记里不再论述记载，而只记述他们的轶事。管仲是世人所称道的贤臣，但是孔子却轻视他。难道是因为周朝国道已经衰败，桓公又很贤能，管仲不竭力辅佐他行王政，而仅称霸吗？《孝经》上说："顺从君王的美德，纠正君王的过错，所以君臣上下才能和睦相处亲密无间。"这大概说的就是管仲吧？当晏子趴在齐庄公的尸体上哭他，成礼以后才离去，这哪里是所说的"见义不为无勇"的人呢？至于晏子劝谏国君，当面冒犯他，这不就是所说的上朝办公就想着要尽心侍奉君王，下朝回家就想着要补救过错的吗？假使晏子现在还活着的话，我就是替他拿着马鞭子赶车，也是心甘情愿的！

老子韩非列传

【原文】

老子者，楚苦县厉乡曲仁里人也，姓李氏，名耳，字聃，周守藏室之史也。孔子适周，将问礼于老子。老子曰："子所言者，其人与骨皆已朽矣，独其言在耳。且君子得其时则驾，不得其时则蓬累而行。吾闻之，良贾深藏若虚，君子盛德，容貌若愚。去子之骄气与多欲，态色与淫志，是皆无益于子之身。吾所以告子，若是而已。"孔子去，谓弟子曰："鸟，吾知其能飞；鱼，吾知其能游；兽，吾知其能走。走者可以为罔，游者可以为纶，飞者可以为矰。至于龙，吾不能知，其乘风云而上天？吾今日见老子，其犹龙邪！"

【译文】

老子是楚国苦县厉乡曲仁里人，姓李名耳，字聃，是周藏书室的管理人员。孔子来到周，将向老子问礼。老子说："你所说的人，他的人和骨骸都已腐朽了，只有他的言论尚存世间。况且作为一个君子，如果得到从政机遇，就做官，坐马车，得不到从政的机遇，就像蓬蒿一样，流移而行。我听说：精明的生意人，把宝贵严密地保藏，不让

老子　姓李名耳，字伯阳，又称老聃。传说老子一生下来，就有白色的眉毛和胡子，所以被称为老子。道家学派的始祖。史载孔子曾学于老子。

别人看见，仿佛什么也没有似的，而君子之人，德仁盛隆，其容貌应谦卑得就像愚鲁之人似的，要把骄气与多欲，神态表情与过高的志向都去掉，这些对你都没有好处的，我要告诉你的，就是这些罢了。"孔子离开周以后，回去告诉他的学生说："鸟，我知道它能在天空中飞翔；鱼，我知道它能在深水中游弋；走兽我知道它能在旷野奔跑。在旷野奔跑的走兽，可以用网去捕捉；深水的鱼，可以用钓线去钓；在天空飞翔的鸟，可以用猎箭去射；至于龙，我不知道它是不是乘驾风云而升天的。今天我看见老子，他大概就是龙吧！"

【原文】

老子脩道德，其学以自隐无名为务。居周久之，见周之衰，乃遂去。至关，关令尹喜曰："子将隐矣，强为我著书。"于是老子乃著书上下篇，言道德之意五千余言，而去，莫知其所终。或曰：老莱子亦楚人也，著书十五篇，言道家之用，与孔子同时云。盖老子百有六十余岁，或言二百余岁，以其脩道而养寿也。自孔子死之后百二十九年，而史记周太史儋见秦献公曰："始秦与周合，合五百岁而离，离七十岁而霸王者出焉。"或曰儋即老子，或曰非也，世莫知其然否。老子，隐君子也。

【译文】

老子讲修道德，他的学说以隐意深刻，不求闻达为主。在周室居住了很久，看到周室日渐衰微下去，于是就离去，经过函谷关，关令尹喜说："你将要隐居起来了，请尽力为我著书立说吧！"于是老子就著述《道德经》上下两篇，谈论"道"与"德"之意五千多字，然后离去，也就不知他终老于何处。也有人说，有一个叫作老莱子的，也是楚国人，著书十五篇，谈论道德的作用，与孔子是同一时代的人。老子活了一百六十多岁，也有人说活了二百多岁，因为他能修养道德，所以能延年益寿。自从孔子死后一百二十九年，史书上记载周太史儋见过秦献公，说："当初，秦跟周是合并的，大约合五百年而后分离，分离七十年而后出现称霸称王的人。"所以有人说儋就是老子，也有人说不是，世人始终不知道哪种说法正确。但老子确实是个隐士。

【原文】

老子之子名宗，宗为魏将，封于段干。宗子注，注子宫，宫玄孙假。假仕于汉孝文帝。而假之子解为胶西王印太傅，因家于齐焉。

世之学老子者则绌儒学，儒学亦绌老子。"道不同不相为谋"，岂谓是邪？李耳无为自化，清静自正。

【译文】

老子的儿子名叫宗，宗曾做过魏国大将，封在段干这地方。宗的儿子叫注，注的儿子叫宫，宫的玄孙叫假，假在汉文帝时做过官，而假的儿子解是胶西王印的太傅，因此世代都住在齐地。

一般推崇老子学说的人，往往要贬斥儒学，而推崇儒学的人，也相应会贬斥老子学说，大概就是所说的"道不同不相为谋"的缘故吧！李耳在政治上主张无所作为而自化，清净不扰而民自然归于正道。

【原文】

庄子者，蒙人也，名周。周尝为蒙漆园吏，与梁惠王、齐宣王同时。其学无所不窥，然其要本归于老子之言。故其著书十余万言，大抵率寓言也。作《渔父》《盗跖》《胠箧》，以诋訾孔子之徒，以明老子之术。《畏累虚》《亢桑子》之属，皆空语无事实。然善属书离辞，指事类情，用剽剥儒、墨，虽当世宿学不能自解免也。其言洸洋自恣以适己，故自王公大人不能器之。

【译文】

庄子是蒙地人，名周。庄周曾经做过蒙地漆园的官吏，跟梁惠王、齐宣王处于一个时代。庄子的学问博大精深，涉及到各个方面，然而他的理论要旨却是归属于老子的观点的。他所写的书虽有十多万字，但大体都是寓言。他曾写《渔父》篇、《盗跖》篇、《胠箧》篇用以诋毁孔子的学生，以表明老子的学术。《畏累虚》《亢桑子》之类的文篇，都是空穴来风没有事实根据的。然而他善于编辑文字，分析辞句，故意捏造事实，以攻击驳斥儒家和墨家的学说；纵使是当世学识渊博的人，也免不了要受他的攻击。他的言辞缥缈无边，随意而发，所以当时从王公大人以下，没有一个能够利用他的学说来治理国家。

【原文】

楚威王闻庄周贤，使使厚币迎之，许以为相。庄周笑谓楚使者曰："千金，重利；卿相，尊位也。子独不见郊祭之牺牛乎？养食之数岁，衣以文绣，以入大庙。当是之时，虽欲为孤豚，岂可得乎？子亟去，无污我。我宁游戏污渎之中自快，无为有国者所羁。终身不仕，以快吾志焉。"

【译文】

楚威王闻知庄周贤能，于是派了大使，带了很多礼物去聘请他，答应让他做卿相。庄周笑着对楚国大使说："千金的确是重礼，卿相的确是高官，然而你难道没有见过天子在祭山川鬼神时所用的牺牛吗？这些牛被饲养好多年，然后被穿上彩绣的衣服，最后就被送进了太庙去做祭品。在这个时候，虽然只想安分地做只小猪，还能办得到吗？请你赶快离去，不要玷污我的人格，我宁愿在污泥浊水中自由自在游戏，也不愿被国君所约束，我宁愿终身不做官，以使自己的心志快乐。"

【原文】

申不害者，京人也，故郑之贱臣。学术以干韩昭侯，昭侯用为相。内修政教，外应诸侯，十五年。终申子之身，国治兵强，无侵韩者。申子之学本于黄老而主刑名。著书二篇，号曰《申子》。

【译文】

申不害是京县人，原来是郑国的一个地位低微的小吏，后来学了刑名之法术，以求于韩昭侯，韩昭侯用他为相，对内整饬政治推行教化，对外能应付诸侯之国，十五年间，国家太平，兵力强大，诸侯之国没有人敢侵犯韩国。申不害的学说，其理论系统根源于黄老学说，主张刑名之学。著书二篇，名叫《申子》。

【原文】

韩非者，韩之诸公子也。喜刑名法术之学，而其归本于黄老。非为人口吃，不能道说，而善著书。与李斯俱事荀卿，斯自以为不如非。

非见韩之削弱，数以书谏韩王，韩王不能用。于是韩非疾治国不务脩明其法制，执势以御其臣下，富国强兵而以求人任贤，反举浮淫之蠹而加之于功实之上。以为儒者用文乱法，而侠者以武犯禁。宽则宠名誉之人，急则用介胄之士。今者所养非所用，所用非所养。悲廉直不容于邪枉之臣，观往者得失之变，故作《孤愤》《五蠹》《内外储》《说林》《说难》十余万言。

然韩非知说之难，为《说难》书甚具，终死于秦，不能自脱。

【译文】

韩非是韩国的贵族，爱好刑名法术的学说，而其理论系统根源于黄老之道，韩非天生口吃，不善于言辞，却善于著书。跟李斯同时服侍荀子，李斯认为自己的才能不如韩非。

韩非看到韩国日益衰弱下去，多次上书规谏韩王，但是韩王不能采纳他的意见。于是韩非就痛恨国君治国不能致力法治，不能用权势来驾驭臣下；不能使国家富强，兵力强大，也不能求才任贤，反而举用一些虚浮淫夸的人，以为他们是有能力有贡献的人。他又认为儒者常常引经据典来扰乱法制；而游侠又常常用武力来触犯禁忌。法宽就恩宠到那些名誉之士，法严就要用到那些穿甲胄的武士。平日所培养的人，都不是所要用的人，而一些所要用的人又都不是平日所培养的人。他又悲伤那些清廉正直的臣子，不被邪曲枉乱之臣所容，体察古来国君成功与失败的经验，所以写了《孤愤》《五蠹》《内外储》《说林》《说难》等十余万字。

然而韩非知道游说之道很难实施，所写成的《说难》一书甚为完备，但是自己不能实践，最终未能幸免被李斯等人害于秦国。

荀子　名况，字卿，战国时期赵国猗氏（今山西安泽）人，著名思想家、文学家、政论家，儒家重要代表人物之一。

【原文】

《说难》曰："凡说之难，非吾知之有以说之难也；又非吾辩之难，能明吾意之难也；又非吾敢横失能尽之难也。凡说之难，在知所说之心，可以吾说当之。"所说出于为名高者也，而说之以厚利，则见下节而遇卑贱，必弃远矣。所说出于厚利者也，而说之以名高，则见无心而远事情，必不收矣。所说实为厚利而显为名高者也，而说之以名高，则阳收其身而实疏之；若说之以厚利，则阴用其言而显弃其身。此之不可不知也。

【译文】

《说难》一书说："一般游说的困难，不在于将我所知道的向对方来游说为难；也不在于能分明我意以说之为难；又不是我敢有横失，词理能尽说己之情为难。一般游说的困难，在于如何深知人君的心意，然后用我所说的话去打动他，暗与人君之心意相合，这才是最难的一件事。所游说的君主，如果想立高名，游说的人却用厚利去劝说他，他就会认为你品德低下，而受到卑贱的待遇，最终抛弃和疏远您；所游说的君主，如果出意本归厚利，而游说的人乃陈名高之节，那么这是说者无心，脱离实际，一定不会被采用；所游说的人君，如果是实为厚利，而表面作欲为名高之节，而游说的人以名高之节说之，那么君主必表面接受你的意见，而实际上会疏远你的；如果人君实好厚利而表面为名高之节，而游说的人也陈以厚利，这时君主会暗用你的言说，但表面上会疏远你的。这一点是说臣不能不知道的。

【原文】

"夫事以密成，语以泄败。未必其身泄之也，而语及其所匿之事，如是者身危。贵人有过端，而说者明言善议以推其恶者，则身危。周泽未渥也而语极知，说行而有功则德亡，说不行而有败则见疑，如是者身危。夫贵人得计而欲自以为功，说者与知焉，则身危。彼显有所出事，乃自以为也故，说者与知焉，则身危。强之以其所必不为，止之以其所不能已者，身危。故曰：与之论大人，则以为间己；与之论细人，则以为粥权。论其所爱，则以为借资；论其所憎，则以为尝己。径省其辞，则不知而屈之；泛滥博文，则多而久之。顺事陈意，则曰怯懦而不尽；虑事广肆，则曰草野而倨侮。此说之难，不可不知也。

【译文】

"天下的事情，只有保密才能成功，一旦言谈中泄密就会失败。然而这种泄密不一定是游说者本人有意去泄露，而交谈中无意涉及到对方所隐藏的秘密，这样我们就会身遭危祸；人主有过失之事，游说者偏引用一些巧妙的议论推论人主的过失，这样也会身遭灾祸；如果人臣对主上的恩德不深，也就是关系不亲密时，臣子若以知心之语游说人主，其说得以实行而且有功效，那么君主就会忘记，其说不能实行而且失败，那么就会被人主怀疑，如此游说者就会有危险。至于人主先得其计，而且要据为自己功劳，这时游说者如果也知道这件事，也会身遭祸乱。人主表面上做这一件事，而实际上做另一件事，这时说臣如果预知其计，也会身遭危亡。人主必不欲做的事，而游说的人强令他去做，人主已做他不愿罢休的事，而游说的人强止他，也会身遭危亡。所以说：随便去谈论别人的短处，那么人君就会认为你是在讽刺他；谈论他的下属，那么你就会被认为搬弄权术，如果你论说人主之爱行，那么人主就会认为你是对他有所求；如果你论说他所憎恶之行，那么你会被认为是在试探他。如果你话说得简单干脆，那么你会被认为是无知而轻视他，如果你话说得太多，那么君上又嫌你夸夸其谈。如果你顺着人主之意来陈述事情，那么会被认为是怯懦而不能尽事，如果你考虑太多，广为陈词，那么会被认为鄙陋而倨傲侮慢。以上这些都是游说上最困难的事，游说之士是不能不知道的。

【原文】

"凡说之务，在知饰所说之所敬，而灭其所丑。彼自知其计，则毋以其失穷之；自勇其断，则毋以其敌怒之；自多其力，则毋以其难概之。规异事与同计，誉异人与同行者，则以饰之无伤也。有与同失者，则明饰其无失也。大忠无所拂悟，辞言无所击排，乃后申其辩知焉。此所以亲近不疑，知尽之难也。得旷日弥久，而周泽既渥，深计而不疑，交争而不罪，乃明计利害以致其功，直指是非以饰其身，以此相持，此说之成也。伊尹为庖，百里奚为虏，皆所由干其上也。故此二子者，皆圣人也，犹不能无役身而涉世如此其污也，则非能仕之所设也。

【译文】

"凡游说最重要的事，在于知道人主所推崇之事，而以言辞文饰他所认为丑恶的事情。人主自知失误之事，游说的人就不要再以此失误之事来讽刺他使他难堪；人主自认为是勇敢的决断，游说的人就不要再以己意来攻击他，以免招致迁怒；人主自认为他有能力，游说的人就不要以困难之事来压制他，如果人主与某人同计，或与某人有同行，游说的人要规劝他或赞誉他，就要文饰其词而不要中伤他。又若有和人主犯有同样错误的人，那么游说的人可以明言粉饰他的过失。大忠之谏，君初不听从，就暂时停止规劝而退下来，待君心情欢畅的时候而又再次劝谏，不要拂逆人君的心意；大忠之辞，本欲安定国家，兴扬教化，君不无所击射排摈，而后周泽沾濡，君臣道合，才敢辨智，这是亲近君上不被怀疑的方法，也是人臣服事君主最难的地方。君臣之道既合，而又有旷日持久，君主对游说的人的恩泽已是很深厚了，深远的计谋而不被君主怀疑，与君交争而不被怪罪，如此就能明白地陈述其中的利害关系，以帮助君主建立功业。直指是非，任爵禄终身，以此君臣相执持，这样游说之道才算成功。伊尹曾做过厨师，百里奚曾当过奴隶，他们都因此而得到君主的信用，所以这两人都是圣人，却仍不免要劳苦身体，以如此低下之道来涉世，这不是能仕的人所行之道。

伊尹　商朝成汤时期的名臣，本为陪嫁的媵臣，受到汤的赏识而委以重任，在他的辅佐之下，商朝最终取代夏朝而立国。

【原文】

"宋有富人，天雨墙坏。其子曰'不筑且有盗'，其邻人之父亦云。暮而果大亡其财，其家甚知其子而疑邻人之父。昔者郑武公欲伐胡，乃以其子妻之。因问群臣曰：'吾欲用兵，谁可伐者？'关其思曰：'胡可伐。'乃戮关其思，曰：'胡，兄弟之国也，子言伐之，何也？'胡君闻之，以郑为亲己而不备郑。郑人袭胡，取之。此二说者，其知皆当矣，然而甚者为戮，薄者见疑。非知之难也，处知则难矣。

【译文】

"宋国有一个富人,天下雨淋坏了墙壁,他的儿子就说:'如果不修补好,将会遭窃。'他邻居的父亲也是这么说,结果到晚上时,果然丢失了财物,他的家人确信自己的儿子不会做这件事,却怀疑邻居父亲干的。以前郑武公想要去攻打胡国,于是先把他女儿嫁给胡国君主做妻,因此就问群臣:'我想要用兵,哪一国可以去攻打?'关其思就说:'可以去攻打胡国。'郑武公听了就杀掉关其思,并说:'胡国是我们的兄弟之国,你怎么能说去攻打它呢?'胡国的国君听说了这件事,认为郑国是自己的亲人,所以不加以防备。后来郑国趁机攻打他,就把胡国攻取下来了。这两件事情,他们的谋略都是对的,然而重的要被杀,轻的被怀疑,可见要了解一件事情并不难,倒是如何去处理才是困难的。

【原文】

"昔者弥子瑕见爱于卫君。卫国之法,窃驾君车者罪至刖。既而弥子之母病,人闻,往夜告之,弥子矫驾君车而出。君闻之而贤之曰:'孝哉,为母之故而犯刖罪!'与君游果园,弥子食桃而甘,不尽而奉君。君曰:'爱我哉,忘其口而念我!'及弥子色衰而爱弛,得罪于君。君曰:'是尝矫驾吾车,又尝食我以其余桃。'故弥子之行未变于初也,前见贤而后获罪者,爱憎之至变也。故有爱于主,则知当而加亲;见憎于主,则罪当而加疏。故谏说之士不可不察爱憎之主而后说之矣。夫龙之为虫也,可扰狎而骑也。然其喉下有逆鳞径尺,人有婴之,则必杀人。人主亦有逆鳞,说之者能无婴人主之逆鳞,则几矣。"

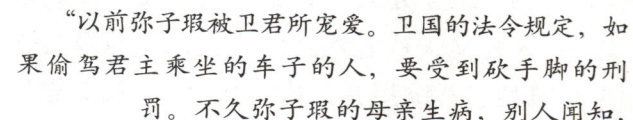

【译文】

"以前弥子瑕被卫君所宠爱。卫国的法令规定,如果偷驾君主乘坐的车子的人,要受到砍手脚的刑罚。不久弥子瑕的母亲生病,别人闻知,就连夜奔去告知弥子瑕,弥子瑕就擅自驾着君主的车出去了,卫君听了反而赞美弥子瑕说:'弥子瑕多么孝顺啊!为了母亲的病,居然甘愿犯下砍手脚的罪过。'

弥子瑕与卫君到果园去玩，弥子瑕吃到桃子发现甘甜，没吃几口就拿来敬奉君王，卫君说：'弥子瑕还是爱我的，在吃桃子时会忘掉甜美而想到我。'等到弥子瑕姿色衰退时，卫君的宠爱也就开始减退。后来得罪于卫君，卫君就说：'这个人曾经擅自驾着我的车子，又曾经把他吃剩下的桃子给我吃。'实则弥子瑕的德行与从前相比一直没变，但是卫君以前认为他很好，后来却要治罪于他，那是卫君爱憎的改变。所以说，如果得到人主的欢心，那么你所做的一切都是对的，而且会更加被宠爱，如果被人主所憎恨，那么你所做的一切都不对，甚至会更加被疏远。所以喜欢谏说的臣子，不能不明察人君对你的爱憎态度，然后再劝说他。谈到龙这种虫类，你可以驯养、玩弄它并且骑他，但是在他的喉咙下端，有大约一尺长的逆鳞，如果有人去触犯它的逆鳞，那么它就会咬人，今天的君主也都长了逆鳞，游说之士如能不去触犯他的逆鳞，差不多可称得上善于谏说了。"

【原文】

人或传其书至秦。秦王见《孤愤》《五蠹》之书，曰："嗟乎，寡人得见此人与之游，死不恨矣！"李斯曰："此韩非之所著书也。"秦因急攻韩。韩王始不用非，及急，乃遣非使秦。秦王悦之，未信用。李斯、姚贾害之，毁之曰："韩非，韩之诸公子也。今王欲并诸侯，非终为韩不为秦，此人之情也。今王不用，久留而归之，此自遗患也，不如以过法诛之。"秦王以为然，下吏治非。李斯使人遗非药，使自杀。韩非欲自陈，不得见。秦王后悔之，使人赦之，非已死矣。

申子、韩子皆著书，传于后世，学者多有。余独悲韩子为《说难》而不能自脱耳。

【译文】

有人把韩非的书传到秦国。秦王见到《孤愤》《五蠹》等文章，很感叹地说："唉呀！我要能看到这个人，并且跟他交往，死不足惜。"李斯说："这几本书是韩非写的。"秦国因此急攻韩国，韩王最初没有采纳韩非的意见，等到事情危急，才派遣韩非出使秦国，秦王大为高兴，结果还未被重用，李斯、姚贾就在秦王面前谗害他说："韩非是韩国的贵族公子，现今你大

秦始皇 （前259－前210），首位完成中国统一的秦王朝的开国皇帝。后人称之为"千古一帝"。姓嬴，名政。出生于赵国，所以又叫赵政。

王想吞并诸侯之国，将来韩非还是会替他们韩国效命，不会帮助我们秦国，这是人之常情。现在大王不用他，留住他不让他回去，将来终究还是要让他回韩国的，这是自己留下后患，不如给他强加罪名杀掉他。"秦王认为也有道理，叫下吏治罪韩非。李斯叫人送毒药给韩非，让他自杀。韩非想要向秦王陈述意见，始终见不到他。秦王后来悔悟了，派人去赦免他，但是韩非已经死了。

申不害、韩非都有著述留传于后世，学者多藏有他们的书。我独独悲伤韩非写了《说难》一书，明知游说之难，而自己偏偏又不能逃脱于游说的灾祸。

【原文】

太史公曰：老子所贵道，虚无因应变化于无为，故著书辞称微妙难识。庄子散道德，放论，要亦归之自然。申子卑卑，施之于名实。韩子引绳墨，切事情，明是非，其极惨礉少恩。皆原于道德之意，而老子深远矣。

【译文】

太史公说：老子推崇道、虚无，顺应变化于无为之中，所以他所写的《道德经》，文辞微妙难懂。庄子宣扬《道德经》，放任言论，但其学说最后还是归之于自然之道。申不害勤奋自勉，致力于名实的追求，韩非引用法令作为规范行为的准则，切中事实，明察是非，用法极为苛刻，对人缺少恩惠，这一切都根源于道德的理论，只是老子的理论是最为深远的了。

孙子吴起列传

【原文】

孙子武者，齐人也。以兵法见于吴王阖闾。阖闾曰："子之十三篇，吾尽观之矣，可以小试勒兵乎？"对曰："可。"阖闾曰："可试以妇人乎？"曰："可。"于是许之。出宫中美女，得百八十人。孙子分为二队，以王之宠姬二人各为队长，皆令持戟，令之曰："汝知而心与左右手背乎？"妇人曰："知之。"孙子曰："前，则视心；左，视左手；右，视右手；后，即视背。"妇人曰："诺。"约束既布，乃设铁钺，即三令五申之。于是鼓之右，妇人大笑。孙子曰："约束不明，申令不熟，将之罪也。"复三令五申而鼓之左，妇人复大笑。孙子曰："约束不明，申令不熟，将之罪也；既已明而不如法者，吏士之罪也。"乃欲斩左右队长。吴王从台上观，见且斩爱姬，大骇，趣使使下令曰："寡人已知将军能用兵矣。寡人非此二姬，食不甘味，愿勿斩也。"孙子曰："臣既已受命为将，将在军，君命有所不受。"遂斩队长二人以徇，用其次为队长。于是复鼓之。妇人左右前后跪起皆中规矩绳墨，无敢出声。于是孙子使使报王曰："兵既整齐，王可试下观之，唯王所欲用之，虽赴水火犹可也。"吴王曰："将军罢休就舍，寡人不愿下观。"孙子曰："王徒好其言，不能用其实。"于是阖闾知孙子能用兵，卒以为将。西破强楚，入郢，北威齐、晋，显名诸侯，孙子与有力焉。

【译文】

　　孙子，名武，是齐国人。因为精通兵法得到吴王阖闾的召见。阖闾说："先生所著的十三篇兵法，我从头至尾拜读过了，那里面所谈的，俱甚佳妙。只不知可不可以按照理论来实地操演一下部队呢？"孙子答道："当然可以！"阖闾又问："可能调用我的宫女来演练吗？"孙子答道："可以！"于是吴王便立刻传旨下去召来一百八十名后宫美女。孙子当下将她们编成两队，并以吴王的两个宠姬分任两队的队长，然后要她们都拿上戟，准备操练。待队伍站好后，孙子命令她们说："你们知道自己的心、左右手和后背吗？"众宫女们答道："知道！"孙子又告诉她们说："等一下我喊齐步走的时候，你们都要朝自己的前胸所对的方向行进；我喊向左转的时候，你们就要朝自己左手的方向转；我喊向右转的时候，你们就要朝自己右手的方向转；我喊向后转的时候，你们就要朝自己后背的方向转，这些你们都听明白了吗？"众宫女答道："听明白了！"孙子交代完操练要领和规定动作，就架设起铁钺等刑具，又三令五申强调操作的有关规定，告诉宫女，不得视为儿戏，否则就要按照军法来处置。说罢，便击鼓为号，命令她们向右转，孰料众宫女非但不听从指挥，反而轰然大笑。孙子见状，便很自责

孙武　即孙子，字长卿，春秋末期著名军事家。齐国人。所著《十三篇》是我国最早的兵法，被誉为"兵学圣典"，置于《武经七书》之首。

地说:"为将练兵,规定动作交代得不清楚,申述命令未能让人熟记在心,这是军队将帅的过失。"接着,又三令五申把相关规定详细地和宫女说了好几遍。随后便又击鼓为号,发令要她们向左转,然而众宫女仍然大笑如故,无视军法。这下孙子便神色很严肃地说:"规定动作交代得不清楚,下达命令没能让人熟记在心,这是将帅的过错;作为将帅,如果已经将各种操练动作和遵守的法令都已说明交代得一清二楚了,可是士兵仍不照号令操作,这便是你们士卒的过错。按照军法,违令者斩。可也不能把士卒全部处死,那就让领队代她们受过。"说着,就准备将左右两个队长推出斩首。吴王在阅兵台上观看宫女们操练,忽然发现孙子要斩他的爱姬,心中不由大吃一惊,急忙派人传旨,对孙子说:"寡人已知道将军能用兵了。寡人若是没有这两个爱姬,那么纵使是吃山珍海味也索然无味,希望将军放过她们,千万不要斩杀他们!"可是孙子却理直气壮地说:"臣既受命为将,将在军中治兵,自应依照军法从事,可以不接受国君某些法外的要求!"说罢,就按军法,把吴王的两个宠姬斩首示众。随即改派两队的排头当队长,于是又击鼓发令,继续操练。这时,只见整个阅兵场鸦雀无声,两队女兵,无论是左转、右转、前进、后退、或跪、或起,所有的动作无不符合操作要求。再也没有谁敢出声嬉笑了。于是孙子便派人向吴王报告说:"队伍已操练整齐,大王可以下来亲自检阅。现在这支部队,任凭大王想怎么使用都可以,即使是要她们赴汤蹈火,也可以办得到。"这时,吴王还沉溺于对损失爱姬的悲痛中,派人回复孙子说:"请将军解散部队,自行回宾馆休息去吧!寡人没有心情下去看了。"孙子说:"大王只喜欢我纸上谈兵,而并未能用我的理论来用兵。"吴王心里明白孙子擅于用兵,后来,终于用他为将。此后,阖闾以一个小小的吴国,西破强楚,攻入郢都;北上中原,威震齐晋;吴国能在诸侯中扬名,这与孙子的大力辅佐是分不开的。

【原文】

孙武既死,后百余岁有孙膑。膑生阿、鄄之间。膑亦孙武之后世子孙也。孙膑尝与庞涓俱学兵法。庞涓既事魏,得为惠王将军,而自以为能不及孙膑,乃阴使召孙膑。膑至,庞涓恐其贤于己,疾之,则以法刑断其两足而黥之,欲隐勿见。齐使者如梁,孙膑以刑徒阴见，说齐使。齐使以为奇，窃载与之齐。齐将田忌善而客待之。

【译文】

孙武死后一百多年，又出了一位大兵学家孙膑。孙膑出生在山东的阿、鄄之间。他是孙武的后代子孙。孙膑曾跟庞涓一起学兵法。后来庞涓在魏国做官，做了魏惠王的将军，魏王十分信任他，可是庞涓自知才能不及孙膑，于是暗中派人把孙膑骗来。孙膑到魏后，庞涓越发担心孙膑比他贤能，更加嫉恨他，于是便蓄意诬陷孙膑，使他获罪，然后依法用刑砍断他的两条腿，并给他处以面额刺字涂墨的酷刑，这样孙膑就无权做官，只能永世为奴，那么从此世上便再也没有强过自己的竞争对手了。后来，有位齐国的使臣来到大梁，孙膑便设法托一位刑徒秘密去见他，说出自己蒙冤受害的经过，同时请他设法营救。齐使得悉此中情由，认为孙膑乃是一位旷世奇才，便答允设法营救。待他出使任务完成，准备离开大梁的时候，就偷偷地用车把孙膑接回齐国。齐国掌兵的大将田忌，非常欣赏他的军事才能，便留他在家住下来，并以宾礼来招待他。

【原文】

忌数与齐诸公子驰逐重射。孙子见其马足不甚相远，马有上、中、下辈。于是孙子谓田忌曰："君弟重射，臣能令君胜。"田忌信然之，与王及诸公子逐射千金。及临质，孙子曰："今以君之下驷与彼上驷，取君上驷与彼中驷，取君中驷与彼下驷。"既驰三辈毕，而田忌一不胜而再胜，卒得王千金。于是忌进孙子于威王。威王问兵法，遂以为师。

【译文】

田忌常和齐国的王族们赌马。可是田忌很少赢。孙膑仔细研究了参赛的马匹，脚力都相差不远，但却分成上、中、下三等，于是孙膑非常有把握地对田忌说："下次赛马时，您只管放胆下最大的赌注去和他们赌，我一定让您获胜。"田忌对孙膑深信不疑，同齐王和其他的王族们押千金为赌。等到比赛开始时，孙膑向田忌面授机宜说："现在用您的下等马去对付他们的上等马，用您的上等马来对付他们的中等马，

孙膑（前380－前320），战国时兵家。齐国阿（今属山东）人。曾与庞涓同学兵法，后庞涓成魏国大将，妒忌他的才能，把他骗到魏国，处以膑刑（挖去膝盖骨），所以叫孙膑。后担任齐威王的军师，先后在桂陵和马陵大败魏军。

用您的中等马去对付他们的下等马。"待三场赛完来，田忌的马只输一场而赢两场，最后赢得了齐王的千金。齐王对田忌取得胜利感到奇怪，于是田忌便将孙膑传授赛法的事转告齐威王，并将孙膑推荐给齐威王。齐威王便向孙膑讨教军事问题，交谈之下，威王对孙膑大为赞赏，当下就拜孙膑为军师。

【原文】

其后魏伐赵，赵急，请救于齐。齐威王欲将孙膑，膑辞谢曰："刑余之人，不可。"于是乃以田忌为将，而孙子为师，居辎车中，坐为计谋。田忌欲引兵之赵，孙子曰："夫解杂乱纷纠者不控卷，救斗者不搏撠，批亢捣虚，形格势禁，则自为解耳。今梁、赵相攻，轻兵锐卒必竭于外，老弱罢于内。君不若引兵疾走大梁，据其街路，冲其方虚，彼必释赵而自救。是我一举解赵之围而收弊于魏也。"田忌从之，魏果去邯郸，与齐战于桂陵，大破梁军。

【译文】

不久，魏国侵略赵国，赵国危在旦夕，向齐国求救。齐威王本想任用孙膑为将，可是孙膑拒辞不受，说："受过酷刑，残缺不全的人，不宜担任主帅。"于是齐威王改派田忌为将，而拜孙膑为军师，让他坐在设有帷幔的轻便小车里，专门为主帅出谋划策。按照田忌的意图，本来是想率兵迅速赶往赵国的都城，以解邯郸之围。可是孙膑却告诉他说："如果要解开杂乱打结的绳索，首先一定要冷静地找出它的结头，然后用手慢慢去解开，千万不能着急，使劲去扯，或猛用拳头去捶；劝架的人，千万不要插手参战，只有避实击虚，使对方的势力受阻而有所顾忌，那么这场架自然也就解开了。现在魏国出兵攻打赵国，跟赵于邯郸苦战，他的精锐部队，势必倾巢而出，开赴前线，只剩一些老弱残兵留守国内。您何不趁此空隙，带兵直捣大梁，占据他们的交通要道，袭击他们守备空虚的地方，那么他们在外的大军，必然会放下赵国赶回相救。如此一来，我们岂不是轻而易举地解决了赵国的危急，同时也打消了魏的嚣张气焰？"田忌认为孙膑的话很有道理，便照着他的计谋去做。魏国的军队，果然解除对邯郸的包围，赶忙调兵回大梁解围。在桂陵，跟齐军发生遭遇战，结果，齐军把魏军打得落花流水。

【原文】

后十三岁，魏与赵攻韩，韩告急于齐。齐使田忌将而往，直走大梁。魏将庞涓闻之，去韩而归，齐军既已过而西矣。孙子谓田忌曰："彼三晋之兵，素悍勇而轻齐，齐号为怯，善战者因其势而利导之。兵法：百里而趣利者蹶上将，五十里而趣利者军半至。使齐军入魏地为十万灶，明日为五万灶，又明日为三万灶。"庞涓行三日，大喜，曰："我固知齐军怯，入吾地三日，士卒亡者过半矣。"乃弃其步军，与其轻锐倍日并行逐之。孙子度其行，暮当至马陵。马陵道狭，而旁多阻隘，可伏兵，乃斫大树白而书之曰："庞涓死于此树之下。"于是令齐军善射者万弩，夹道而伏，期曰"暮见火举而俱发"。庞涓果夜至斫木下，见白书，乃钻火烛之。读其书未毕，齐军万弩俱发，魏军大乱相失。庞涓自知智穷兵败，乃自刭，曰："遂成竖子之名！"齐因乘胜尽破其军，虏魏太子申以归。孙膑以此名显天下，世传其兵法。

【译文】

桂陵之战结束后的第十三年，魏赵联军攻打韩国，韩国向齐国借兵求援。齐王仍以田忌为将，孙膑为军师，让他们去救韩。孙膑和田忌沿用上次围魏救赵的方法，率军径直向魏国的大梁挺进。魏将接到齐军将偷袭其后方的警报，班师回魏救大梁。这时，齐国的部队已发兵向西边的魏国挺进。孙膑对田忌说："三晋的战士，一向强悍勇敢而轻视齐兵，称齐军是胆小鬼，善于用兵的将领，会将计就计，使它变得对自己有利。兵法上讲：急行军赶百里路去争利的，会折损前锋主将；急行军赶五十里去争利的，只能有一半的部队能赶到。现在敌人如果恃勇轻敌而冒险急进的话，那形势对我们是最有利的了。我们也宜假装怯弱以诱他轻进。我们当该这样引诱他：当我军进魏境的第一天，挖可供十万人煮饭用的灶；到第二天安营时，只要挖可供五万人用的灶；到第三天，只要挖三万人用的灶就行了。"庞涓跟在齐军后面追了三天，看到齐军营灶日益减少，非常高兴，说："我早就知道齐军胆小怕死，进入我国境内才三天，一多半的兵都跑了。"于是庞涓就抛下步兵辎重，只带他的精锐部队轻装前进，昼夜兼程，拼命追赶，孙膑估计了他的行程，算定他在黄昏日暮时刻，会赶到马陵。马陵道路狭窄，两旁又多险要地形，很适宜设兵埋伏。孙膑便命士兵选一棵大树，剥去朝路那面的皮，让它露出洁白的树身，然后在上面写下"庞涓死于此树之下"几个大字。于是又下令军中善于射箭的一万名士兵夹道埋伏，约定："晚上只要看到大树底下亮起火光，就万弩齐射。"庞涓果然在当夜赶到那棵大树下，抬头看见光滑的树身上有字，于是就点火照看，可是字还没读完，齐军已万弩齐发，箭如雨下，魏军大乱，彼此窜逃。庞涓自知智穷兵败，已成定局，于是拔剑自刎，临死时，还愤愤地说："真后悔没杀了那个没脚的家伙，如今反成就了这小子的声名！"齐军于是乘胜追击，魏军全军覆没，并俘虏魏太子申而班师回朝，孙膑因此名扬天下，他的兵法也流传后世。

【原文】

吴起者，卫人也，好用兵，尝学于曾子。事鲁君。齐人攻鲁，鲁欲将吴起，吴起取齐女为妻，而鲁疑之。吴起于是欲就名，遂杀其妻，以明不与齐也。鲁卒以为将。将而攻齐，大破之。

【译文】

吴起，是卫国人，喜好研究兵法。曾在曾子的门下求学，他还侍奉过鲁国的国君。他在鲁国的时候，齐国曾来攻打鲁国，鲁国的国君听说吴起善于用兵，本想用他为将，但是考虑到吴起的妻子是齐国人，担心他会跟齐人串通一气，犹豫不决，未敢任用。后来，吴起得知这个消息，为了不错过这个可以成就功名的大好机会，他便狠下心来，杀掉妻子，以表明他跟齐国毫无关系。鲁国的国君最终任用他为大将，命他领兵抗敌，结果，吴起大破齐军而还。

吴起（约前440－前381），战国初期著名的军事家和政治家。

【原文】

鲁人或恶吴起曰："起之为人，猜忍人也。其少时，家累千金，游仕不遂，遂破其家。乡党笑之，吴起杀其谤己者三十余人，而东出卫郭门。与其母诀，啮臂而盟曰：'起不为卿相，不复入卫。'遂事曾子。居顷之，其母死，起终不归。曾子薄之，而与起绝。起乃之鲁，学兵法以事鲁君。鲁君疑之，起杀妻以求将。夫鲁小国，而有战胜之名，则诸侯图鲁矣。且鲁卫兄弟之国也，而君用起，则是弃卫。"鲁君疑之，谢吴起。

【译文】

鲁国有人厌恶吴起，便中伤他说："吴起生性多疑而又残忍。他年轻时，家境十分富裕，他为求功名，就四处游历。还没成名就已倾家荡产了。他家乡的人都笑话他，他就一连杀掉三十几个讥笑他的人，然后向东出走，他快走出卫国都城，跟他母亲要决别时，他咬着自己的手臂，向他母亲发誓说：'我如果做不了卿绝不回卫国。'于是就离开卫国，投到曾子门下。时隔不多久，他母亲死了，他竟没有回国奔丧。重视孝道的曾子无法容忍他的这种作为，跟他断绝师徒关系。吴起于是就跑到鲁国，改习兵法，以兵法投效鲁国的国君。鲁国的国君迟疑不决不敢用他为将，他为了谋取官职竟不惜将心爱的妻子杀掉。像他这样残忍寡情，能算是人吗？鲁国是小国，小国却有战胜大国的威名，这样必会引起列国的不安，那么他们便会联手对付鲁国。再说鲁国和卫国是兄弟之国，您若重用吴起，重用这种杀人武夫，那简直是抛弃卫国，这不是得不偿失吗？"鲁国的国君听信了他的话，对吴起起了疑心，就疏远了他。

【原文】

吴起于是闻魏文侯贤，欲事之。文侯问李克曰："吴起何如人哉？"李克曰："起贪而好色，然用兵，司马穰苴不能过也。"于是魏文侯以为将，击秦，拔五城。

【译文】

吴起听说北方的魏文侯是个明君，就想去为魏文侯效力。魏文侯去访问李克，向这位以知人著称的大臣打听："吴起是怎样的人？"李克答道："贪功，好色，但是若论军事才能，即使是司马穰苴也无法胜过他。"魏文侯听了这话，便任用吴起为将，让他率兵去攻打秦国，结果他攻下了五座城。

田穰苴　春秋末期齐国著名军事家，以严法治军知名于世。因曾居官大司马，故历史上多称司马穰苴。

【原文】

起之为将，与士卒最下者同衣食。卧不设席，行不骑乘，亲裹赢粮，与士卒分劳苦。卒有病疽者，起为吮之。

卒母闻而哭之。人曰："子卒也，而将军自吮其疽，何哭为？"母曰："非然也。往年吴公吮其父，其父战不旋踵，遂死于敌。吴公今又吮其子，妾不知其死所矣。是以哭之。"

【译文】

　　吴起作为一个将领，他的饮食与衣着，和底层士兵没什么两样，晚上睡觉的地方，不加铺盖，行军的时候，不骑马乘车，自己背粮食，自己扛器械，都跟士卒同甘共苦。士卒中有得皮肤病，皮肤溃烂红肿的，吴起知道了，他不加思索便趴下为他吸出脓汁。其中有一名士兵的母亲听到了这个消息，不禁失声痛哭起来。旁人见状，劝慰她说："你的儿子，只是一名兵卒，而贵为上将的吴起亲自为你儿子吸吮溃疮的脓汁，你应该感到光荣才对，你为什么哭啊？"那士兵的母亲解释说："这个你们就有所不知了，以前吴起曾为我孩子的父亲吸过脓疮，孩子的父亲为报答他垂爱的隆恩，在战场上，拼命杀敌，结果，没多久就战死沙场了。而今，吴公又为我儿子吸吮脓疮，我不知这孩子又会为他卖命战死在哪里了。想到这点，所以我禁不住要哭出来了。"

【原文】

　　文侯以吴起善用兵，廉平，尽能得士心，乃以为西河守，以拒秦、韩。

【译文】

　　魏文侯认为吴起善于用兵，为将廉直公平，并且深得军心，于是就任命他为西河的最高长官，让他担负起抵抗秦国和韩国进攻的重任。

【原文】

　　魏文侯既卒，起事其子武侯。武侯浮西河而下，中流，顾而谓吴起曰："美哉乎山河之固，此魏国之宝也！"起对曰："在德不在险。昔三苗氏左洞庭，右彭蠡，德义不修，禹灭之。夏桀之居，左河、济，右泰、华，伊阙在其南，羊肠在其北，修政不仁，汤放之。殷纣之国，左孟门，右太行，常山在其北，大河经其南，修政不德，武王杀之。由此观之，在德不在险。若君不修德，舟中之人尽为敌国也。"武侯曰："善。"

【译文】

　　魏文侯死后，吴起奉事他的儿子魏武侯。有一次，魏武侯与一起朝臣乘船顺着西河而下，行至西河中流，魏武侯环顾周围的山河险阻，有如铜墙铁壁一般，不禁很高兴，调过头对着担任西河守的吴起说："壮丽啊！这段山河是如此的坚固，这真是我魏国的镇宝重地啊！"吴起听了，很不以为然地说："判定一个国家盛强与否，并不在于山河的险要，主要是看一国之君能否以德服人。从前三苗氏，左临洞庭湖，右濒彭蠡湖，自恃山河险要，而不施仁政，结果，被大禹王灭掉了。还有夏桀的领土，左有黄河和济水，右有泰山和华山，他的南边和北面，便有那伊阙之固和羊肠之险，可是夏桀不施仁政，暴虐百姓，结果，夏王朝被推翻了，而他自己也遭商汤放逐。殷纣王也是一样，他的领土，左有孟门的天险，右有太行的牢固，巍峨的常山在它的北面，浩浩的黄河从它的南面流过，国土险要无比，可是他不修德政，结果，武王伐纣，纣自焚于鹿台。由此看来，一个国家的强盛与否，主要在于国君是否施恩德于百姓，而不在于山河的险峻。倘若主君不修德政，那么同一条船上的人，都可能会背叛您。如同仇敌一般和您对立，如此，您纵有山河的险固，又有什么用呢？"武侯说："言之有理！"

【原文】

　　吴起为西河守，甚有声名。魏置相，相田文。吴起不悦，谓田文曰："请与子论功，可乎？"田文曰："可。"起曰："将三军，使士卒乐死，敌国不敢谋，子孰与起？"文曰："不如子。"起曰："治百官，亲万民，实府库，子孰与起？"文曰："不如子。"起曰："守西河而秦兵不敢东乡，韩、赵宾从，子孰与起？"文曰："不如子。"起曰："此三者，子皆出吾下，而位加吾上，何也？"文曰："主少国疑，大臣未附，百姓不信，方是之时，属之于子乎？属之于我乎？"起默然良久，曰："属之子矣。"文曰："此乃吾所以居子之上也。"吴起乃自知弗如田文。

【译文】

吴起担任西河的长官,政绩卓越,声名远扬。这时魏国宰相一职尚无人担任而空缺,国君选拔宰相,结果田文为相,吴起为此闷闷不乐,他对田文说:"我们比比谁的功劳大,可以吗?"田文说:"当然可以!"吴起说:"统帅三军,能让士卒乐于争先杀敌,誓死不顾,使得敌国胆寒而不敢轻易进攻我们,关于这一点,您同我比,究竟谁强"?田文道:"当然我不如你。"吴起又说:"治理百官,怜爱万民,使府库充实,在这方面,咱们俩谁更优秀?"田文道:"我不如你。"吴起又说:"镇守西河,使秦兵不敢东侵我国,使韩赵二国对我们俯首称臣,在这方面,您同我比,谁强?"田文道:"那我更不如你。"吴起便说:"这三方面您都不如我,可是您的官位为什么比我高呢?"田文解释说:"我们的君主年少继位,国家不安定,大臣们不肯亲近他,百姓不信赖他,这个时候,要找一位协和内外,巩固中央的人做宰相,你和我谁更合适做宰相呢。"吴起听了,默默地思量了好久,然后才说:"把宰相的职务交给您较适合。"田文便说:"这就是我的官位比你高的原因。"最后,吴起终于明白要拜相组阁,自己在这方面的条件是不如田文的。

【原文】

田文既死,公叔为相,尚魏公主,而害吴起。公叔之仆曰:"起易去也。"公叔曰:"柰何?"其仆曰:"吴起为人节廉而自喜名也。君因先与武侯言曰:'夫吴起贤人也,而侯之国小,又与强秦壤界,臣窃恐起之无留心也。'武侯即曰:'柰何?'君因谓武侯曰:'试延以公主,起有留心,则必受之,无留心,则必辞矣。以此卜之。'君因召吴起而与归,即令公主怒而轻君。吴起见公主之贱君也,则必辞。"于是吴起见公主之贱魏相,果辞魏武侯。武侯疑之而弗信也。吴起惧得罪,遂去,即之楚。

【译文】

后来,田文死了,公叔接任相位。公叔娶了魏国的公主,无论是功劳还是能力他都不如吴起,于是担心吴起会威胁他宰相的地位,便想暗中除去吴起。公叔的一名贴身仆人,对公叔说:"要除去吴起,那太容易了。"公叔问道:"有什么好法子吗?"他的仆人说:"吴起为魏国效力,傲慢而好求名利,我们正可利用他这点去除掉他。首先，您跟武侯说：'吴起是个雄才大略的贤者，可是主上的国家太小，西面又跟秦接壤，臣担心吴起会另图发展，无心再为魏国效力。'武侯听了这些，必会很焦急地问：'那要怎么样才能留下他呢？'这时，主人不妨对武侯说：'可试以公主配给他的办法来留住他，吴起要是想留下，那么他必然会接受这门亲事；要是他不想留下执意要走，那么他必然会加以推辞，我们就用这个办法来探测他的去留。'武侯一定会听从您的建议。到时候，您邀吴起到家中来，要公主极尽骄横、侮慢之能，让他看在眼里，认为匹配公主之后，也会像你一样受到凌辱，必然会拒绝和公主的亲事，如此一来，还怕我们的目的实现不了吗？"后来，吴起到了公叔家，看到公主对宰相是那般的骄横无礼，他心里觉得受不了，果然就拒绝了魏武侯。为此，武侯就开始怀疑吴起，不再信任他。吴起怕会惹祸上身，于是离开魏国，去投奔楚国。

【原文】

楚悼王素闻起贤，至则相楚。明法审令，捐不急之官，废公族疏远者，以抚养战斗之士。要在强兵，破驰说之言从横者。于是南平百越；北并陈、蔡，却三晋；西伐秦。诸侯患楚之强。

【译文】

楚悼王早就听说吴起德高才显，吴起一到楚国，立即就拜他为相，吴起辅佐楚悼王治理楚国，彰明法制，详定律令，裁减冗散多余的官员，废除疏远公族的授爵制度，然后就将这些方面节省下的开支，全数用来抚养战士，主要的目的是提高战斗力。同时他还斥逐高谈纵横之术的游说之士，用以统一国家的舆论和集中百姓的思想。楚国在吴起大力改革下，不久就南平百越，北并陈蔡，既击退了三晋军队的进攻，又西向攻伐了强大的秦国，各国诸侯震慑于楚国的强盛。

【原文】

故楚之贵戚尽欲害吴起。及悼王死，宗室大臣作乱而攻吴起，吴起走之王尸而伏之。击起之徒因射刺吴起，并中悼王。悼王既葬，太子立，乃使令尹尽诛射吴起而并中王尸者。坐射起而夷宗死者七十余家。

【译文】

楚国的旧贵族，全都想起来杀害吴起。趁楚悼王发丧的机会，联合追杀吴起。吴起走投无路，只好奔向停放悼王尸体的寝宫，把自己的身子紧贴在楚悼王的尸首上，想躲开围攻者的射杀。尽管如此，愤怒的贵族们不肯善罢干休，反而集拢起来射杀吴起，悼王的尸体上也密密麻麻地插满了箭。等悼王安葬后，太子肃王即位，就命令尹把追杀吴起以及以乱箭射穿悼王尸首的一干乱党，一律处以死刑。因牵连在内而全族被处以极刑的，共达七十几家之多。

【原文】

　　太史公曰：世俗所称师旅，皆道《孙子》十三篇，吴起《兵法》，世多有，故弗论，论其行事所施设者。语曰："能行之者未必能言，能言之者未必能行。"孙子筹策庞涓明矣，然不能蚤救患于被刑。吴起说武侯以形势不如德，然行之于楚，以刻暴少恩亡其躯。悲夫！

【译文】

　　太史公说：世上的人，凡谈军旅战法的，无不称道《孙子》的十三篇和吴起的《兵法》。不少人都收藏这两部书。所以我也不做过多评论，只叙述他们一生中显为人知的事迹。常言道："能做的未必能说，能说的未必能做。"试看孙膑设计杀庞涓一事足以说明此理，可是他又不能早救自己的两腿免于被斩。吴起向魏武侯谈论治国与其依仗山河的险固，不如施恩德于百姓。然而一旦到他自己为政于楚，却又不修德政，反而以刻薄、暴虐、寡恩而丧失自己的性命，可悲呀！

伍子胥列传

【原文】

　　伍子胥者，楚人也，名员。员父曰伍奢，员兄曰伍尚。其先曰伍举，以直谏事楚庄王，有显，故其后世有名于楚。

楚平王有太子名曰建，使伍奢为太傅，费无忌为少傅。无忌不忠于太子建。平王使无忌为太子取妇于秦，秦女好，无忌驰归报平王曰："秦女绝美，王可自取，而更为太子取妇。"平王遂自取秦女而绝爱幸之，生子轸。更为太子取妇。

【译文】

伍子胥是楚国人，名员。他父亲叫伍奢，哥哥叫伍尚。他们的祖先叫伍举，曾因对楚庄王直言上谏而成为显贵，所以他的后代在楚声名显赫。

楚平王有个叫建的太子，楚平王让伍奢做太子的老师，费无忌做他的少傅，但费无忌不忠心侍奉太子。楚平王派费无忌到秦国替太子建娶妻，秦女美貌绝伦，费无忌快马加鞭跑回楚国报告楚平王说："秦女非常美丽，大王可以娶她做妾，再给太子物色个媳妇。"楚王于是自己娶了秦女，非常宠爱她，还和她生了个儿子叫轸。又给太子找了个女人做媳妇。

楚王盦朏鼎　战国后期，通高59.7厘米，宽60.5厘米，口径46.6厘米，重53.8千克。1933年出土于安徽省朱家集。铸有铭文：仨集厨集厨扛鼎。楚王盦朏作鑄鏽鼎，以供歲嘗。

【原文】

无忌既以秦女自媚于平王，因去太子而事平王。恐一旦平王卒而太子立，杀己，乃因谗太子建。建母，蔡女也，无宠于平王。平王稍益疏建，使建守城父，备边兵。

顷之，无忌又日夜言太子短于王曰："太子以秦女之故，不能无怨望，愿王少自备也。自太子居城父，将兵，外交诸侯，且欲入为乱矣。"平王乃召其太傅伍奢考问之。伍奢知无忌谗太子于平王，因曰："王独奈何以谗贼小臣疏骨肉之亲乎？"无忌曰："王今不制，其事成矣。王且见禽。"于是平王怒，囚伍奢，而使城父司马奋扬往杀太子。行未至，奋扬使人先告太子："太子急去！不然将诛！"太子建亡奔宋。

【译文】

费无忌因为献计让秦女受宠,博得楚王欢心,于是就离开太子去侍奉楚平王。他担心有朝一日太子继承王位做了国君会杀了自己,所以经常在楚平王面前诽谤太子建。太子建的母亲是蔡国人,楚平王不喜欢她。于是楚平王便疏远太子建。叫建镇守城父,防守边疆。

不久,费无忌又整天在楚王的面前说太子的坏话,费无忌说:"太子对秦女一事一直耿耿于怀,希望您注意点自己防备一下。自从太子到城父,率领军队,外面与诸侯交好,就要回王都作乱了。"楚平王于是召回太子的太傅伍奢查问。伍奢知道是费无忌在平王面前诽谤太子,因此回答说:"大王为何要听信小人的谗言而疏远至亲骨肉呢?"费无忌说:"您现在不制止他们,他们的阴谋就要得逞了,那时候他们会活捉您的。"楚平王听信了费无忌的话,大发雷霆,囚禁伍奢,传旨令城父司马奋扬去杀太子。还没到太子处,奋扬派人先向太子告密说:"太子快逃,否则性命不保。"太子建于是逃到宋国。

楚王畲璋戈 战国前期兵器,高22.3厘米,宽7.2厘米,重0.22千克。铸有铭文:作辇戈。以邵揚文武之口。楚王畲璋嚴犾南越用。

【原文】

无忌言于平王曰:"伍奢有二子,皆贤,不诛且为楚忧。可以其父质而召之,不然且为楚患。"王使使谓伍奢曰:"能致汝二子,则生,不能则死。"伍奢曰:"尚为人仁,呼必来。员为人刚戾忍诟,能成大事,彼见来之并禽,其势必不来。"王不听,使人召二子曰:"来,吾生汝父;不来,今杀奢也。"伍尚欲往,员曰:"楚之召我兄弟,非欲以生我父也,恐有脱者,后生患,故以父为质,诈召二子。二子到,则父子俱死。何益父之死?往而令仇不得报耳。不如奔他国,借力以雪父之耻。俱灭,无为也。"伍尚曰:"我知往终不能全父命。然恨父召我以求生而不往,后不能雪耻,终为天下笑耳。"谓员:"可去矣!汝能报杀父之仇,我将归死。"尚既就执,使者捕伍胥。伍胥贯弓执矢向使者,使者不敢进,伍胥遂亡。闻太子建之在宋,往从之。奢闻子胥之亡也,曰:"楚国君臣且苦兵矣。"伍尚至楚,楚并杀奢与尚也。

【译文】

　　费无忌又对楚平王说："伍奢有两个儿子，都很贤能，如不斩草除根，将会成为楚国的祸患。"楚平王派使者告诉伍奢说："你能把你两个儿子叫来就饶你不死，否则你只有死路一条。"伍奢说："我大儿子尚为人仁慈，叫他他一定来；二儿子员为人性情刚烈，难以驯服，能完成大事，他知道来了会同时被擒，一定不会来。"楚平王不听伍奢的劝告，派人召伍奢的两个儿子，说："你们来，我就饶恕你们父亲；不来，现在就杀你们的父亲。"伍尚要去，伍员说："楚王召我们兄弟去，并不是要饶恕我们的父亲的，恐怕我们有人逃脱，留下后患，所以用父亲做人质，想把我们骗去一起处死，我们去根本救不了父亲！那样的话谁给父亲报仇，不如逃奔别国，借别国的军队来雪洗父亲的耻辱。全家都死了一点意义都没有！"伍尚说："我知道去了也不能保全父亲的性命，可是只恨父亲招我。如果不去无法保全父亲的性命，又不能雪耻，最终只能成为天下人的笑柄。"对伍员说："你逃走，你能报杀父之仇，我将去就死。"伍尚已被捕。使者要捕捉伍员，伍员张弓搭箭对着使者，使者不敢上前，伍员于是逃走了。伍员听说太子建在宋国，便到宋去追随他。伍奢听到伍子胥逃走了，说："楚国的国君和大臣就要遭受兵事之灾！"伍尚到了楚都，楚平王杀了伍尚和伍奢。

【原文】

　　伍胥既至宋，宋有华氏之乱，乃与太子建俱奔于郑。郑人甚善之。太子建又适晋，晋顷公曰："太子既善郑，郑信太子。太子能为我内应，而我攻其外，灭郑必矣。灭郑而封太子。"太子乃还郑。事未会，会自私欲杀其从者，从者知其谋，乃告之于郑。郑定公与子产诛杀太子建。建有子名胜。伍胥惧，乃与胜俱奔吴。到昭关，昭关欲执之。伍胥遂与胜独身步走，几不得脱。追者在后，至江，江上有一渔父乘船，知伍胥之急，乃渡伍胥。伍胥既渡，解其剑曰："此剑直百金，以与父。"父曰："楚国之法，得伍胥者赐粟五万石，爵执珪，岂徒百金剑邪！"不受。伍胥未至吴而疾，止中道，乞食。至于吴，吴王僚方用事，公子光为将，伍胥乃因公子光以求见吴王。

【译文】

伍子胥到了宋国,恰好遇到宋国华氏叛乱,于是与太子建一起逃往郑国。郑国人厚待他们。太子建又前往晋国,晋顷公说:"太子和郑国要好,太子建又是前任太子,我们进攻郑国,太子可以给我们做内应,我们由外面进攻,一定可以消灭郑国,消灭郑国就把它封给太子。"太子于是回到郑国。还没等晋攻郑,就赶上太子想偷偷杀掉自己的亲从,太子的亲从便向郑国揭发了太子和晋密谋攻郑的事。郑定公与子产便杀了太子建。建有个儿子名胜。伍子胥害怕自己也会因此事受牵连,性命不保,便与胜一起逃到吴国。到了昭关,昭关的守吏想抓他们,伍子胥于是与胜分两路走,差一点儿不能脱身。追兵在后,到了江边,江上有一渔翁坐着船,知道伍子胥处境危险,而且情势危急,便把他渡过江。伍子胥已渡了江,解下佩剑说:"这把剑值一百金,送给你,以此报答你的救命之恩。"渔翁说:"楚国贴出告示说捕到伍子胥的赏粟五万石,爵位拜上卿执圭,值一百金的剑又算得了什么呢!"谢绝伍子胥的馈赠。伍子胥还没到吴国,生了病,便停下来,以乞讨求生。到了吴国,吴王僚执政,公子光做将领,伍子胥便借公子光的关系求见吴王。

伍子胥 春秋末期吴国大夫,军事家、谋略家。名员,字子胥。春秋时楚国人。封于申地,故又称申胥。

【原文】

久之,楚平王以其边邑钟离与吴边邑卑梁氏俱蚕,两女子争桑相攻,乃大怒,至于两国举兵相伐。吴使公子光伐楚,拔其钟离、居巢而归。伍子胥说吴王僚曰:"楚可破也,愿复遣公子光。"公子光谓吴王曰:"彼伍胥父兄为戮于楚,而劝王伐楚者,欲以自报其仇耳。伐楚,未可破也。"伍胥知公子光有内志,欲杀王而自立,未可说以外事,乃进专诸于公子光,退而与太子建之子胜耕于野。

【译文】

过了很长时间,楚国边邑钟离和吴国的边邑卑梁氏都养蚕,两个女子因为争采桑叶而发生纠纷,楚平王于是大发雷霆,两国开战。吴国派公子光伐楚,攻下楚国的钟离和居巢二邑班师回朝。伍子胥劝吴王僚说:"我们能攻取楚国,希望再派公子光去灭楚。"公子光对吴王说："那伍子胥的父兄被楚王杀死,现劝王攻打楚国,是要用来报他自己的仇。我们无法攻取楚国。"伍子胥知道公子光心中另有阴谋,想杀害吴王而自立为君,还不能用对外的军事行动来说动他,于是向公子光推荐专诸,自己与太子建的儿子胜退隐田园,靠种地为生。

【原文】

五年而楚平王卒。初,平王所夺太子建秦女生子轸,及平王卒,轸竟立为后,是为昭王。吴王僚因楚丧,使二公子将兵往袭楚,楚发兵绝吴兵之后,不得归。吴国内空,而公子光乃令专诸袭刺吴王僚而自立,是为吴王阖闾。阖闾既立,得志,乃召伍员以为行人,而与谋国事。

楚诛其大臣郤宛、伯州犁,伯州犁之孙伯嚭亡奔吴,吴亦以嚭为大夫。前王僚所遣二公子将兵伐楚者,道绝不得归,后闻阖闾弑王僚自立,遂以其兵降楚,楚封之于舒。阖闾立三年,乃兴师与伍胥、伯嚭伐楚,拔舒,遂禽故吴反二将军。因欲至郢,将军孙武曰:"民劳,未可,且待之。"乃归。

【译文】

五年后,楚平王去世。起初楚平王从太子建那儿夺来的秦女生了一个儿子名轸,楚平王去世后轸即位,轸就是楚昭王。吴王僚乘楚国丧君,派烛庸、盖余两公子率兵攻打楚国,楚国发兵断了吴军的后路,吴兵不能撤退回国,吴国国内空虚,公子光于是令专诸刺杀吴王僚,自立为王,公子光便是吴王阖闾。阖闾做了国君以后,便召伍子胥入朝为官,让他担任行人一职,而与他策划国事。

吴王光鉴　春秋晚期吴国水器,因为吴王光(阖闾)故名。1955年出土于安徽寿县蔡侯墓,高35厘米、口径59厘米。现藏于中国国家博物馆。

这时的楚国诛杀他们的大臣郤宛、伯州犁。伯州犁的孙子伯嚭逃亡到吴国,吴王也用伯嚭做大夫。吴王僚的两个公子伐楚途中被楚断了后路,无法返回吴国,又听说其父被杀,阖闾自立为王不能再打下去了,于是带军队投降楚国,楚国把他们封在舒。阖闾自立为吴王的第三年,起兵与伍子胥、伯嚭攻打楚国,占领了舒,捉到先前叛吴的两个将军。阖闾想乘胜攻打郢都,将军孙武说:"老百姓很疲惫了,不能再打下去了!暂且再等机会。"于是收兵归国。

【原文】

　　四年，吴伐楚，取六与灊。五年，伐越，败之。六年，楚昭王使公子囊瓦将兵伐吴。吴使伍员迎击，大破楚军于豫章，取楚之居巢。

　　九年，吴王阖闾谓子胥、孙武曰："始子言郢未可入，今果何如？"二子对曰："楚将囊瓦贪，而唐、蔡皆怨之。王必欲大伐之，必先得唐、蔡乃可。"阖闾听之，悉兴师与唐、蔡伐楚，与楚夹汉水而陈。吴王之弟夫概将兵请从，王不听，遂以其属五千人击楚将子常。子常败走，奔郑。于是吴乘胜而前，五战，遂至郢。己卯，楚昭王出奔。庚辰，吴王入郢。

【译文】

　　第四年，吴国攻打楚国，占领六、灊两地。第五年吴国攻打越国，大获全胜。第六年，楚昭王令公子囊瓦带兵攻打吴国。吴王派伍子胥迎战，在豫章大败楚军，夺取了楚国居巢。

　　第九年，吴王阖闾对伍子胥和孙武说："起初您二位说郢都攻不下来，依现在的情形看有希望攻下来吗？"伍子胥和孙武回答说："楚将军囊瓦贪得无厌，唐国和蔡国都恨他，大王如要大举伐楚，一定先要取得唐国和蔡国的帮助才行。"阖闾采纳他们的建议，出动全部军队，和唐、蔡两国联兵讨伐楚国。吴与楚两国军队夹汉水列阵对峙。吴王的弟弟夫概带兵请求进击楚军，吴王不答应，夫概便用自己属下五千人进攻楚将子常，子常败走，逃往郑国，于是吴军乘胜进攻，经过五次战役，大军逼近郢都。己卯日楚昭王出逃，第二天吴王入郢。

【原文】

　　昭王出亡，入云梦；盗击王，王走鄀。鄀公弟怀曰："平王杀我父，我杀其子，不亦可乎？"鄀公恐其弟杀王，与王奔随。吴兵围随，谓随人曰："周之子孙在汉川者，楚尽灭之。"随人欲杀王，王子綦匿王，己自为王以当之。随人卜与王于吴，不吉，乃谢吴不与王。

【译文】

　　楚昭王出奔进入云梦大泽，强盗袭击昭王。昭王逃到鄀，鄀公的弟弟怀说：

"楚平王杀我们父亲，我现在杀他儿子，不是天经地义的事吗？"郧公害怕弟弟杀死昭王，便和昭王一起逃到随。吴军围随，对随人说："在汉水周围的周朝子孙，已被楚国消灭殆尽。你们不要庇护楚王。"随人准备杀昭王，王子綦把昭王藏起来，自己冒充昭王受死。随人卜卦看要不要把昭王给吴国，结果不吉，便拒绝把昭王交给吴国。

【原文】

始伍员与申包胥为交，员之亡也，谓包胥曰："我必覆楚。"包胥曰："我必存之。"及吴兵入郢，伍子胥求昭王。既不得，乃掘楚平王墓，出其尸，鞭之三百，然后已。申包胥亡于山中，使人谓子胥曰："子之报仇，其以甚乎！吾闻之，人众者胜天，天定亦能破人。今子故平王之臣，亲北面而事之，今至于僇死人，此岂其无天道之极乎？"伍子胥曰："为我谢申包胥曰，吾日莫途远，吾故倒行而逆施之。"

【译文】

起初伍子胥与申包胥是知心朋友，伍子胥逃亡的时候对申包胥说："我一定要毁灭楚国。"申包胥说："我一定要保存楚国。"等到吴军攻入郢都，伍子胥没抓到楚昭王，便挖开楚平王的坟墓，挖出平王的尸体，鞭打三百下才住手。申包胥跑到山中躲了起来，派人捎话给伍子胥说："你这样报仇，未免太过分了吧！我听人说，人多力量大，人力可胜天，但天道恒常也能破败人谋。你从前是平王的臣下，北面称臣侍奉他，现在居然鞭尸，难道这不是伤天害理到了极点？"伍子胥对申包胥派去的人说："你替我跟申包胥说，我急着复仇，就像日落时分还有很长的路要赶，实在顾不了那么多，所以我不惜违背天理。"

【原文】

于是申包胥走秦告急，求救于秦。秦不许。包胥立于秦廷，昼夜哭，七日七夜不绝其声。秦哀公怜之，曰："楚虽无道，有臣若是，可无存乎！"乃遣车五百乘救楚击吴。六月，败吴兵于稷。会吴王久留楚求昭王，而阖闾弟夫概乃亡归，自立为王。阖闾闻之，乃释楚而归击其弟夫概。夫概败走，遂奔楚。楚昭王见吴有内乱，乃复入郢。封夫概于堂谿，为堂谿氏。楚复与吴战，败吴，吴王乃归。

王命传任虎节　战国后期，长15.9厘米，宽10.7厘米，重0.47千克。铸有铭文：王命，命傅任。

【译文】

于是申包胥跑到秦国，向秦王求救。秦王不答应出兵，申包胥便站在秦国朝廷日以继夜地痛哭，七日七夜都没停过。秦哀公可怜他，说："楚王虽是无道昏君，但有像这种臣子，可以不保全楚国吗？"于是派五百辆兵车援救楚国攻击吴军，六月在稷打败吴军。恰好吴王为了搜寻楚昭王，在楚待了很长时间，他弟弟夫概竟背着他跑回吴国自己做起国王来。阖闾听到这个消息，便放弃楚国回国攻打他的弟弟夫概。夫概战败，逃到楚国，楚昭王看到吴国有内乱，便又回到郢都，封夫概在堂谿作堂谿氏。楚国又与吴国作战，打败吴军，吴王于是班师回国了。

【原文】

后二岁，阖闾使太子夫差将兵伐楚，取番。楚惧吴复大来，乃去郢，徙于鄀。

当是时，吴以伍子胥、孙武之谋，西破强楚，北威齐、晋，南服越人。

【译文】

两年以后，阖闾令太子夫差领兵攻伐楚国，攻占了番。楚国害怕吴军又大举入侵，便远离郢都，迁都到鄀。

在这时候，吴国用伍子胥、孙武的计谋，西面攻破强大的楚国，北面威胁齐国、晋国，南面降服越国。

【原文】

其后四年，孔子相鲁。

【译文】

此后四年，孔子任鲁国的宰相。

【原文】

　　　　后五年，伐越。越王勾践迎击，败吴于姑苏，伤阖闾指，军却。阖闾病创将死，谓太子夫差曰："尔忘勾践杀尔父乎？"夫差对曰："不敢忘。"是夕，阖闾死。夫差既立为王，以伯嚭为太宰，习战射。二年后伐越，败越于夫湫。越王勾践乃以余兵五千人栖于会稽之上，使大夫种厚币遗吴太宰嚭以请和，求委国为臣妾。吴王将许之，伍子胥谏曰："越王为人能辛苦，今王不灭，后必悔之。"吴王不听，用太宰嚭计，与越平。

【译文】

　　此后五年，吴军攻打越国。越王勾践迎战吴军，在姑苏打败吴军，击伤了吴王阖闾的脚指，吴军退避三舍。阖闾伤势恶化，临死对太子夫差说："你会忘掉勾践是你的杀父仇人不替你父亲报仇雪恨吗？"夫差回答说："不会。"这晚，阖闾去世了。夫差当上吴王后，任用伯嚭做太宰，加紧操练士兵。二年后攻伐越国，在夫湫打败越军。越王勾践带领剩下的五千军队驻扎会稽山上，派大夫文种送厚礼给吴国太宰嚭请求谈和，并请求成为吴的附属国。吴王想答应越王的条件，伍子胥劝谏说："越王勾践能忍辱负重，现在大王不消灭他，以后一定会后悔。"吴王没有采纳伍子胥的话，听从太宰嚭的计策，跟越国谈和。

【原文】

　　　　其后五年，而吴王闻齐景公死而大臣争宠，新君弱，乃兴师北伐齐。伍子胥谏曰："勾践食不重味，吊死问疾，且欲有所用之也。此人不死，必为吴患。今吴之有越，犹人之有腹心疾也。而王不先越而乃务齐，不亦谬乎！"吴王不听，伐齐，大败齐师于艾陵，遂威邹鲁之君以归。益疏子胥之谋。

【译文】

　　此后五年，吴王听说齐景公死了，各大臣争夺权势，新立的国君微弱，便发动军队北伐齐国。伍子胥劝谏说："勾践吃饭时不肯吃两样荤菜，在国内悼念死者，抚慰病患，看起来是想干

越王勾践剑

一番大事业。这人不死，他日一定会对吴构成危胁。现在越与我们吴国相邻，就好像是我们的心腹之患，而大王不先讨伐越国反而集中兵力攻打齐国，不是太荒唐了吗？"吴王不听伍子胥的劝告，攻打齐国，在艾陵大败齐国，威震邹国与鲁国的国君后回国，如此以来，吴王便更加不采用伍子胥的计谋了。

【原文】

其后四年，吴王将北伐齐，越王勾践用子贡之谋，乃率其众以助吴，而重宝以献遗太宰嚭。太宰嚭既数受越赂，其爱信越殊甚，日夜为言于吴王。吴王信用嚭之计。伍子胥谏曰："夫越，腹心之病。今信其浮辞诈伪而贪齐，破齐，譬犹石田，无所用之。且《盘庚之诰》曰：'有颠越不恭，劓殄灭之，俾无遗育，无使易种于兹邑。'此商之所以兴。愿王释齐而先越；若不然，后将悔之无及。"而吴王不听，使子胥于齐。子胥临行，谓其子曰："吾数谏王，王不用，吾今见吴之亡矣。汝与吴俱亡，无益也。"乃嘱其子于齐鲍牧，而还报吴。

【译文】

此后四年，吴王打算北伐齐国，越王勾践采用子贡的计策，帮吴国攻打齐国，并且用贵重的宝物贿赂太宰嚭。太宰嚭因为多次收受越国的贿赂，便非常喜欢且信任越国，日夜替越国在吴王面前说好话。吴王采用太宰嚭的计策，伍子胥劝谏说："越国是吴国的心腹之患，现在您听信太宰的花言巧语，被越国表面行为所蒙蔽，而企图攻破齐国。齐国好比沙土荒地，夺取了对吴国一点儿用都没有。况且《盘庚之诰》中说：'有叛逆的反贼，要彻底消灭他们，要斩草除根，不遗后患，不要让他们在这地方轻松无患地耕种生息。'这是商朝兴起强盛的原因，希望大王能听从臣下的劝谏，打消进攻齐国的念头，先灭越国，否则一定追悔莫及。"吴王不听从伍子胥的劝告，派伍子胥出使齐国。伍子胥临走，对他儿子说："我多次劝谏吴王，吴王不听劝，现在眼看吴国就要灭亡了。你与吴国一起坐等灭亡，没有好处。"便把他儿子托付给齐国的鲍牧照顾，一个人回吴交差。

【原文】

吴太宰嚭既与子胥有隙，因谗曰："子胥为人刚暴，少恩，猜贼，其怨望恐为深祸也。前日王欲伐齐，子胥以为不可，王卒伐之而有大功。子胥耻其计谋不用，乃反怨望。而今王又复伐齐，子胥专愎强谏，沮毁用事，徒幸吴之败以自胜其计谋耳。今王自行，悉国中武力以伐齐，而子胥谏不用，因辍谢，详病不行。王不可不备，此起祸不难。且嚭使人微伺之，其使于齐也，乃属其子于齐之鲍氏。夫为人臣，内不得意，外倚诸侯，自以为先王之谋臣，今不见用，常鞅鞅怨望。愿王早图之。"吴王曰："微子之言，吾亦疑之。"乃使使赐伍子胥属镂之剑，曰："子以此死。"伍子胥仰天叹曰："嗟乎！谗臣嚭为乱矣，王乃反诛我。我令若父霸，自若未立时，诸公子争立，我以死争之于先王，几不得立。若既得立，欲分吴国予我，我顾不敢望也。然今若听谀臣言以杀长者！"乃告其舍人曰："必树吾墓上以梓，令可以为器；而抉吾眼县吴东门之上，以观越寇之入灭吴也。"乃自刭死。吴王闻之大怒，乃取子胥尸盛以鸱夷革，浮之江中。吴人怜之，为立祠于江上，因命曰胥山。

【译文】

太宰嚭和伍子胥一直有矛盾，因而在吴王面前诬陷伍子胥说："伍子胥性情刚烈，难以驯服，冷酷无情，而且生性多疑，嫉妒心强，他的怨恨恐怕会给吴国酿成大的祸害。前些时国王要讨伐齐国，伍子胥认为行不通，国王最后还是出了兵，结果大获全胜。子胥因为他的计策不被采用感到很羞耻，势必因此事耿耿于怀。现在国王又要攻打齐国，伍子胥坚执己见，又劝王不要攻齐，故意打消吴军的斗志，只希望吴国兵败，夸显他的计谋的高明。现国王亲自带兵，倾尽全国的武力攻打齐国，而伍子胥因为自己的意见不被采纳，因此称病不跟国王一起出师齐国。这样很容易引起灾难，大王不可不防，而且我派人暗中观察伍子胥，他出使齐国的时候，就把儿子托付给了齐国的鲍氏。作为人臣，在国内不得意，便在外投靠诸侯，倚仗自己是先王的谋臣，现不被重用，便常常心中不快，怨恨大王。希望大王早点铲除后患。"吴王说："即使你不提醒，我也在怀疑他了。"于是派使者赐给伍子胥一把宝剑，让伍子胥自尽，伍子胥仰天长叹说："唉呀！奸臣太宰嚭作乱

吴王夫差矛

了,吴王反来杀我。我辅佐你父亲成为霸主,在你还没有立为太子时,各公子互相争夺,我以生命在先王面前保你做太子,还差一点不能立你为太子。你做了吴王后,打算让我和你一起治理吴国,我都不敢奢望。可是现在你听信奸臣的谗言来杀长者!"于是告诉他的奴仆家人说:"一定要在我的墓上种梓树,让它长成后可以做棺材。把我的眼睛挖出来挂在东门上,我要看着越寇攻入灭绝吴国。"说完,便自己挥剑自刎了。吴王听到伍子胥的话后非常生气,把伍子胥尸首装在马革里面,投进江中使之顺流漂浮。吴国人痛怜伍子胥,为他在江边建立祠堂,因此把伍子胥祠堂所在地叫胥山。

【原文】

吴王既诛伍子胥,遂伐齐。齐鲍氏杀其君悼公而立阳生。吴王欲讨其贼,不胜而去。其后二年,吴王召鲁、卫之君会之橐皋。其明年,因北大会诸侯于黄池,以令周室。越王勾践袭杀吴太子,破吴兵。吴王闻之,乃归,使使厚币与越平。后九年,越王勾践遂灭吴,杀王夫差;而诛太宰嚭,以不忠于其君,而外受重赂,与己比周也。

【译文】

吴王杀了伍子胥后,便攻打齐国。齐国的鲍氏杀了他的国君悼公而立阳生为国王。吴国打算讨伐鲍氏,结果大败而回。伐齐后的第二年,吴王召集鲁、卫二国国君在橐皋盟会。第二年,又在黄池大会诸侯,来号令周朝天子。越王勾践趁机起兵,杀了吴国太子友,大败吴军。吴王听说国内发生变故,火速班师回国,派使者用重礼与越议和。此后九年,越王勾践终于灭了吴国,杀掉吴王夫差,并且也杀了太宰嚭,因为嚭不忠于他的国君,并且接受外国的重金贿赂,与越国私下亲近。

【原文】

伍子胥初所与俱亡故楚太子建之子胜者,在于吴。吴王夫差之时,楚惠王欲召胜归楚。叶公谏曰:"胜好勇而阴求死士,殆有私乎!"惠王不听。遂召胜,使居楚之边邑鄢,号为白公。白公归楚三年而吴诛子胥。

【译文】

　　伍子胥起初所跟随一起逃亡的楚太子建的儿子胜，居住在吴国。吴王夫差当政时，楚惠王想把胜召回国去，叶公劝谏说："胜爱好武勇并且暗中到处寻访以死效忠于他的侠士，恐怕想自立为王。"楚惠王没有听从叶公的劝告，便把胜召回楚国，让他住在楚边城鄢，号称白公。白公胜回楚的第三年，吴王杀害伍子胥。

【原文】

　　白公胜既归楚，怨郑之杀其父，乃阴养死士，求报郑。归楚五年，请伐郑，楚令尹子西许之。兵未发而晋伐郑，郑请救于楚。楚使子西往救，与盟而还。白公胜怒曰："非郑之仇，乃子西也。"胜自砺剑，人问曰："何以为？"胜曰："欲以杀子西。"子西闻之，笑曰："胜如卵耳，何能为也！"

【译文】

　　白公胜回楚国以后，怨恨郑国杀害他父亲，于是暗中养死士，打算向郑国报仇。回楚国的第五年，请求楚王攻打郑国，楚令尹子西答应白公发兵攻，可还没等楚攻郑，晋国已先讨伐郑国，郑国反向楚国讨救兵。楚王便派子西率兵去援郑国，与郑国签订盟约才回国。白公胜很生气地说："郑国并不是我的仇敌，子西才是我的仇敌。"白公胜自己磨利宝剑，有人问说："磨它做什么用？"白公胜说："要用它杀子西。"子西听了笑笑说："胜就像蛋一样脆弱，能有什么作为？"

螭梁盉　战国前期，清宫旧藏，通高24.2厘米，宽24.2厘米，重3.52千克。现藏于北京故宫博物院。

【原文】

　　其后四岁，白公胜与石乞袭杀楚令尹子西、司马子綦于朝。石乞曰："不杀王，不可。"乃劫（之）王如高府。石乞从者屈固负楚惠王亡走昭夫人之宫。叶公闻白公为乱，率其国人攻白公。白公之徒败，亡走山中，自杀。而虏石乞，而问白公尸处，不言将亨。石乞曰："事成为卿，不成而亨，固其职也。"终不肯告其尸处。遂亨石乞，而求惠王复立之。

【译文】

此后四年,白公胜和石乞在朝廷中攻杀楚令尹子西及司马子綦。石乞说:"咱们一定得把楚王杀了!"于是把楚王劫持到其他地方。石乞的随从屈固背楚王逃到昭夫人的宫中。叶公听到白公作乱,便带领他的人攻打白公,消灭了白公及其党羽,白公便逃到山里自杀了。石乞被活捉,人们审问他白公的尸首在哪里,他不回答就得被烹杀,石乞说:"事情成功做卿相,不成功被烹杀,本来就是应当的。"始终不肯说出白公尸首在哪里,于是叶公烹杀石乞,找回楚惠王,再次拥立他为国王。

伍子胥

【原文】

太史公曰:怨毒之于人甚矣哉!王者尚不能行之于臣下,况同列乎!向令伍子胥从奢俱死,何异蝼蚁。弃小义,雪大耻,名垂于后世。悲夫!方子胥窘于江上,道乞食,志岂尝须臾忘郢邪?故隐忍就功名,非烈丈夫孰能致此哉?白公如不自立为君者,其功谋亦不可胜道者哉!

【译文】

太史公说:仇恨对人产生的影响实在太大了,国王不能让臣下产生怨恨,何况是地位官职相同的人呢?起先如果让伍子胥跟随父兄一起被处死,他的死与蝼蚁的死又有什么区别呢?但他能放弃小义,雪洗奇耻大辱,让名声流传后世。可悲啊!当初伍子胥在江上困窘,在路上讨饭吃的时候,片刻也不曾忘记过郢都之仇吧?所以说为成就大事而忍辱负重,如果不是壮烈的丈夫谁能办得到?白公如果不自己立为国君,他的功绩和谋略恐怕也说不完呢!

商 君 列 传

【原文】

商君者,卫之诸庶孽公子也,名鞅,姓公孙氏,其祖本姬姓也。鞅少好刑名之学,事魏相公叔痤为中庶子。公叔痤知其贤,未及进。会痤病,魏惠王亲往问病,曰:"公叔病有如不可讳,将柰社稷何?"公叔曰:"痤之中庶子公孙鞅,年虽少,有奇才,愿王举国而听之。"王嘿然。王且去,痤屏人言曰:"王即不听用鞅,必杀之,无令出境。"王许诺而去。公叔痤召鞅谢曰:"今者王问可以为相者,我言若,王色不许我,我方先君后臣,因谓王即弗用鞅,当杀之。王许我。汝可疾去矣,且见禽。"鞅曰:"彼王不能用君之言任臣,又安能用君之言杀臣乎?"卒不去。惠王既去,而谓左右曰:"公叔病甚,悲乎,欲令寡人以国听公孙鞅也,岂不悖哉!"

【译文】

商君是卫国国君的姬妾所生的儿子,名鞅,姓公孙,他的祖先原本姓姬。公孙鞅从小喜欢研究刑法,在魏国相国公叔痤家中担任中庶子。公叔痤知道他有才能,可一直没顾上向魏王推荐他。恰巧有一次公叔痤患了重病,魏惠王亲自来探望公叔痤说:"万一您的病好不了,我可以靠谁帮我治国呢?"公叔痤答道:"我的中庶子公孙鞅,虽然年轻,却有奇才,希望王能把国政交给他掌管。"魏王听后默默不答。魏惠王要走时,公叔痤撤退身边的人对魏王说:"王若不听从我的话重用公孙鞅,一定要杀掉他,千万别让他离开魏国。"魏王答应就走了。公叔痤召见公孙鞅,向他辞别说:"王刚才问我谁可以担任相国,我推荐你,王看起来不会听取我的建议。我本着先忠君后爱臣的立场,向王说:'如果不重用公孙鞅就应该杀掉他。'王答应了,你快走吧!否则就要被抓!"公孙鞅说:"王既不能听你的话任用我,又怎会听你话杀我呢?"所以始终也没离开魏国。惠王回到宫中与左右的人说:"公叔病得很厉害!多令人伤心呀,他要我把国政交给公孙鞅掌管,简直糊涂死了!"

徐王子旃钟 春秋后期,通高15.5厘米,铣距10.5厘米,重1.54千克。

【原文】

公叔既死,公孙鞅闻秦孝公下令国中求贤者,将修穆公之业,东复侵地,乃遂西入秦,因孝公宠臣景监以求见孝公。孝公既见卫鞅,语事良久,孝公时时睡,弗听。罢而孝公怒景监曰:"子之客妄人耳,安足用邪!"景监以让卫鞅,卫鞅曰:"吾说公以帝道,其志不开悟矣。"后五日，复求见鞅。鞅复见孝公，益愈，然而未中旨。罢而孝公复让景监，景监亦让鞅。鞅曰："吾说公以王道而未入也。请复见鞅。"鞅复见孝公，孝公善之而未用也。罢而去。孝公谓景监曰："汝客善，可与语矣。"鞅曰："吾说公以霸道，其意欲用之矣。诚复见我，我知之矣。"卫鞅复见孝公。公与语，不自知膝之前于席也。语数日不厌。景监曰："子何以中吾君，吾君之驩甚也。"鞅曰："吾说君以帝王之道比三代，而君曰：'久远，吾不能待。且贤君者，各及其身显名天下，安能邑邑待数十百年以成帝王乎？'故吾以强国之术说君，君大悦之耳。然亦难以比德于殷、周矣。"

【译文】

公叔痤死后，公孙鞅听说秦孝公下令在国内招贤纳士，以此继承穆公的霸业，向东收复失地。公孙鞅于是西行到秦国，凭借孝公宠臣景监的关系求见孝公。孝公接见公孙鞅，公孙鞅和孝公谈了很长时间的治国之道，但孝公不停地打瞌睡，根本没听。谈话结束后，孝公生气地对景监说："你的宾客是个狂妄的人，怎么可以任用呢？"景监就责备卫鞅，卫鞅说："我向孝公说为帝之道，可是不合他的心意呀！"过了五天，孝公求见鞅，鞅再次会见孝公，鞅又讲了一番大道理，还是不中孝公的心意。结束后，孝公又责备景监，景监也又责备卫鞅，卫鞅说："我向孝公说为王之道，他没有接受，想办法让孝公再接见我吧！"卫鞅又进见孝公，孝公觉得他不错，但仍未任用他，结束后，卫鞅离去，孝公向景监说："你的宾客不错，我可以与他谈论国家大事了。"卫鞅向景监说："我向孝公说为霸之道，他很欣赏，我想用不了多久他就会再次召见我。"卫鞅再进见孝公，孝公跟他谈得很投机，不觉把身子靠前坐，鞅一连谈了几天孝公还兴致勃勃地听，丝毫没有倦意。景监说："你是怎样猜出我们国君的心意去迎合他的呢？我们国君高兴极了。"卫鞅说："我向国君说：'行帝王之道来治理秦国，功德可与夏、商、周三代盛世相比。'而国君说：'太久远了，我等不了那么长时间，而且贤能的国君都希望在他们当政时能有建树，名扬天下，怎么能默默地等待几百年才能成帝王之业呢？'所以我就

嵌松石蟠螭纹豆　战国前期，通高39厘米，宽24厘米，重3.05千克。1974年出土于北京市顺义县。现藏北京故宫博物院。

和孝公讲富民强国的治国之策，国君很是高兴，但这样却难以与殷、周的德治相比拟了。"

【原文】

孝公既用卫鞅，鞅欲变法，恐天下议己。卫鞅曰："疑行无名，疑事无功。且夫有高人之行者，固见非于世；有独知之虑者，必见敖于民。愚者暗于成事，知者见于未萌。民不可与虑始而可与乐成。论至德者不和于俗，成大功者不谋于众。是以圣人苟可以强国，不法其故；苟可以利民，不循其礼。"孝公曰："善。"甘龙曰："不然。圣人不易民而教，知者不变法而治。因民而教，不劳而成功；缘法而治者，吏习而民安之。"卫鞅曰："龙之所言，世俗之言也。常人安于故俗，学者溺于所闻。以此两者居官守法可也，非所与论于法之外也。三代不同礼而王，五伯不同法而霸。智者作法，愚者制焉；贤者更礼，不肖者拘焉。"杜挚曰："利不百，不变法；功不十，不易器。法古无过，循礼无邪。"卫鞅曰："治世不一道，便国不法古。故汤、武不循古而王，夏、殷不易礼而亡。反古者不可非，而循礼者不足多。"孝公曰："善。"以卫鞅为左庶长，卒定变法之令。

【译文】

秦孝公重用卫鞅后，想要变法，又怕世人反对自己的做法。卫鞅说："瞻前顾后绝干不出惊天动地的事，干事业犹豫不定就很难有建树。况且世人原本就愿意非议他们所不能理解的新事物。有独特见解的计谋，必为普通人所诋毁，愚笨的人，对已完成的事情，还摸不清头绪；聪明的人，却能预见未来的事情。在成就大事的最初，不可与一般见识的人共谋，只可以与他们共享事业成功的快乐。能谈论至德要道的人，不迎合世俗；能建立功绩伟业的人，不与众人敢于独断专行。因此，圣人只要可以使国家强盛，就不必墨守成规；只要能使大众受益，就不必遵循古礼教。"孝公说："好！"甘龙说："不对！圣人是不变更民俗来教化民众的，聪明的人是不改变旧法度来治国的。能依照民俗来履行教化的，不花费精力就能成功；能沿袭旧法来治理的，官吏习惯而人民安适。"卫鞅说:"甘龙所说的,是世俗的话。常人苟安于旧俗,学者拘泥于旧见闻。任用这两种人来做官,守法还可以,但却不适应新法的推行。三代的礼制不同,而却能称王天下,五霸的法律互有差异,而各成霸业,聪明的人能创建新法,愚笨的人却受制于旧法。聪明的人能变更礼教,不聪明的人只能被礼教拘束。"杜挚说:"除非新法能给人带来超出旧法百倍的利益,否则就不变法,新器功用不胜于旧器十倍就不更换旧器。效法旧制度是无可指责的,沿袭旧礼制也没什么不对的。"卫鞅说:"治世不能只用一种方法,凡是对国家有利就不必效法古制,所以商汤和周武不遵循古制而能统一天下,夏桀与殷纣不革新礼教却成了灭国之君。反对古制不应该受责难,遵循旧礼教也不值得多称赞。"孝公说:"很好!"孝公任用卫鞅为左庶长,终于制定了变法的命令。

【原文】

令民为什伍,而相(收)〔牧〕司连坐。不告奸者腰斩,告奸者与斩敌首同赏,匿奸者与降敌同罚。民有二男以上不分异者,倍其赋。有军功者,各以率受上爵;为私斗者,各以轻重被刑大小。僇力本业,耕织致粟帛多者复其身。事末利及怠而贫者,举以为收孥。宗室非有军功论,不得为属籍。明尊卑爵秩等级,各以差次名田宅,臣妾衣服以家次。有功者显荣,无功者虽富无所芬华。

【译文】

新法令规定:百姓五家编为"伍",十家为"什",一家犯法,各家连坐有罪。不举报坏人坏事的处以斩腰极刑;举报坏人坏事的,与军人斩敌人首级一样受赏;窝藏罪犯的,与投敌同罪。一家有两个以上的壮丁,若不分家生产,则加倍征收赋税。作战立功的,按军功大小封赏受爵。为私利而打斗的,各按情节轻重,接受不同级别的刑罚。致力于农业耕织生产,奉献谷子布帛多的人,免除本人的徭役。从事工商业者因为懒惰而贫穷的,全部收编为官府的奴婢。国君的同姓宗亲没有军功的,不得列入皇亲贵族名册,不享受特权。明分尊卑等级,凡爵位、俸禄,都依军功的大小而论其高低,而贵族所能拥有的田地、房屋、奴婢、衣服等财物是依其家爵位的等级而定其多寡。有军功的享受荣耀,没有军功的即使富有也无法令人景仰。

错金云纹敦　战国前期,通高10.2厘米,宽21.2厘米,口径16厘米,重1.18千克。

【原文】

令既具,未布,恐民之不信,已乃立三丈之木于国都市南门,募民有能徙置北门者予十金。民怪之,莫敢徙。复曰"能徙者予五十金"。有一人徙之,辄予五十金,以明不欺。卒下令。

令行于民期年,秦民之国都言初令之不便者以千数。于是太子犯法。卫鞅曰:"法之不行,自上犯之。"将法太子。太子,君嗣也,不可施刑,刑其傅公子虔,黥其师公孙贾。明日,秦人皆趋令。行之十年,秦民大说,道不拾遗,山无盗贼,家给人足。民勇于公战,怯于私斗,乡邑大治。秦民初言令不便者有来言令便者。卫鞅曰:"此皆乱化之民也。"尽迁之于边城。其后民莫敢议令。

【译文】

卫鞅草拟完新法尚未公布,恐怕人民不信任自己,于是竖立三丈长的木头于国都市井南门,对百姓说,如果谁能把那根木头扛到市井北门就赏十金,民众觉得奇怪,没有人敢搬。于是又下令说:能把木头扛到指定地点的赏五十金。有一个人真把木头搬走了,就赏给他五十金,以表示有令必行不欺骗民众。在百姓中树立了威信,终于颁布了法令。

法令施行一年后,来到国都说新法令不方便的百姓数以千计。那时,太子触犯了新法,卫鞅说:"法令之所以行不通,是因为上层阶级带头犯法。"要依法惩处太子,但太子是王位继承人,不能对其实施刑罚。便处刑罚于太子的老师公子虔,并处太师公孙贾墨刑。第二天,秦人都遵奉新法令了。新令施行了十年,秦国百姓非常满意,路上不会拾取别人遗落的东西,山中没有盗贼,家家富裕,人人饱暖。百姓勇于替国家作战,而不因私人恩怨打斗,乡镇城市秩序井然。秦民最初有说新法不利于民的,又来说新法给大众带来的好处,卫鞅说:"这些都是扰乱教化的人!"于是把他们全部迁到边疆去。从此以后,百姓没人再敢议论新法令。

【原文】

于是以鞅为大良造,将兵围魏安邑,降之。居三年,作为筑冀阙宫庭于咸阳,秦自雍徙都之。而令民父子兄弟同室内息者为禁。而集小(都)乡邑聚为县，置令、丞，凡三十一县。为田开阡陌封疆，而赋税平。平斗桶权衡丈尺。行之四年，公子虔复犯约，劓之。居五年，秦人富强，天子致胙于孝公，诸侯毕贺。

【译文】

孝公于是任用卫鞅为大良造，由他率领秦兵围攻魏国的安邑城，魏兵降服。三年后，秦国在咸阳建门阙和宫廷，然后把国都从雍迁到咸阳。下令禁止父子兄弟住在一起。把若干小乡里、市镇、村落合并成为一县，设置县令、县丞，一共设置三十一个县。而后挖开原有的田路疆界，使庄稼增产，公平赋税。统一度量衡制度。施行了四年，公子虔又触犯法令，被处割鼻之刑。过了五年，秦国富强，周天子赐祭神的肉给孝公，诸侯都来祝贺。

大良造鞅镦　战国后期，通高5.7厘米，宽2.4厘米，重0.08千克。出土于河南洛阳。

【原文】

其明年，齐败魏兵于马陵，虏其太子申，杀将军庞涓。其明年，卫鞅说孝公曰："秦之与魏，譬若人之有腹心疾，非魏并秦，秦即并魏。何者？魏居岭厄之西，都安邑，与秦界河，而独擅山东之利。利则西侵秦，病则东收地。今以君之贤圣，国赖以盛。而魏往年大破于齐，诸侯畔之，可因此时伐魏。魏不支秦，必东徙。东徙，秦据河山之固，东乡以制诸侯，此帝王之业也。"孝公以为然，使卫鞅将而伐魏。魏使公子卬将而击之。军既相距，卫鞅遗魏将公子卬书曰："吾始与公子驩，今俱为两国将，不忍相攻，可与公子面相见，盟，乐饮而罢兵，以安秦、魏。"魏公子卬以为然。会盟已，饮，而卫鞅伏甲士而袭虏魏公子卬，因攻其军，尽破之以归秦。魏惠王兵数破于齐、秦，国内空，日以削，恐，乃使使割河西之地献于秦以和。而魏遂去安邑，徙都大梁。梁惠王曰："寡人恨不用公叔座之言也。"卫鞅既破魏还，秦封之於、商十五邑，号为商君。

【译文】

　　第二年，齐国在马陵打败魏国，俘虏魏国的太子申，杀死魏国的将军庞涓。此后一年，卫鞅劝孝公说："魏国是秦国的心腹大患，非除去不可。不是魏国兼并秦国，就是秦国兼并魏国，为什么呢？魏国处在险阻山岭的西边，把国都设在安邑，与秦国以黄河为界，占领崤山的有利地势，一有机会就会向西侵犯秦国，否则只能向东扩展土地。现在以君的贤圣，使秦国强盛了，而魏国在去年被齐国打得大败，诸侯都背叛它，我们可趁此良机讨伐魏国。魏国抵抗不了秦国，必向东退缩，魏国东迁，秦国便可占据黄河、崤山险固的地势，向东控制诸侯，这是帝王的大业呀！"孝公非常认可卫鞅的想法，就派卫鞅率军攻打魏国，魏国也派公子卬率军抵抗，两军对峙，卫鞅送信给魏将公子卬说："我以前与公子友好，现在各为两国的大将，实不忍相攻打，可以与公子相见，订立盟约，痛痛快快地饮酒，然后退兵，这样秦魏两国都不会受到损失。"魏公子卬也觉得这么办比较妥当，于是和鞅议和。盟约仪式完毕，在饮酒时，卫鞅所埋伏的穿甲武士突然袭击，俘虏魏公子卬，并趁势进攻魏军，彻底消灭了魏军，才班师回国。魏惠王的军队屡次被齐秦两国打败，国内空虚，国力日益削弱，很是恐惧。于是派使者割让黄河以西地区给秦国，向秦国求和。魏国就把国都从安邑迁到大梁。魏惠王说："我真后悔当初没听公叔痤的话！"卫鞅打败魏军回国，秦国把於、商等十五个都邑封给鞅，封号为商君。

青铜戈　　秦代兵器，出土于西安秦始皇陵兵马俑坑一号坑，通长26.7厘米。

【原文】

　　商君相秦十年，宗室贵戚多怨望者。赵良见商君。商君曰："鞅之得见也，从孟兰皋，今鞅请得交，可乎？"赵良曰："仆弗敢愿也。孔丘有言曰：'推贤而戴者进，聚不肖而王者退。'仆不肖，故不敢受命。仆闻之曰：'非其位而居之曰贪位，非其名而有之曰贪名。'仆听君之义，则恐仆贪位贪名也。故不敢闻命。"商君曰："子不说吾治秦与？"赵良曰："反听之谓聪，内视之谓明，自胜之谓强。虞舜有言曰：'自卑也尚矣。'君不若道虞舜之道，无为问仆矣。"商君曰："始秦戎翟之教，父子无别，同室而居。今我更制其教，而为其男女之别，大筑冀阙，营如鲁卫矣。子观我治秦也，孰与五羖大夫贤？"赵良曰："千羊之皮，不如一狐之掖；千人之诺诺，不如一士之谔谔。武王谔谔以昌，殷纣墨墨以亡。君若不非武王乎，则仆请终日正言而无诛，可乎？"商君曰："语有之矣，貌言华也，至言实也，苦言药也，甘言疾也。夫子果肯终日正言，鞅之药也。鞅将事子，子又何辞焉！"赵良曰："夫五羖大夫，荆之鄙人也。闻秦穆公之贤而愿望见，行而无资，自粥于秦客，被褐食牛。期年，穆公知之，举之牛口之下，而加之百姓之上，秦国莫敢望焉。相秦六七年，而东伐郑，三置晋国之君，一救荆国之祸。发教封内，而巴人致贡；施德诸侯，而八戎来服。由余闻之，款关请见。五羖大夫之相秦也，劳不坐乘，暑不张盖，行于国中，不从车乘，不操干戈，功名藏于府库，德行施于后世。五羖大夫死，秦国男女流涕，童子不歌谣，舂者不相杵。此五羖大夫之德也。今君之见秦王也，因嬖人景监以为主，非所以为名也。相秦不以百姓为事，而大筑冀阙，非所以为功也。刑黥太子之师傅，残伤民以骏刑，是积怨畜祸也。教之化民也深于命，民之效上也捷于令。今君又左建外易，非所以为教也。君又南面而称寡人，日绳秦之贵公子。《诗》曰：'相鼠有体，人而无礼，人而无礼，何不遄死。'以《诗》观之，非所以为寿也。公子虔杜门不出已八年矣，君又杀祝欢而黥公孙贾。《诗》曰：'得人者兴，失人者崩。'此数事者，非所以得人也。君之出也，后车十数，从车载甲，多力而骈胁者为骖乘，持矛而操阖戟者旁车而趋。此一物不具，君固不出。《书》曰：'恃德者昌，恃力者亡。'君之危若朝露，尚将欲延年益寿乎？则何不归十五都，灌园于鄙，劝秦王显岩穴之士，养老存孤，敬父兄，序有功，尊有德，可以少安。君尚将贪商、於之富，宠秦国之教，畜百姓之怨，秦王一旦捐宾客而不立朝，秦国之所以收君者，岂其微哉？亡可翘足而待。"商君弗从。

【译文】

商君在秦国做了十年的宰相，因剥夺无功的嬴姓贵族的世禄，得罪了皇亲国戚。赵良会见商君，商君说："我经孟兰皋介绍才得以认识你，现在我想和你结交，可以吗？"赵良说："我怎么敢有这样的奢望呢？孔丘有句话说：'选拔任用贤人能士，善于治政受百姓拥戴的人就会纷纷前来效力；任用不肖之徒只能使可成就王业的人退隐山林。'我不贤能，所以不敢从命。我听人说：'不该据有爵位而占有爵位的叫贪位，不该享有名声而享有名声的叫贪名。'我若接受你的好意，人家会说我贪图名利，所以不敢从命。"商君说："你不满意我治理秦国吗？"赵良说："在外善于听取别人的意见叫作聪，内善于自省叫作明，克制自己欲望叫作强。虞舜说过：'自我谦卑可贵。'你不如兼承虞舜的谦恭之道，不必问我了。"商君说："最初秦国盛行戎狄的习俗，父子没有上下之别，同室居住，现在我已改变了他们的习俗，使男女有别，并建筑门阙，规模可与鲁、卫相媲美。你看我治理秦国，与五羖大夫百里奚相比，谁能干？"赵良说："一千张羊皮毛的价值，抵不上一头狐狸的腋毛；一千个低声附和的人，不如一个敢据理力争的人。周武王因有直言之士而昌盛，殷纣王却因为群臣不敢直言而灭亡。你如不认为武王是错的，那么我请求终日直言相谏，可以不受刑罚吗？"商君说："俗语说：'动听的话，是花朵；真实的话，是果实。苦口危言的批评，是药石；甜美的恭维，是害人的病因。'你果真愿意整天对我直言，乃是治我病的药石，我要拜师求教，你又何必拒绝呢？"赵良说："五羖大夫百里奚，出身楚国乡村，他听说秦穆公是个贤君，要去求见，苦于没有盘缠，便把自己卖给秦国人当奴隶，穿粗布衣，喂牛干粗活。一年后秦穆公知道这件事，就把百里奚从一个喂牛的提拔为一人之下万人之上的宰相，秦国没有人敢埋怨。他担任秦相六七年间，向东讨伐郑国，三次拥立晋国的国君，一次制止了楚国北侵的祸害。教令颁行于国内，巴国前来进献贡品，恩德施行于诸侯，各个戎国臣服，由余听到这种情况也来叩关求见。五羖大夫做秦相时，不管多累都不坐车，即便是炎炎夏日也不张伞，在国内巡行，从不带士兵。他的功名记载在史册上，藏在府库中，他的德行遗风流传于后世。五羖大夫过世，秦国举国上下无不痛哭流涕，孩子不唱歌谣，舂米的人不唱'相杵'的劳动歌了，这就是五羖大夫的德行呀。现在你通过秦王宠信的景监得以进见秦王,这并不是光彩的事。为秦相,不以百姓利益为重,而大筑门阙,兴土木,劳民伤财,这称不上是功绩。对太子老师施以墨刑,用严刑峻法来伤害百姓,这实在是积怨蓄祸!教令要求百姓,比国君的命令要深刻;百姓服从教令,比服从国君的命令要迅速。而你又以诈术建立权威,对外朝妄改国君的命令,这谈不上是教化呀。你又自比国君向南自称'寡人',每天都在搜集秦国贵公子的过失。《诗经》说:'相鼠有体,人而无礼,人而无礼,何不遄死!'从这诗句看来,你的作为,并不足向你祝福。公子虔闭门不出已有八年了,你又杀死祝欢,对公孙贾处以刺面的刑罚。《诗经》说:'得人者兴,失人者崩。'你做的这几件事,并不得人心呀!你出门,带着几十辆载有穿甲武士的车,并以身强力壮的武士在旁,还有手执长矛及短矛的武士靠车边在奔走。如果护卫人数不够或武器装备不全,你就不出门。《书》说:'恃德者昌,恃力者亡。'你的处境就像早晨的露水,瞬息就要消失,还想要延年益寿吗?何不归还秦王所赐的十五个都邑,到乡野去耕田务农。劝告秦王能举用在野隐居的贤士,赡养老人,抚育孤儿,尊敬父兄,续用有功的人,尊重有德的人,就可以得到一些安全了。你若还贪图于商、於的富裕,把持秦国的教令,蓄积百姓的怨恨,那样的话秦王一旦撒手人寰,秦国要逮捕你的人,还少得了吗?死亡就会像举足那样轻易地到来。"商君没有听从赵良的劝告。

【原文】

后五月而秦孝公卒,太子立。公子虔之徒告商君欲反,发吏捕商君。商君亡至关下,欲舍客舍,客人不知其是商君也,曰:"商君之法,舍人无验者坐之。"商君喟然叹曰:"嗟乎,为法之敝一至此哉!"去之魏,魏人怨其欺公子卬而破魏师,弗受。商君欲之他国。魏人曰:"商君,秦之贼。秦强而贼入魏,弗归,不可。"遂内秦。商君既复入秦,走商邑,与其徒属发邑兵北出击郑。秦发兵攻商君,杀之于郑黾池。秦惠王车裂商君以徇,曰:"莫如商鞅反者!"遂灭商君之家。

【译文】

五个月后,秦孝公驾崩,太子即位。公子虔一党,就告发商君想要造反,派官吏逮捕商君。商君逃亡,逃到了函谷关下,要住旅舍,旅舍的人不知道他就是商君,说:"商君的法令规定:收留没有证件的旅客,我们会牵累入罪!"商君长叹说:"唉!我自己制定的法律竟把我害得这么惨。"商君逃到魏国,魏国人怨恨他欺骗公子卬而打败魏军,不收留他。商君想投奔别的国家,魏国人说:"商君,是秦国要逮捕的逃犯,秦国强大,而秦国的逃犯却进入魏国,不将他扭送回秦是不行的。"于是把商君送交给秦国,商君回到秦国,又奔逃到自己的封地——商邑,与部属家臣发动邑兵,向北攻击郑国,以找出路。秦发兵攻打商君,在郑国黾池擒杀商君。秦惠王对商君处以车裂之刑,说:"不要像商鞅造反。"于是族灭商君的家人。

【原文】

太史公曰:商君,其天资刻薄人也。迹其欲干孝公以帝王术,挟持浮说,非其质矣。且所因由嬖臣,及得用,刑公子虔,欺魏将卬,不师赵良之言,亦足发明商君之少恩矣。余尝读商君开塞耕战书,与其人行事相类。卒受恶名于秦,有以也夫!

【译文】

太史公说:商君生来就是刻薄的人。他和孝公谈帝王之道,无非是想被孝公任用,乃是虚饰浮说,不是他内心的真实想法。而且由宠幸臣子推荐给孝公;等到被重用后,就刑罚公子虔,欺骗魏将卬,又不听从赵良的劝告,这些足以说明商君刻薄寡恩。我曾读过商君的开塞耕战等文章,与他本人为人处世的方式大致相同。最终导致他在秦国得到叛逆的名声,也不是空穴来风。

孟尝君列传

【原文】

孟尝君名文,姓田氏。文之父曰靖郭君田婴。田婴者,齐威王少子而齐宣王庶弟也。田婴自威王时任职用事,与成侯邹忌及田忌将而救韩伐魏。成侯与田忌争宠,成侯卖田忌。田忌惧,袭齐之边邑,不胜,亡走。会威王卒,宣王立,知成侯卖田忌,乃复召田忌以为将。宣王二年,田忌与孙膑、田婴俱伐魏,败之马陵,虏魏太子申而杀魏将庞涓。宣王七年,田婴使于韩、魏,韩、魏服于齐。婴与韩昭侯、魏惠王会齐宣王东阿南，盟而去。明年，复与梁惠王会甄。是岁，梁惠王卒。宣王九年，田婴相齐。齐宣王与魏襄王会徐州而相王也。楚威王闻之，怒田婴。明年，楚伐败齐师于徐州，而使人逐田婴。田婴使张丑说楚威王，威王乃止。田婴相齐十一年，宣王卒，湣王即位。即位三年，而封田婴于薛。

【译文】

孟尝君，姓田，名文。田文的父亲叫靖郭君田婴，田婴是齐威王的小儿子，也是齐宣王的异母弟。田婴在威王时担任要职，曾经跟成侯邹忌、田忌等人率领军队去援救韩国，攻打魏国。后来，成侯邹忌和田忌争宠，成侯陷害了田忌。田忌害怕，偷袭齐国的边城，失败，就逃亡了。恰逢威王去世，宣王即位。宣王即位，熟知田忌被陷害的冤情，便把他召回，拜为将军。齐宣王二年，田忌和孙膑、田婴一同讨伐魏国，在马陵击败了魏军，俘虏魏太子申，并杀了魏国将领庞涓。宣王七年，田婴出使韩国、魏国，韩、魏二国都归顺了齐国。田婴陪同韩昭侯、魏惠王在济州县南会见齐宣王，订了盟约就离开了。第二年，齐宣王和魏惠王会于甄。这年，魏惠王去世。宣王九年，田婴担任齐国的宰相。宣王和魏襄王在徐州聚会，互相推崇对方为王。楚威王听到这个消息，责怪田婴。宣王十年，楚国攻打齐国，在徐州打败了齐军，威王派人让齐国放逐田婴，直到田婴派张丑游说了楚威王后，才罢休。田婴在齐国担任了十一年的宰相，宣王死了，湣王即位。第三年，封田婴于薛。

【原文】

初，田婴有子四十余人，其贱妾有子名文，文以五月五日生。婴告其母曰："勿举也。"其母窃举生之。及长，其母因兄弟而见其子文于田婴。田婴怒其母曰："吾令若去此子，而敢生之，何也？"文顿首，因曰："君所以不举五月子者，何故？"婴曰："五月子者，长与户齐，将不利其父母。"文曰："人生受命于天乎？将受命于户邪？"婴默然。文曰："必受命于天，君何忧焉？必受命于户，则高其户耳，谁能至者！"婴曰："子休矣。"

【译文】

田婴有儿子四十多人，他有位卑贱的妾生了一个儿子，名文，是五月五日出生的。田婴曾对田文的母亲说："不要养他！"可是，她却偷偷地将这个婴孩抚养大。等到田文长大后，她叫他跟着兄弟去看父亲田婴。田婴斥责他的母亲，说："我让你抛弃这个孩子，你为什么还抚养他？"田文便向父亲叩头，问道："您到底为什么不养五月节生的孩子？"田婴回答说："五月五日出生的孩子，长大后身长跟门户一般，会不利于他的父亲和母亲。"田文说道："一个人的命运，到底是受命于上天呢？还是受命于门户呢？"田婴默不作声。田文接着说："如果是受命于上天的话，您又何必忧虑；要是受命于门户的话，只要把门户加高，如此谁能跟它一般高呢？"田婴听了，说："你住口。"

【原文】

　　久之，文承间问其父婴曰："子之子为何？"曰："为孙。""孙之孙为何？"曰："为玄孙。""玄孙之孙为何？"曰："不能知也。"文曰："君用事相齐，至今三王矣，齐不加广而君私家富累万金，门下不见一贤者。文闻将门必有将，相门必有相。今君后宫蹈绮縠而士不得（短）〔裋〕褐，仆妾余粱肉而士不厌糟糠。今君又尚厚积余藏，欲以遗所不知何人，而忘公家之事日损，文窃怪之。"于是婴乃礼文，使主家待宾客。宾客日进，名声闻于诸侯。诸侯皆使人请薛公田婴以文为太子，婴许之。婴卒，谥为靖郭君。而文果代立于薛，是为孟尝君。

【译文】

　　过了一些时候，田文趁机问他的父亲，说："儿子的儿子，叫什么？""孙子。"田婴答道。"孙子的孙子，叫什么？"田文又问。"玄孙"。田婴说。"玄孙的孙子，又叫什么呢？"田文追问。"不知道。"田婴回答说。田文便紧接着说："您在齐国受重视，当了宰相，到今天历经三位君王，齐国疆域未见拓展，而您自己家里财富累积成千上万金，幕僚之中一个贤人都没有。我听说：'将门必出将，相门必出相。'现在您后宫的人践踏着绸缎，可是一般才士，连粗服也不得穿；您家的仆妾有剩余的饭粮肉食，而一般才士，竟连糟糠都吃不饱，现在您还尽力地积蓄贮藏，想把它留给那不知道的孙子，却忘掉国家的政事一天比一天地败坏了，我私下感到奇怪。"这时田婴才看重田文，派他主持家事，接待宾客。从此宾客一天比一天的增多，田文的名声也逐渐传闻于诸侯之间。各国诸侯都派人来请求薛公田婴，以田文为太子，田婴答应了。田婴死后，谥号为靖郭君，而田文果然在薛即位，他就是孟尝君。

【原文】

　　孟尝君在薛，招致诸侯宾客，及亡人有罪者，皆归孟尝君。孟尝君舍业厚遇之，以故倾天下之士。食客数千人，无贵贱一与文等。孟尝君待客坐语，而屏风后常有侍史，主记君所与客语，问亲戚居处。客去，孟尝君已使使存问，献遗其亲戚。孟尝君曾待客夜食，有一人蔽火光。客怒，以饭不等，辍食辞去。孟尝君起，自持其饭比之。客惭，自刭。士以此多归孟尝君。孟尝君客无所择，皆善遇之。人人各自以为孟尝君亲己。

【译文】

　　孟尝君在薛的时候，招揽各国宾客，有罪逃跑的人，也都归附孟尝君。为了厚待他们，孟尝君把家财都花尽了。因此，天下才士都非常的仰慕他。他拥有食客数千人，不分贵贱，一律跟田文平等相处。孟尝君接待宾客座谈的时候，在屏风后面常有位侍从主管记录他和宾客的谈话内容，问明亲属的起居生活。当客人离开时，孟尝君就派遣使者去慰问他的亲属，并给他们赠送礼物。有一次，孟尝君陪客人吃晚饭，有个人遮住了灯光，客人认为他吃的饭比孟尝君差，就很生气，停止吃饭，便要辞去。孟尝君连忙站起来，端起自己的饭菜跟他比较，客人很惭愧，立刻自刎谢罪。当时才士因为这件事，都归附孟尝君，孟尝君对待宾客，无所选择，一律殷勤地对待他们，使他们每个人都认为孟尝君亲近自己。

【原文】

　　秦昭王闻其贤，乃先使泾阳君为质于齐，以求见孟尝君。孟尝君将入秦，宾客莫欲其行，谏，不听。苏代谓曰："今旦代从外来，见木禺人与土禺人相与语。木禺人曰：'天雨，子将败矣。'土禺人曰：'我生于土，败则归土。今天雨，流子而行，未知所止息也。'今秦，虎狼之国也，而君欲往，如有不得还，君得无为土禺人所笑乎？"孟尝君乃止。

【译文】

秦昭王听说孟尝君贤能，就先派自己的弟弟泾阳君到齐国做人质，来要求会见孟尝君。孟尝君接受这条件，就要去秦国，宾客都劝谏他不要轻率行事，但孟尝君意志坚决，不听从他们的建议。苏代挺身出来劝他说："今天早上，我从外面来，看见木偶与泥偶一起交谈。木偶说道：'天下雨的话，你就将被毁坏！'泥偶辩驳说：'我从泥土里产生，毁坏了，也不过又归于泥土。要是你就不同了，天下起雨来，把你冲走了，不知道归宿在哪里！'当今强秦像虎狼一般，而您却要前往，如果不能回来，那不要被泥偶讥笑了吗？"孟尝君听了这番话，顿然醒悟，才作罢不去。

【原文】

齐湣王二十五年，复卒使孟尝君入秦，昭王即以孟尝君为秦相。人或说秦昭王曰："孟尝君贤，而又齐族也，今相秦，必先齐而后秦，秦其危矣。"于是秦昭王乃止。囚孟尝君，谋欲杀之。孟尝君使人抵昭王幸姬求解。幸姬曰："妾愿得君狐白裘。"此时孟尝君有一狐白裘，直千金，天下无双，入秦献之昭王，更无他裘。孟尝君患之，遍问客，莫能对。最下坐有能为狗盗者，曰："臣能得狐白裘。"乃夜为狗，以入秦宫臧中，取所献狐白裘至，以献秦王幸姬。幸姬为言昭王，昭王释孟尝君。孟尝君得出，即驰去，更封传，变名姓以出关。夜半至函谷关。秦昭王后悔出孟尝君，求之，已去，即使人驰传逐之。孟尝君至关，关法鸡鸣而出客，孟尝君恐追至，客之居下坐者有能为鸡鸣，而鸡齐鸣，遂发传出。出如食顷，秦追果至关，已后孟尝君出，乃还。始孟尝君列此二人于宾客，宾客尽羞之，及孟尝君有秦难，卒此二人拔之。自是之后，客皆服。

【译文】

齐湣王二十五年，终于遣派孟尝君到秦国去，秦昭王立即拜孟尝君为宰相。有人劝昭王游说："孟尝君贤能，而且又是齐国的王族，现在要他当宰相，一定是先考虑齐国然后才考虑秦国，如此，秦国就危险了！"于是，昭王立即取消孟尝君的宰相职位，拘留孟尝君，打算把他杀掉。在危急之下，孟尝君就派人向昭王的宠姬求救。那宠姬提出条件，说："我想要孟尝君那件白狐裘。"原来孟尝君有一件白狐裘，价值千金，天下无双。可是到了秦国后，把它献给秦昭王了，这很让孟尝君感到忧虑，一一地跟他的宾客请教对策，然而所有的宾客都不知怎样才好。突然，有位坐在下座的宾客，是个偷鸡摸狗的能手，说道："我能为您偷到那件白狐裘。"于是在夜晚打扮成狗的模样混进秦宫的府库里，偷出孟尝君献给秦王的那件白狐裘。孟尝君就把它献给昭王的宠姬。那宠姬尽在昭王面前为孟尝君求情，最后，昭王释放了孟尝君。孟尝君脱身出来，立即飞驰离开，变换以往的通行证，改名换姓，以便出关去。夜半时分，来到函谷关。秦昭王忽然反悔释放了孟尝君，便叫人找他，可是他已经走掉了，于是连忙派人乘坐快速车马去追赶。孟尝君到函谷关，关防法令规定，必须鸡鸣时候才能允许旅客出入，孟尝君怕秦兵追来。这时，有个坐在末座的能学鸡叫的宾客，模仿鸡叫了几声，所有的鸡此起彼落地啼叫了起来，他们一伙人终于出关去了。过了大约一顿饭工夫，秦兵赶到函谷关，已经落后于孟尝君出关的时刻，只好回去。当初，孟尝君收留会鸡鸣、狗盗二人做宾客的时候，宾客们都感到羞耻。等到孟尝君在秦国有了灾难，终于依靠二人的营救，才能脱险。从此以后，所有的宾客都非常佩服孟尝君。

【原文】

孟尝君过赵，赵平原君客之。赵人闻孟尝君贤，出观之，皆笑曰："始以薛公为魁然也，今视之，乃眇小丈夫耳。"孟尝君闻之，怒。客与俱者下，斫击杀数百人，遂灭一县以去。

齐湣王不自得，以其遣孟尝君。孟尝君至，则以为齐相，任政。

【译文】

　　孟尝君经过赵国，平原君用客人的礼节接待他。赵国人听说孟尝君贤能，都急着看他。等看完了，却笑着说："原先以为薛公是位魁伟的丈夫，今天见到他，才知道只是个矮小的汉子而已！"孟尝君听了这话，大怒，和随身宾客跳下车来，砍杀了好几百个人，又灭了赵国一座县城才去。

　　齐湣王因为这次遣派孟尝君到秦国去，感到非常的内疚。所以，孟尝君回来，就拜他为齐相，执掌政务。

【原文】

　　孟尝君怨秦，将以齐为韩、魏攻楚，因与韩、魏攻秦，而借兵食于西周。苏代为西周谓曰："君以齐为韩、魏攻楚九年，取宛、叶以北以强韩、魏，今复攻秦以益之。韩、魏南无楚忧，西无秦患，则齐危矣。韩、魏必轻齐畏秦，臣为君危之。君不如令敝邑深合于秦，而君无攻，又无借兵食。君临函谷而无攻，令敝邑以君之情谓秦昭王曰'薛公必不破秦以强韩、魏。其攻秦也，欲王之令楚王割东国以与齐，而秦出楚怀王以为和'。君令敝邑以此惠秦，秦得无破而以东国自免也，秦必欲之。楚王得出，必德齐。齐得东国益强，而薛世世无患矣。秦不大弱，而处三晋之西，三晋必重齐。"薛公曰："善。"因令韩、魏贺秦，使三国无攻，而不借兵食于西周矣。是时，楚怀王入秦，秦留之，故欲必出之。秦不果出楚怀王。

【译文】

　　孟尝君怨恨秦国，他想以齐军帮助韩、魏二国来攻击楚国，趁这机会联合韩、魏二国攻打秦国，并向西周借武器和军粮。这时候洛阳的苏代为西周辩解，说："您用齐军来帮助韩、魏二国攻打楚国，共历时九年，为他们攻取了宛、叶二县以北的土地，反而加强了韩国和魏国的力量。现在攻击秦国，无疑地，将又要增长他们两国的威势。倘若韩、魏二国，南边没有来自楚国的忧虑，西边没有秦国的威胁,那么齐国就危险了。这样一来韩、魏一定会轻视齐国,畏惧秦国,我真替您感到危险啊! 您不如让西周和秦国维持深厚的关系,您不进攻秦国,又不借军粮,您守着函谷关不要攻击,并让(敝国)西周把您的意图,转达给秦昭王,说:'薛公一定不会攻打秦国,而加强韩国和魏国的力量。他之所以攻打秦国,无非想要您说服楚王割让东边的土地给齐国,释放楚怀王,从而谈和。'您让我用这个方法方便秦国,秦国可以不被攻击,又因割让楚国东边的土地,可以避免齐军的攻击,这样,秦国一定很乐意接受的。楚怀王得以释放,也一定会感谢齐国的。这样齐国便能得到东边的土地,更加强盛,而薛邑也可以世世代代,平安无事了。秦国不被削弱,处在韩、魏的西边,这就由不得韩、魏不来倚重齐国了!"薛公说:"好!"于是,便让韩、魏与秦国复交修好;让齐、韩、魏三国不要出兵攻秦;也不再跟西周借武器和军粮了。这时候,楚怀王来到秦国,被秦王给扣留了,孟尝君一定要把他释放,秦国不肯释放楚怀王。

【原文】

孟尝君相齐,其舍人魏子为孟尝君收邑入,三反而不致一入。孟尝君问之,对曰:"有贤者,窃假与之,以故不致入。"孟尝君怒而退魏子。居数年,人或毁孟尝君于齐湣王曰:"孟尝君将为乱。"及田甲劫湣王,湣王意疑孟尝君,孟尝君乃奔。魏子所与粟贤者闻之,乃上书言孟尝君不作乱,请以身为盟,遂自刭宫门以明孟尝君。湣王乃惊,而踪迹验问,孟尝君果无反谋,乃复召孟尝君。孟尝君因谢病,归老于薛。湣王许之。

【译文】

孟尝君当齐国宰相期间,他的家臣魏子替孟尝君收缴封邑的租税,一连去了三次,都没有把税租收回来,孟尝君就责问他,他回答说:"我私下把收到的租,假托您的名义致送一位贤良的人,因此没缴回一点税租。"孟尝君愤怒地斥退了魏子。过了几年,有人在齐湣王面前诽谤孟尝君,说:"孟尝君将要起来作乱了。"到了田甲劫持湣王,湣王内心怀疑孟尝君是幕后操纵者,孟尝君就逃亡去了。这时候,得到魏子赠送粮食的那位贤人听到这件事,就上书说孟尝君并未作乱,请求用自己的生命作保证,于是在宫门之前自刎，来表明孟尝君的无辜。齐湣王感到非常吃惊，就依据行踪迹象，追问验证孟尝君反叛的经过，结果，他发现孟尝君确实没有反叛的阴谋，于是便又召回孟尝君。孟尝君趁此借口有病，向湣王请求回到薛邑养老，湣王答应了。

【原文】

其后，秦亡将吕礼相齐，欲困苏代。代乃谓孟尝君曰："周最于齐，至厚也，而齐王逐之，而听亲弗相吕礼者，欲取秦也。齐、秦合，则亲弗与吕礼重矣。有用，齐、秦必轻君。君不如急北兵，趋赵以和秦、魏，收周最以厚行，且反齐王之信，又禁天下之变。齐无秦，则天下集齐，亲弗必走，则齐王孰与为其国也！"于是孟尝君从其计，而吕礼嫉害于孟尝君。

【译文】

后来，从秦国逃亡出来的将军吕礼担任齐国的宰相，他想为难苏代。苏代便向孟尝君说："周最对齐国非常忠厚，而齐湣王却把他驱逐出境。而齐王听信亲弗，任用吕礼为宰相，是想结交秦国。齐、秦二国要是结盟了，那么，亲弗与吕礼二人就可能受重用。他们一旦被重用，齐、秦二国国君一定会轻视您了。所以，您不如迅速带军队到北方进攻赵国，促使赵跟秦魏二国和好，召回周最，既可以示您的厚道，又可以挽回齐王的信用，还可以防止天下情势的变动。齐国不去联合秦国的话，天下就会归向齐国。如此，亲弗势必会被迫逃离，那么除了您，还有谁能帮助齐王来治理国家呢？"于是孟尝君便听从了苏代的计谋，这使得吕礼怨恨孟尝君，并且想加害于他。

【原文】

孟尝君惧，乃遗秦相穰侯魏冉书曰："吾闻秦欲以吕礼收齐，齐，天下之强国也，子必轻矣。齐、秦相取以临三晋，吕礼必并相矣，是子通齐以重吕礼也。若齐免于天下之兵，其仇子必深矣。子不如劝秦王伐齐。齐破，吾请以所得封子。齐破，秦畏晋之强，秦必重子以取晋。晋国弊于齐而畏秦，晋必重子以取秦。是子破齐以为功，挟晋以为重。是子破齐定封，秦、晋交重子。若齐不破，吕礼复用，子必大穷。"于是穰侯言于秦昭王伐齐，而吕礼亡。

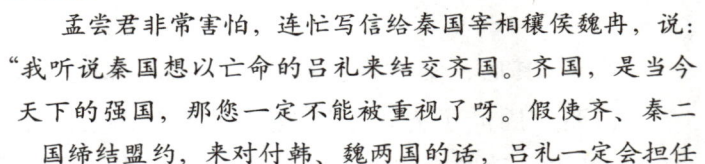

【译文】

孟尝君非常害怕，连忙写信给秦国宰相穰侯魏冉，说："我听说秦国想以亡命的吕礼来结交齐国。齐国，是当今天下的强国，那您一定不能被重视了呀。假使齐、秦二国缔结盟约，来对付韩、魏两国的话，吕礼一定会担任齐、秦二国的宰相了。您促使和齐国联盟，促使齐国提高了吕礼的地位。倘若齐国免于天下诸侯的攻击，则对您会更加憎恨。与其如此，您不如劝说秦王出兵攻打齐国。要是齐国被攻破了，我保证会把所取得的土地，作为您的封邑。如果齐国失败了，秦国畏惧晋国的强大势力，必定重用您，去与晋国结盟。因为晋国败于齐，又畏惧秦国，所以他一定也会重用您来跟秦国缔结盟约的。这样，您靠打败齐国建立功劳，倚仗晋国而更受重用；另一方面，您可以破齐国，得封邑，秦晋交相推重您。如果齐国不遭挫败，吕礼再受重用，那您一定会非常难堪。"穰侯魏冉于是劝秦昭王出兵攻打齐国，结果，吕礼逃命去了。

【原文】

后齐湣王灭宋，益骄，欲去孟尝君。孟尝君恐，乃如魏。魏昭王以为相，西合于秦、赵，与燕共伐破齐。齐湣王亡在莒，遂死焉。齐襄王立，而孟尝君中立（为）〔于〕诸侯，无所属。齐襄王新立，畏孟尝君，与连和，复亲薛公。文卒，谥为孟尝君。诸子争立，而齐、魏共灭薛。孟尝绝嗣无后也。

【译文】

齐湣王灭了宋国后，更加骄傲，一心想排斥孟尝君。孟尝君很害怕，就前去投奔魏国，魏昭王拜他为宰相。孟尝君上任后，联合西边的秦、赵，与燕国共同出兵击败齐国，齐湣王逃奔到莒城，最后死在那地方。齐襄王即位，而孟尝君仍然在诸侯之间保持中立，不归属谁。齐襄王因为刚即位，心里害怕孟尝君，便主动跟他和好，亲近他。后来，田文去世，谥号为孟尝君。他的几个儿子争着继位，结果齐、魏二国联合消灭了薛邑。从此孟尝君绝了后继者，没有后代。

【原文】

　　初，冯驩闻孟尝君好客，蹑蹻而见之。孟尝君曰："先生远辱，何以教文也？"冯驩曰："闻君好士，以贫，身归于君。"孟尝君置传舍十日，孟尝君问传舍长曰："客何所为？"答曰："冯先生甚贫，犹有一剑耳，又蒯缑。弹其剑而歌曰'长铗归来乎，食无鱼'。"孟尝君迁之幸舍，食有鱼矣。五日，又问传舍长。答曰："客复弹剑而歌曰'长铗归来乎，出无舆'。"孟尝君迁之代舍，出入乘舆车矣。五日，孟尝君复问传舍长。舍长答曰："先生又尝弹剑而歌曰'长铗归来乎，无以为家'。"孟尝君不悦。

【译文】

　　赵初，冯驩听说孟尝君礼遇宾客，穿着草鞋来拜见孟尝君。孟尝君说："先生远道而来，有何赐教？"冯驩回答说："我听说您好客，因为家贫到没法生存，想投靠在您的门下做个食客。"孟尝君便把他安排到下客所住的传舍，过了十天，孟尝君问传舍舍监，说："客人做了些什么？""冯先生很贫穷，只有一把剑，用草绳缠着剑把。弹着剑，唱道：'长剑，回去吧！吃饭没有鱼！'"孟尝君听完后，把他移到中高客所住的幸舍去，每餐饭菜都加上鱼。过五天，孟尝君又向舍监打听冯驩。舍监回答说："冯先生又弹着剑唱道：'长剑，回去吧！出门没有车子坐！'"孟尝君又把他迁到上客所住的代舍，于是冯驩出入都坐着车子。又过五天，孟尝君向舍监打听冯驩。舍监回答说："他又弹着长剑，唱道：'长剑，回去吧！无法养家！'"听完后，孟尝君有些不高兴。

弹铗而歌

【原文】

　　居期年，冯驩无所言。孟尝君时相齐，封万户于薛。其食客三千人，邑入不足以奉客，使人出钱于薛。岁余不入，贷钱者多不能与其息，客奉将不给。孟尝君忧之，问左右："何人可使收债于薛者？"传舍长曰："代舍客冯公形容状貌甚辩，长者，无他伎能，宜可令收债。"孟尝君乃进冯驩而请之曰："宾客不知文不肖，幸临文者三千余人，邑入不足以奉宾客，故出息钱于薛。薛岁不入，民颇不与其息。今客食恐不给，愿先生责之。"冯驩曰："诺。"辞行，至薛，召取孟尝君钱者皆会，得息钱十万。乃多酿酒，买肥牛，召诸取钱者，能与息者皆来，不能与息者亦来，皆持取钱之券书合之。齐为会，日杀牛置酒。酒酣，乃执券如前合之，能与息者，与为期；贫不能与息者，取其券而烧之。曰："孟尝君所以贷钱者，为民之无者以为本业也；所以求息者，为无以奉客也。今富给者以要期，贫穷者燔券书以捐之。诸君强饮食。有君如此，岂可负哉！"坐者皆起，再拜。

【译文】

过了一年，冯驩没再说什么了。那时候，孟尝君担任齐国的宰相，封万户于薛国。他门下有食客三千人，封邑的收入不够他来供养食客，派人把钱借给薛邑的百姓。一年以后，由于薛邑的收入不好，借钱的人家，都没法偿付利息，食客的供应将会不足。孟尝君感到忧虑，问左右的人说："有谁可派去薛邑收债的？"舍监回答说："代舍的食客冯先生，没有别的技能，但是看样子，是个相貌堂皇，能言善道的长者，可以让他去收债。"于是，孟尝君就请来冯驩，跟他请教说："宾客不知道我没有才能，光临我门下的，有三千多人。我的封地一年的收入不够我奉养宾客，所以才贷款给薛邑百姓，收些利息。没想到今年薛邑的收成不好，百姓还不了利息。目前奉养宾客的食用恐怕无法再供应了，希望您能为我收些债回来。"冯驩答道："好的。"冯驩告别孟尝君，直奔薛邑。他召集那些向孟尝君贷款的人，收到利息钱十万。于是买下许多好酒，也买了肥大的牛，叫所有借了债的人，能偿还利息的都来，不能偿还利息的也来，都拿着借据来核对。大家为此在一起集会，当天宰了牛，摆了好酒，请大家尽情吃喝。正喝得酒酣耳热的时候，他拿出契据到席前跟大家核对，凡是能够偿还利息的，跟他们约定一个期限；穷得没有能力付利息的，要回借据，把它烧掉。于是，向大家说："孟尝君贷款的目的，在于使没有钱的人能够借此进行农业生产；跟大家要利息的原因，是因为钱物不够奉养宾客。现在，有钱的，订了偿还的期限；贫穷的，把借据烧掉。各位先生请尽情吃喝，有这样的一位好主人，怎么能够辜负他呢！"在座的都站了起来，拜了又拜。

【原文】

孟尝君闻冯谖烧券书，怒而使使召谖。谖至，孟尝君曰："文食客三千人，故贷钱于薛。文奉邑少，而民尚多不以时与其息，客食恐不足，故请先生收责之。闻先生得钱，即以多具牛酒而烧券书，何？"冯谖曰："然。不多具牛酒即不能毕会，无以知其有余不足。有余者，为要期。不足者，虽守而责之十年，息愈多，急，即以逃亡自捐之。若急，终无以偿，上则为君好利不爱士民，下则有离上抵负之名，非所以厉士民彰君声也。焚无用虚债之券，捐不可得之虚计，令薛民亲君而彰君之善声也，君有何疑焉！"孟尝君乃拊手而谢之。

【译文】

孟尝君听说冯谖烧掉借据，非常愤怒，就派人召回冯谖。冯谖一回来，孟尝君责备说："我为门下三千个食客，所以才贷款给薛邑的老百姓。现在我奉邑的收入本来就少，而百姓都没法按期偿付利息。食客的供养恐怕不够所以才请您去替我收债。听说您收了债以后，就买了很多的牛肉和酒，还烧掉了许多借据，这是怎么回事？"冯谖答道："是这样。不多备牛肉、酒，就不能让大家聚集在一起，也就没法了解哪些人是有钱的，哪些人是贫穷的。有钱的人，约定了还债的期限；贫穷的人，虽然等着他跟他讨债十年，也要不到，利息日益增多，把他们逼得急了，就会逃走。如果他们急困到无法还债，对上则说您贪财好利而不爱士民，对下则百姓会有背弃和触犯长上的罪名，这样做，并不是奖励士民、彰扬您声誉所该有的。烧掉无用空虚的借据，主动放弃不可收回的空账，让薛国老百姓亲近您，同时显扬您的好名声呀，您还有什么好犹豫的呢？"孟尝君听了，拍手叫好，连忙向冯谖道歉。

【原文】

　　齐王惑于秦、楚之毁，以为孟尝君名高其主而擅齐国之权，遂废孟尝君。诸客见孟尝君废，皆去。冯骥曰："借臣车一乘，可以入秦者，必令君重于国而奉邑益广，可乎？"孟尝君乃约车币而遣之。

【译文】

　　齐王被秦、楚二国的毁谤而迷惑了，认为孟尝君的名望高过他自己，而且还想独揽齐国的大权，于是就废除了孟尝君的职位。食客眼看孟尝君被免职，都离开了他。当时，冯骥说道："借给我一辆车，让我赶到秦国去，一定会让您受齐国重视，而且奉邑更加广大。可以吗？"孟尝君便装束车辆，准备好送给秦王的礼物，便派遣冯骥到秦国去。

【原文】

　　冯骥乃西说秦王曰："天下之游士冯轼结靷西入秦者，无不欲强秦而弱齐；冯轼结靷东入齐者，无不欲强齐而弱秦。此雄雌之国也，势不两立为雄，雄者得天下矣。"秦王跽而问之曰："何以使秦无为雌而可？"冯骥曰："王亦知齐之废孟尝君乎？"秦王曰："闻之。"冯骥曰："使齐重于天下者，孟尝君也。今齐王以毁废之，其心怨，必背齐；背齐入秦，则齐国之情，人事之诚，尽委之秦，齐地可得也，岂直为雄也！君急使使载币阴迎孟尝君，不可失时也。如有齐觉悟，复用孟尝君，则雌雄之所在未可知也。"秦王大悦，乃遣车十乘黄金百镒以迎孟尝君。

【译文】

　　冯骥直奔秦国，见了秦王就说："天下的辩论之士驾车奔向您秦国来，没有谁不想使秦国强盛，而使齐国衰弱的。然而，那些驾车奔向东方齐国去的，没有谁不想让齐国强大，而使秦国衰弱呀。秦、齐二国是必须一决胜负的国家，势不两立，能称雄的就可以得到天下！"秦王急切地长跪请教，说："用什么办法可以使秦国不败而称雄呢？"冯骥说："大王您谅必知道齐王废除了孟尝君这事吧？"秦昭王说："听说了。""使齐国受到天下重视的，是孟尝君。现在齐王竟轻信谣言，把他废除了，他的内心非常怨念，一定会背叛齐国。如果他背叛齐王到秦国来，那么，他一定会把齐国的内情和人事的关系，全部泄露给秦国，如此，您就可取得齐国，难道只是称雄吗？您现在迅速派遣使者备份厚礼，秘密地把他迎接过来，不要错过这难逢的机会呀！倘若齐王悔悟，再任用孟尝君，那优胜劣败，就很难说了。"秦王听完，非常高兴，就派十部车辆，准备黄金百镒，去迎接孟尝君。

【原文】

冯谖辞以先行，至齐，说齐王曰："天下之游士冯轼结靷东入齐者，无不欲强齐而弱秦者；冯轼结靷西入秦者，无不欲强秦而弱齐者。夫秦、齐雄雌之国，秦强则齐弱矣，此势不两雄。今臣窃闻秦遣使车十乘载黄金百镒以迎孟尝君。孟尝君不西则已，西入相秦则天下归之，秦为雄而齐为雌，雌则临淄、即墨危矣。王何不先秦使之未到，复孟尝君，而益与之邑以谢之？孟尝君必喜而受之。秦虽强国，岂可以请人相而迎之哉！折秦之谋，而绝其霸强之略。"齐王曰："善。"乃使人至境候秦使。秦使车适入齐境，使还驰告之，王召孟尝君而复其相位，而与其故邑之地，又益以千户。秦之使者闻孟尝君复相齐，还车而去矣。

【译文】

冯谖说服了秦王，就告辞，赶回齐国，游说齐王说："天下的辩论之士驾车向东奔向您，无非想让齐国强盛，而使秦国衰弱。但是，那驾车奔向西秦去的，也都想让秦国强盛，而使齐国衰弱呀。秦、齐是必须一决胜负的国家，势不两立，要让秦国强盛称雄的话，那齐国就危弱了。目前臣下听说秦王秘密派遣十辆车，准备黄金百镒，来迎接孟尝君。孟尝君不到西秦则已，要是到了西秦，天下各国就归附它，秦国就成为优胜者，而齐国成为失败者。一旦您齐国处于劣势，临淄、即墨就危急了。大王何不趁秦国使者还没赶到以前，恢复孟尝君的职位，增加他的封邑，向他表示歉意呢？这样，孟尝君一定会很高兴地接受。秦国虽是强国，但怎能聘请别国的宰相呢？只要破坏了秦国的阴谋，就可粉碎秦国称霸逞强的策略。"齐王听后，说："好吧！"于是派遣一些人到边境窥探秦国的使者。秦国使者车队刚驰入齐国边境，齐王的使者连忙赶回报告。齐王立即召回孟尝君，恢复他的宰相职位，除了保持旧有的封邑之外，又增加了千户人家给他。秦国使者听说孟尝君重新担任了齐国宰相职位，就调头回去了。

【原文】

自齐王毁废孟尝君，诸客皆去。后召而复之，冯驩迎之。

【译文】

自从齐王因毁谤而废除了孟尝君的职位后，众食客都离开了。当他复职以后，那些食客又一一赶回来，冯驩想迎接他们。

【原文】

未到，孟尝君太息叹曰："文常好客，遇客无所敢失，食客三千有余人，先生所知也。客见文一日废，皆背文而去，莫顾文者。今赖先生得复其位，客亦有何面目复见文乎？如复见文者，必唾其面而大辱之。"冯驩结辔下拜，孟尝君下车接之，曰："先生为客谢乎？"冯驩曰："非为客谢也，为君之言失。夫物有必至，事有固然，君知之乎？"孟尝君曰："愚不知所谓也。"曰："生者必有死，物之必至也；富贵多士，贫贱寡友，事之固然也。君独不见夫趣市者乎？明旦，侧肩争门而入；日暮之后，过市朝者掉臂而不顾。非好朝而恶暮，所期物忘其中。今君失位，宾客皆去，不足以怨士而徒绝宾客之路。愿君遇客如故。"孟尝君再拜曰："敬从命矣。闻先生之言，敢不奉教焉。"

【译文】

那些食客还没到达时，孟尝君感慨地说："我一向喜爱宾客，对待宾客没有半点差错，所以罗致食客三千多人，这是您所知道的。可是，宾客眼看我被免职，都背弃我走了，没有一个来回头看我。现在依靠先生恢复原职，您说，那些宾客又有什么面目再来见我？要是再回来看我，我一定对着他的面吐一口唾沫，狠狠地羞辱他！"冯驩当时结好马缰，向孟尝君跪拜行礼。孟尝君也立刻下车扶起他，问道："您是想替宾客们道歉吗？"冯驩说："我不是为他们道歉的，而是为您刚才说的错话！'事物发展有它的必然归宿，人情世故有它的本来面貌的'这话您可晓得？"孟尝君说："我不懂您说的是什么意思。"冯驩说道："在世界上，有生命的东西必定会死亡，这是事物的必然规律；有钱又有地位的，一定会有很多人来跟他交往，同样的，贫贱的人，他的朋友必然很少，这是人情世态的本来面貌。您难道没有看见那些赶集的人吗？天一亮，大伙儿你挤着我，我挤着你进入市场，可是天黑时候，经过的人，即使挥动着手走过去，别人看也不看一眼。这并不是说他们喜欢早晨，讨厌黄昏，而是他们心中所想要的东西，在黄昏时，在那里已经没有了。现在您失掉高位，宾客都离开了，不值得因此埋怨他们，而断绝了延揽宾客的门路。希望您仍然像过去一样好好地对待门下的宾客。"孟尝君听了这话，再三拜谢，说道："我一定遵从您的建议。能听到您这些指教，怎能不接受教益。"

【原文】

太史公曰：吾尝过薛，其俗闾里率多暴桀子弟，与邹、鲁殊。问其故，曰："孟尝君招致天下任侠、奸人入薛中盖六万余家矣。"世之传孟尝君好客自喜，名不虚矣。

【译文】

太史公说：我曾经到过薛邑，就那地方的民俗来看，城镇乡里大多是暴戾强悍的青少年，跟邹国和鲁国不大一样，我向当地人询问形成这种风气的原因，说道："孟尝君延揽天下任侠的宾客，而鸡鸣狗盗之徒随着到薛邑来的，有六万多家。"世上传说孟尝君爱好宾客而沾沾自喜，真是名不虚传呀！

平原君列传

【原文】

平原君赵胜者，赵之诸公子也。诸子中胜最贤，喜宾客，宾客盖至者数千人。平原君相赵惠文王及孝成王，三去相，三复位，封于东武城。

平原君家楼临民家。民家有躄者，槃散行汲。平原君美人居楼上，临见，大笑之。明日，躄者至平原君门，请曰："臣闻君之喜士，士不远千里而至者，以君能贵士而贱妾也，臣不幸有罢癃之病，而君之后宫临而笑臣，臣愿得笑臣者头。"平原君笑应曰："诺。"躄者去，平原君笑曰："观此竖子，乃欲以一笑之故杀吾美人，不亦甚乎！"终不杀。居岁余，宾客门下舍人稍稍引去者过半。平原君怪之，曰："胜所以待诸君者未尝敢失礼，而去者何多也？"门下一人前对曰："以君之不杀笑躄者，以君为爱色而贱士，士即去耳。"于是平原君乃斩笑躄者美人头，自造门进躄者，因谢焉。其后门下乃复稍稍来。是时齐有孟尝，魏有信陵，楚有春申，故争相倾以待士。

【译文】

平原君赵胜，是赵国的一位公子。众公子之中赵胜最为贤能，他又喜欢延揽宾客，投奔他的宾客大概有几千人。平原君曾担任赵惠文王和孝成王的宰相，一生当中，三次离开相位，又三次恢复相位，他被封在东武城。

平原君家有高楼，能俯视到周围的平民。附近的住户之中有位跛子。有一天，这跛子一瘸一拐地去井边打水。平原君家楼上住着个美女，从高处看到这景象就大声讥笑跛子。第二天，跛子来到平原君家门口，要求说："我听说您很爱才，才士不远千里依附您，是因为您能够尊崇他们，而不以妻妾为重。我不幸脚有残疾，而您后宫有位美人在楼上看见我这副模样就大声地笑我，我希望得到那笑我的人的头。"平原君听完后，笑着答应："好的。"等跛子走了，平原君又笑着说："看这小子，因为一笑，竟想杀掉我的美人，真是太过分了！"结果，平原君没有杀死那位美人。过了一年多，平原君门下的宾客和食客，有一半以上的人陆续离他而去。平原君感到奇怪，就说："我赵胜对待门下宾客，自认从未有过失礼的地方，可是，为什么有这么多人要离开我呢？"他的一个门客向他进言说："这是因为您没杀掉那位讥笑跛子的美人，大家认为您只爱美人，而轻视士人。所以，门下士人就渐渐离开您了。"于是平原君立刻砍下那讥笑跛子的美人的头，亲自登门送给跛子，并且再三请求跛子原谅。从此以后，他门下宾客又陆续地回来。当时，齐国有孟尝君，魏国有信陵君，楚国有春申君，他们都争相竞赛，看谁最能礼贤下士。

【原文】

秦之围邯郸，赵使平原君求救，合从于楚，约与食客门下有勇力文武备具者二十人偕。平原君曰："使文能取胜，则善矣。文不能取胜，则歃血于华屋之下，必得定从而还。士不外索，取于食客门下足矣。"得十九人，余无可取者，无以满二十人。门下有毛遂者，前，自赞于平原君曰："遂闻君将合从于楚，约与食客门下二十人偕，不外索。今少一人，愿君即以遂备员而行矣。"平原君曰："先生处胜之门下几年于此矣？"毛遂曰："三年于此矣。"平原君曰："夫贤士之处世也，譬若锥之处囊中，其末立见。今先生处胜之门下三年于此矣，左右未有所称诵，胜未有所闻，是先生无所有也。先生不能，先生留。"毛遂曰："臣乃今日请处囊中耳。使遂蚤得处囊中，乃颖脱而出，非特其末见而已。"平原君竟与毛遂偕。十九人相与目笑之而未废也。

【译文】

赵惠文王九年，秦兵包围赵国都城邯郸。赵王就派遣平原君为使者到楚国请求救兵，希望与楚国联兵抗秦。平原君决定邀集二十个有勇有谋的门客一同前往。平原君对宾客说："如果能通过和谈完成任务，那最好不过。要是不能用和平的方式完成任务，就要在华丽宏大的议事厅里歃血盟誓，完成合纵盟约之后才回来。我不想对外招揽贤士，在我的门客中挑二十个人就可以了。"挑来挑去，找到了十九个人，还少一人。就在这时，门下有个食客，叫毛遂，走到平原君面前，自我推荐说："我毛遂听说您将去和楚国订立合纵盟约，准备召集您门下宾客二十人前往，不从外找，现在还缺一个人，希望您允许我补这个缺，以便促成此行。"平原君问："您待在我门下多久了？"毛遂回答说："已有三年了！"平原君听了，很激动地说："一个贤能的人活在世界上，就好像铁锥放在袋子里面，尖锐的地方立即会显露出来。现在您待在我门下已经三年了，食客之中，没有一个称赞您，我也从没听过您的贤名，可见您没什么才能，您不能补这个缺，还是留下来算了。"毛遂回答说："今天，我是来求您试着把我放进袋子里面的呀。要是我早就被放在袋子里面，早就能脱颖而出了，不只是铁锥尖能露出来而已！"平原君终于答应了他，让他同行。其他十九人你看着我，我看着你，暗笑毛遂。

【原文】

毛遂比至楚，与十九人论议，十九人皆服。平原君与楚合从，言其利害，日出而言之，日中不决。十九人谓毛遂曰："先生上。"毛遂按剑历阶而上，谓平原君曰："从之利害，两言而决耳。今日出而言从，日中不决，何也？"楚王谓平原君曰："客何为者也？"平原君曰："是胜之舍人也。"楚王叱曰："胡不下！吾乃与而君言，汝何为者也！"毛遂按剑而前曰："王之所以叱遂者，以楚国之众也。今十步之内，王不得恃楚国之众也，王之命悬于遂手。吾君在前，叱者何也？且遂闻汤以七十里之地王天下，文王以百里之壤而臣诸侯，岂其士卒众多哉，诚能据其势而奋其威。今楚地方五千里，持戟百万，此霸王之资也。以楚之强，天下弗能当。白起，小竖子耳，率数万之众，兴师以与楚战，一战而举鄢、郢，再战而烧夷陵，三战而辱王之先人。此百世之怨而赵之所羞，而王弗知恶焉。合从者为楚，非为赵也。吾君在前，叱者何也？"楚王曰："唯唯，诚若先生之言，谨奉社稷而以从。"毛遂曰："从定乎？"楚王曰："定矣。"毛遂谓楚王之左右曰："取鸡狗马之血来。"毛遂奉铜槃而跪进之楚王曰："王当歃血而定从，次者吾君，次者遂。"遂定从于殿上。毛遂左手持槃血而右手招十九人曰："公相与歃此血于堂下。公等录录，所谓因人成事者也。"

【译文】

等毛遂到了楚国,和其他十九个门客商讨劝楚合纵的事,那十九人没有不佩服毛遂的。平原君和楚一商量联合抗秦的事,一再说明合纵与否对楚和其他各诸侯国的影响,可是,从早上谈到中午仍然没有结果,十九个人都怂恿毛遂说:"您上去说说看。"于是毛遂左手提剑,右手握住剑把,急速地拾级而上,对平原君说道:"有关合纵的利害关系,三两句话就能说清,今天,从早上谈到中午还没结果,到底是怎么回事?"楚王问平原君,说:"那位客人是来做什么的?"平原君回答说:"他是我的门客。"楚王立刻呵叱道:"还不快给我下去!我在同你主人说话,你算什么东西!"毛遂按着剑一个箭步走到楚王前面,说:"大王您之所以呵叱我毛遂,是仗恃楚国强大的威势。现在,我与大王相距不过十步,十步之内,您再也没法仗恃楚国强大的威势了,您的生命就操在我毛遂的手中。我的主人在您的前面,您怎么可以这样呵叱我?我听说:商汤凭着方圆七十里的封地,统治了天下;周文王凭着百里的土地,号令诸侯。难道是他们兵力雄厚吗?实在是他们能够依据已有的情势,振作他们的威武罢了。目前,楚国拥有五千里的土地,加上百万雄师,这是称霸天下的资本啊!以楚国这么雄厚的实力,天下的诸侯是没法抵挡得了的。白起,只是个无名小卒,然而,他率领几万人的部队,出兵来跟楚国作战,一战就攻下鄢、郢都两地,再战,焚毁了楚国的夷陵;三战,污辱了大王的祖先。楚国受到这样的耻辱,真是百世不解的深仇大怨,连赵国都替楚国感到羞耻,您身为楚国嗣君,怎么连点羞耻之心都没有呢?合纵这件事,完全是为了楚国,而不是为了赵国。在我主人面前,您怎么可以这样呵叱我?"楚王听完,脸色乍变,和悦地说:"是!是!正如先生所说的,我愿以整个楚国跟赵国订立合纵盟约联合抗秦!"毛遂连忙说:"合纵的事,决定了吗?"楚王说:"对,就这样定了!"于是毛遂吩咐楚王的侍臣说:"快把盟誓用的血拿来!"毛遂捧着铜盘,跪着献给楚王,说:"大王您应先歃血来表示合纵的诚意,其次,是我的主人,我最后。"于是在楚国殿堂上完成了合纵的事。毛遂左手拿着一盘血,右手招呼十九人,说:"你们也互相歃血在这堂下。你们这帮碌碌无为的平庸之士都是坐享其成。"

【原文】

平原君已定从而归,归至于赵,曰:"胜不敢复相士。胜相士多者千人,寡者百数,自以为不失天下之士,今乃于毛先生而失之也。毛先生一至楚,而使赵重于九鼎大吕。毛先生以三寸之舌,强于百万之师。胜不敢复相士。"遂以为上客。

【译文】

平原君与楚国订立了合纵盟约,就火速回国,到了赵国,感慨地说:"我再也不敢以貌取人了!打我以相貌取才以来,多则千人,少则几百人,一直以为不曾漏过天下一个人才,今天,对于毛先生却看走了眼。毛先生一到楚国,使赵国的威望,比九鼎、大吕还要贵重。毛先生凭着三寸不烂金舌,真胜过百万大军。我再也不敢以貌取人了!"于是,拜毛遂为上客。

【原文】

平原君既返赵,楚使春申君将兵赴救赵,魏信陵君亦矫夺晋鄙军往救赵,皆未至。秦急围邯郸,邯郸急,且降,平原君甚患之。邯郸传舍吏子李同说平原君曰:"君不忧赵亡邪?"平原君曰:"赵亡则胜为虏,何为不忧乎?"李同曰:"邯郸之民,炊骨易子而食,可谓急矣,而君之后宫以百数,婢妾被绮縠,余粱肉,而民褐衣不完,糟糠不厌。民困兵尽,或剡木为矛矢,而君器物钟磬自若。使秦破赵,君安得有此?使赵得全,君何患无有?今君诚能令夫人以下编于士卒之间,分功而作,家之所有尽散以飨士,士方其危苦之时,易德耳。"于是平原君从之,得敢死之士三千人。李同遂与三千人赴秦军,秦军为之却三十里。亦会楚、魏救至,秦兵遂罢,邯郸复存。李同战死,封其父为李侯。

【译文】

平原君回到赵国后,楚王派春申君为将去解邯郸之围,魏国信陵君也假托魏安釐王的命令,取得晋鄙的兵权,前来救赵国,救兵未至,秦兵把邯郸城围了个水泄不通,邯郸城情势危急,将要投降,平原君非常焦虑。这时邯郸传舍职员的儿子李同来游说平原君,说:"秦攻取赵您不担心吗?"平原君说:"赵国灭亡了,我就成为俘虏,谁说我不担心呢?"李同说:"目前,邯郸城里老百姓薪断粮绝,已到拆下死人枯骨头当柴烧,互相交换儿女烹食的地步,情况万分的危急。但是,您后宫里成百的美人、婢妾却都穿着华丽的服饰,享用吃不完的美味。而老百姓穿的是补丁摞补丁的粗服，每餐连糟糠都吃不饱。百姓穷困，兵器也用完了，有的便削尖木头当矛矢，但是，您家的器物、钟磬依然完整。假使秦国把赵国给消灭了，您还能拥有这些东西吗？要是赵国能够保全，您又何愁没有这些东西呢？现在只要您能命令您夫人以下的人，编在军队里面，分担一些工作，倾尽您的家产犒赏兵士，兵士处在这样危急困苦的时候，一定会对您感激涕零奋勇杀敌。"于是平原君就按照他的建议去做，得到敢死的兵士三千人，李同便跟这三千人奔赴前线，和秦国的部队拼命，秦国军队因此被逼退了三十里。恰好，楚国春申君和魏国信陵君的救兵都赶来了，秦兵溃散而去，保住了邯郸城。李同殉难了，赵王就封李同的父亲为李侯。

【原文】

　　虞卿欲以信陵君之存邯郸为平原君请封。公孙龙闻之，夜驾见平原君曰："龙闻虞卿欲以信陵君之存邯郸为君请封，有之乎？"平原君曰："然。"龙曰："此甚不可。且王举君而相赵者，非以君之智能为赵国无有也。割东武城而封君者，非以君为有功也，而以国人无勋，乃以君为亲戚故也。君受相印不辞无能，割地不言无功者，亦自以为亲戚故也。今信陵君存邯郸而请封，是亲戚受城而国人计功也。此甚不可。且虞卿操其两权，事成，操右券以责；事不成，以虚名德君。君必勿听也。"平原君遂不听虞卿。

【译文】

　　虞卿因为信陵君保存了邯郸城，想借此帮平原君向赵王请功，让赵王给平原君加官进爵，增加封邑。公孙龙听到这消息，连夜乘车赶来拜见平原君，说："我听说虞卿想凭借信陵君保全邯郸城的功劳，替您请功，有这回事吗？"平原君答道："是的。"公孙龙说："我以为您最好不要答应这事。赵王提拔您担任宰相，并不意味着您的智慧和才能在赵无人能及。赵王之所以把东武城封给您，也不意味着您对国家有什么功劳，更不关民众什么事，只不过因为您是皇室成员。您接受并不以自己无能而推辞，接受了封邑，也不说自己无功，之

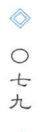

所以如此，正因为您是赵王亲戚啊。现在，信陵君保全了邯郸城，又有人为您请求封赏，这是既凭着您是王亲国戚而接受城邑，又以普通人的身份来为你计较报偿。我认为这很好！再说虞卿脚踏两条船，事情成功的话，他会向您索取好处；事情不成功的话，他也可以用建议加封、未得实现的虚名来博取您的好感。您千万不要听他的！"平原君终于没听从虞卿的建议。

【原文】

平原君以赵孝成王十五年卒。子孙代。后竟与赵俱亡。

平原君厚待公孙龙。公孙龙善为坚白之辩，及邹衍过赵言至道，乃绌公孙龙。

【译文】

平原君在赵孝成王十五年去世。他的子孙世世代代承袭封爵，直到赵国灭亡，家族的袭封才结束。

平原君生前很优待公孙龙。公孙善于坚白的辩证。等到邹衍到赵游说，谈论至道后，平原君才不看重公孙龙。

魏公子列传

【原文】

魏公子无忌者，魏昭王少子而魏安釐王异母弟也。昭王薨，安釐王即位，封公子为信陵君。是时范雎亡魏相秦，以怨魏齐故，秦兵围大梁，破魏华阳下军，走芒卯。魏王及公子患之。

公子为人仁而下士，士无贤不肖皆谦而礼交之，不敢以其富贵骄士。士以此方数千里争往归之，致食客三千人。当是时，诸侯以公子贤，多客，不敢加兵谋魏十余年。

【译文】

魏公子无忌，是魏昭王的小儿子，魏安釐王同父异母的弟弟。昭王死后，安釐王即位，封公子无忌为信陵君。这个时候，范雎从魏国逃亡到秦国，当了秦国的丞相。因为和魏齐有矛盾，所以调集秦国军队来围攻大梁，击破了魏国驻守华阳的军队，赶走了魏将芒卯。魏安釐王和公子无忌都为这件事担忧。

公子无忌生性仁厚又谦恭有礼，尊重士人。不论士人贤能与否，他都能谦恭有礼地和他们交往，从不因为自己身份高贵而怠慢士人。因此周围数千里的士人，都竞相投奔他，招揽了三千多门客。当时，各诸侯国碍于公子无忌的贤明、门客多，十几年间不敢派兵攻打魏国。

【原文】

公子与魏王博，而北境传举烽，言"赵寇至，且入界"。魏王释博，欲召大臣谋。公子止王曰："赵王田猎耳，非为寇也。"复博如故。王恐，心不在博。居顷，复从北方来传言曰："赵王猎耳，非为寇也。"魏王大惊，曰："公子何以知之？"公子曰："臣之客有能深得赵王阴事者，赵王所为，客辄以报臣，臣以此知之。"是后魏王畏公子之贤能，不敢任公子以国政。

【译文】

有一天，公子无忌和魏安釐王在下棋，北方的边境报急说："赵国要侵略我们了。"魏安釐王马上停止下棋，想要召集大臣来商量对策。公子无忌劝魏安釐王，说："不过是赵国国王出来打猎，不是来侵犯我国的。"仍拉着安釐王下棋。魏安釐王心中恐惧，无心下棋。不一会儿，又从北方的边地传来消息，说："赵王打猎路过而已，不是来侵略我们的。"魏安釐王大惊，问道："你怎么知道赵王不是来侵略我们的？"公子无忌答道："我的门客中，有能够打听到赵王秘密的人；赵王一有什么举动，他便马上通知我。所以我知道这事。"从此以后，魏安釐王害怕公子无忌的贤能，不敢把国家大事交给他处理。

【原文】

魏有隐士曰侯嬴，年七十，家贫，为大梁夷门监者。公子闻之，往请，欲厚遗之。不肯受，曰："臣脩身絜行数十年，终不以监门困故而受公子财。"公子于是乃置酒大会宾客。坐定，公子从车骑，虚左，自迎夷门侯生。侯生摄敝衣冠，直上载公子上坐，不让，欲以观公子。公子执辔愈恭。侯生又谓公子曰："臣有客在市屠中，愿枉车骑过之。"公子引车入市，侯生下见其客朱亥，俾倪，故久立与其客语，微察公子。公子颜色愈和。当是时，魏将相宗室宾客满堂，待公子举酒。市人皆观公子执辔。从骑皆窃骂侯生。侯生视公子色终不变，乃谢客就车。至家，公子引侯生坐上坐，遍赞宾客，宾客皆惊。酒酣，公子起，为寿侯生前。侯生因谓公子曰："今日嬴之为公子亦足矣。嬴乃夷门抱关者也，而公子亲枉车骑，自迎嬴于众人广坐之中，不宜有所过，今公子故过之。然嬴欲就公子之名，故久立公子车骑市中，过客以观公子，公子愈恭。市人皆以嬴为小人，而以公子为长者能下士也。"于是罢酒，侯生遂为上客。

侯生谓公子曰："臣所过屠者朱亥，此子贤者，世莫能知，故隐屠间耳。"公子往数请之，朱亥故不复谢，公子怪之。

【译文】

魏国有个隐士，名叫侯嬴，七十岁了，穷困潦倒，是大梁城东门看守城门的小吏。公子无忌听说他贤明便去拜访他，想送份厚礼给他，侯嬴却不肯接受，说："我几十年来修养身心，总不能因为看守城门穷困潦倒就接受你的厚礼。"公子无忌于是摆设酒席，大宴宾客。等到宾客落座，公子无忌带着随从车马，空着车子左边的尊座，亲自去请在东门守门的侯嬴。侯嬴理了理他破旧的衣帽，径直上车去，坐在公子无忌空出来的左边尊位上，一点儿也不辞让，想试试公子无忌的诚意；只见公子无忌拉着马缰绳，更加恭敬。侯嬴又告诉公子无忌说："臣下有个朋友在市场卖肉，希望您屈尊驾车陪我去市场走一趟。"公子无忌驾着车马到了市区。侯嬴下车去见他的朋友朱亥；顾盼自得的，故意站着和朱亥侃大山，拖延时间，来偷偷观察公子的反应。只见公子的脸色更加温和。这个时候，在公子无忌的府中，魏国将相宗室宾客早已落座，就等着公子回来开宴；街上的人看着公子握着辔头等候侯嬴，公子无忌的随从没有不暗骂侯嬴不知好歹的。侯嬴看公子无忌始终心平气和地等他，才辞别朱亥，回到车上。回到公子家里，公子无忌把侯嬴让到上座，一一介绍宾客给侯嬴认识；宾客们对此都很惊讶。大家喝得正起劲时，公子无忌站起来，到侯嬴席前敬酒。侯嬴趁此机会告诉公子无忌说："今天我侯嬴也够难为您的啦！我侯嬴只是东门守城门的人，而公子您却委屈随从车马，亲自当着大家的面去请我；照理说，本不应去看望朋友，而我今天却要公子特意陪我去拜访他；而我侯嬴为了要成就公子爱士的美名，故意让公子的随从车马久立于市区，过往路人无不注视公子，以观察公子，公子更显得恭谨；市上的人们都以为我是个小人，而把公子当成能够谦恭下士的长者。"于是酒宴结束后，侯嬴也成为公子的上宾。

侯嬴对公子无忌说："臣下所拜访的屠夫朱亥，是个贤才；世人不了解他，因此才隐藏自己的才华去做屠夫。"公子无忌听了，好几次拜访朱亥；朱亥却故意不回拜。公子不明白朱亥为何不理他。

【原文】

魏安釐王二十年，秦昭王已破赵长平军，又进兵围邯郸。公子姊为赵惠文王弟平原君夫人，数遗魏王及公子书，请救于魏。魏王使将军晋鄙将十万众救赵。秦王使使者告魏王曰："吾攻赵旦暮且下，而诸侯敢救者，已拔赵，必移兵先击之。"魏王恐，使人止晋鄙，留军壁邺，名为救赵，实持两端以观望。平原君使者冠盖相属于魏，让魏公子曰："胜所以自附为婚姻者，以公子之高义，为能急人之困。今邯郸旦暮降秦而魏救不至，安在公子能急人之困也！且公子纵轻胜，弃之降秦，独不怜公子姊邪？"公子患之，数请魏王，及宾客辩士说王万端。魏王畏秦，终不听公子。公子自度终不能得之于王，计不独生而令赵亡，乃请宾客，约车骑百余乘，欲以客往赴秦军，与赵俱死。

【译文】

魏安釐王二十年，秦昭王率军攻打赵国，突破了长平防线，又继续进兵围攻邯郸城。公子无忌的姐姐,是赵惠文王弟弟平原君的夫人,好几次叫人送信给魏安釐王和公子,向魏国请求救兵。魏安釐王派将军晋鄙率领十万士兵去援救赵国。秦昭王知道后,派使者警告魏安釐王说:"我攻打赵国,迟早要攻取赵国的,如果哪个国家敢向赵派援兵,在我占领赵国以后,一定先调兵攻击它。"魏安釐王害怕,传令晋鄙停止前进,驻守在邺这个地方。虽然表面上说是救赵,实际上是脚踩两只船,观望形势的变化。平原君派遣的使者,冠盖相望,络绎不绝地到魏国来,责备公子无忌说:"我赵胜所以高攀您和魏国结亲,是因为公子崇尚道义,是个能为他人的危难而着急的人;现在邯郸城危在旦夕,而魏国的救兵迟迟不到,公子能急人之困的道义在哪里呢?况且公子即使瞧不起我赵胜,不惜让我成为秦的俘虏,难道就不怜悯您的姐姐吗?"公子无忌为此事发愁,不但自己好几次去请求魏安釐王出兵救赵,也叫宾客辩士极力去说服魏安釐王,但魏安釐王害怕秦国,始终不听公子的建议。公子估计魏王一定不会答应援救赵国,打算不独自苟活在世上而让赵国灭亡,于是请宾客们凑集一百多辆的车马,想要同宾客们去抗拒秦军,和赵国共存亡。

【原文】

行过夷门,见侯生,具告所以欲死秦军状。辞决而行,侯生曰:"公子勉之矣,老臣不能从。"公子行数里,心不快,曰:"吾所以待侯生者备矣,天下莫不闻。今吾且死而侯生曾无一言半辞送我,我岂有所失哉?"复引车还,问侯生。侯生笑曰:"臣固知公子之还也。"曰:"公子喜士,名闻天下。今有难,无他端而欲赴秦军,譬若以肉投馁虎,何功之有哉?尚安事客?然公子遇臣厚,公子往而臣不送,以是知公子恨之复返也。"公子再拜,因问。侯生乃屏人间语,曰:"嬴闻晋鄙之兵符常在王卧内,而如姬最幸,出入王卧内,力能窃之。嬴闻如姬父为人所杀,如姬资之三年,自王以下欲求报其父仇,莫能得。如姬为公子泣,公子使客斩其仇头,敬进如姬。如姬之欲为公子死无所辞,顾未有路耳。公子诚一开口请如姬,如姬必许诺,则得虎符夺晋鄙军,北救赵而西却秦,此五霸之伐也。"公子从其计,请如姬。如姬果盗晋鄙兵符与公子。

【译文】

　　公子一行人经过东门时，见到侯嬴，公子无忌详细地和侯嬴讲了自己准备拼死救赵抗秦的计划，辞行后公子即将上路。侯嬴说："公子努力向前吧！老臣不能跟随您去了。"公子无忌走了几里路，非常不高兴，说："我对待侯先生，很周到啊！天下无人不知。现在我要去送死，而侯嬴竟然没有一言半语送我！我难道有对不起他的地方吗？"于是又带着车马返回问侯嬴。侯嬴笑着说："臣下本来就知道公子会回来的！"又说："公子爱重士人，天下闻名。现在有急难，束手无策，就准备去跟秦军拼命，这就像是把肉投给饿虎一般，有什么用处呢！您养那些宾客有什么用呢？然而公子对待臣下不薄，公子眼看就要去送死了，而臣下竟不送行，因此晓得公子会憾恨这件事又要回来的。"公子无忌拜了两拜，向侯嬴请教。侯嬴于是支开旁人，悄悄地告诉公子说："我听说晋鄙的兵符，常放在国王的卧房里，而如姬最受国王的宠爱，常出入国王的卧房，一定能够偷到它。我又听说如姬的父亲被人杀了，如姬三年来一直想报杀父之仇，从国王以下，都想为她报杀父之仇，却没有人能够办得到。如姬为此哭着求公子帮忙，公子您便派宾客斩下她仇人的头颅，献给如姬。如姬想要报答公子，即使牺牲生命也在所不惜，只是还没有找到机会罢了。假使公子您开口，请如姬帮助，如姬一定会答应。那么就可以得到虎符，夺取晋鄙的军权，援救北方的赵国而抗拒西方的秦国。这是春秋五霸一样的功业啊！"公子无忌听从他的计策，请如姬帮忙；如姬果然为公子无忌偷出了晋鄙的兵符。

杜虎符　　战国时秦国兵符，长9.5厘米，高4.4厘米。现藏陕西省历史博物馆。

【原文】

　　公子行，侯生曰："将在外，主令有所不受，以便国家。公子即合符，而晋鄙不授公子兵而复请之，事必危矣。臣客屠者朱亥可与俱，此人力士。晋鄙听，大善；不听，可使击之。"于是公子泣。侯生曰："公子畏死耶？何泣也？"公子曰："晋鄙嚄唶宿将，往恐不听，必当杀之，是以泣耳，岂畏死哉？"于是公子请朱亥。朱亥笑曰："臣乃市井鼓刀屠者，而公子亲数存之，所以不报谢者，以为小礼无所用。今公子有急，此乃臣效命之秋也。"遂与公子俱。公子过谢侯生，侯生曰："臣宜从，老不能。请数公子行日，以至晋鄙军之日，北乡自刭，以送公子。"公子遂行。

【译文】

公子无忌要出发了，侯嬴说："将军在外，为国家大局着想，有时可不听从国君指挥。公子即使能准确核对兵符，但晋鄙万一不交给公子军权，却反而以此来向魏王请示，事情就很危险了。臣下的朋友屠夫朱亥，可以陪您同行。我的这位朋友是大力士。晋鄙肯听从您，最好不过；如果不肯听从，就叫朱亥杀死他。"于是公子流下泪来。侯嬴问道："公子怕死吗？为什么哭？"公子说："晋鄙是个叱咤风云、意气豪迈的老将，我去了恐怕他不肯听我的话，必定会杀死他，因此不觉哭了起来。我怎么会怕死呢！"于是公子去请朱亥同行。朱亥笑着说："臣下是市井间磨刀宰杀牲畜的屠夫，但是公子却亲自好几次来访问我。臣下所以不回拜的缘故，是因为我觉得不用为了繁文缛节费心。现在公子有急难，是我不惜性命为您效力的时候了。"便与公子一道出发。公子又去向侯嬴辞谢，侯嬴说："臣下本来应当跟你同去，可是我年纪大了，不能陪您同行。我愿意估计公子的行程，在您到达晋鄙军中的那天，面向北方自杀来答谢公子。"公子于是出发。

【原文】

至邺，矫魏王令代晋鄙。晋鄙合符，疑之，举手视公子曰："今吾拥十万之众，屯于境上，国之重任，今单车来代之，何如哉？"欲无听。朱亥袖四十斤铁椎，椎杀晋鄙，公子遂将晋鄙军。勒兵，下令军中曰："父子俱在军中，父归；兄弟俱在军中，兄归；独子无兄弟，归养。"得选兵八万人，进兵击秦军。秦军解去，遂救邯郸，存赵。赵王及平原君自迎公子于界，平原君负韊矢为公子先引。赵王再拜曰："自古贤人未有及公子者也。"当此之时，平原君不敢自比于人。公子与侯生决，至军，侯生果北乡自刭。

【译文】

到了邺城，公子无忌假称魏王的命令，想取代晋鄙统领军队，晋鄙核对兵符后，表示怀疑。用手指着军队对公子无忌说："现在我拥有十万大军，驻防在边境上，担负国家的重任。现在公子独自坐着轻便的车子来，就说要我交出帅位，这是怎么回事？"不想听公子指挥。朱亥便用藏在袖里的四十斤铁椎，击杀了晋鄙。公子无忌于是统领晋鄙的军队，整编士兵，下令给军中说："父子都在军中服役的，父亲回家；兄弟都在军中服役的，哥哥回家；没有兄弟的独子，回家去奉养父母。"挑了八万精兵，进兵攻击秦军。秦国的军队撤退了，公子无忌终于解救了邯郸城，保存了赵国。赵王和平原君亲自到邯郸城郊迎接公子无忌，平原君为公子背着箭袋和箭，为公子开道。赵王连拜数次，说："自古以来的贤人，没有一个比得上公子的！"此前，平原君不敢拿自己和别人相比较。公子无忌和侯嬴诀别后，侯嬴估计公子到了晋鄙军中时果然面向北方自杀了。

【原文】

魏王怒公子之盗其兵符，矫杀晋鄙，公子亦自知也。已却秦存赵，使将将其军归魏，而公子独与客留赵。赵孝成王德公子之矫夺晋鄙兵而存赵，乃与平原君计，以五城封公子。公子闻之，意骄矜而有自功之色。客有说公子曰："物有不可忘，或有不可不忘。夫人有德于公子，公子不可忘也；公子有德于人，愿公子忘之也。且矫魏王令夺晋鄙兵以救赵，于赵则有功矣，于魏则未为忠臣也。公子乃自骄而功之，窃为公子不取也。"于是公子立自责，似若无所容者。赵王埽除自迎，执主人之礼，引公子就西阶；公子侧行辞让，从东阶上。自言罪过，以负于魏，无功于赵。赵王侍酒至暮，口不忍献五城，以公子退让也。公子竟留赵。赵王以鄗为公子汤沐邑，魏亦复以信陵奉公子。公子留赵。

【译文】

魏安釐王因为公子盗走他卧房里的兵符，假传命令杀了晋鄙大为恼火，公子自己也知道这些，所以打败秦兵，保存赵国以后，便派将军带领军队回到魏国，而公子自己却和宾客留在赵国。赵孝成王感激公子的假传命令、夺取晋鄙的军队，而保全了赵国，便与平原君商量，打算把五个城邑封给公子。公子听到这个消息,沾沾自喜,而且自恃有功,神气十足。宾客中有人劝告公子说:"有些事需要铭记,有些事则需迅速遗忘。要是别人对公子有恩德,公子一定要铭刻于心;公子有恩于人,希望公子忘记它。况且假传魏王的命令,夺得晋鄙的军队来救赵国,对赵国是有功了,对魏国却不能说是忠臣啊!现在公子竟然认为有功而骄傲起来,我个人认为你不应这样。"于是公子立刻责备自己,好像无地自容的样子。赵王洒扫道路,亲自迎接公子,依照主人迎接贵宾的礼仪,引导公子走向西阶。公子却侧身前行,谦让辞谢,从东阶上去;说自己有罪过,因为对魏国不忠,对赵国也没有功劳。赵王陪着公子无忌饮酒,直到傍晚,也不好意思提出给公子五座城作封邑,因为公子太过谦退礼让。公子最后留在赵国。赵王把鄗邑送给公子作封邑。魏王也仍然把信陵封给公子,公子却留居赵国。

【原文】

公子闻赵有处士毛公藏于博徒,薛公藏于卖浆家,公子欲见两人,两人自匿不肯见公子。公子闻所在,乃间步往从此两人游,甚欢。平原君闻之,谓其夫人曰:"始吾闻夫人弟公子天下无双,今吾闻之,乃妄从博徒卖浆者游,公子妄人耳。"夫人以告公子。公子乃谢夫人去,曰:"始吾闻平原君贤,故负魏王而救赵,以称平原君。平原君之游,徒豪举耳,不求士也。无忌自在大梁时,常闻此两人贤,至赵,恐不得见。以无忌从之游,尚恐其不我欲也,今平原君乃以为羞,其不足从游。"乃装为去。夫人具以语平原君。平原君乃免冠谢,固留公子。平原君门下闻之,半去平原君归公子,天下士复往归公子。公子倾平原君客。

公子留赵十年不归。秦闻公子在赵,日夜出兵东伐魏。魏王患之,使使往请公子。公子恐其怒之,乃诫门下:有敢为魏王使通者,死。宾客皆背魏之赵,莫敢劝公子归。毛公、薛公两人往见公子曰:"公子所以重于赵,名闻诸侯者,徒以有魏也。今秦攻魏,魏急而公子不恤,使秦破大梁而夷先王之宗庙,公子当何面目立天下乎?"语未及卒,公子立变色,告车趣驾归救魏。

【译文】

　　公子无忌听说赵国有高士毛公，隐藏在赌徒中；薛公，隐藏在卖酒人家里。公子想会见这两个人，可是这两个人却总躲着公子，不肯见公子。后来公子无忌打听到他们藏匿的地方，便私下悄悄地步行，去拜访这两个人，和他们结成好友。平原君闻听此事，告诉他夫人说："从前我听说夫人的弟弟公子无忌，是举世无双的人才。现在我听说他，竟然胡乱跟赌徒和卖酒的人混在一起，公子不过是个糊涂虫罢了。"平原君夫人把这些话转告公子无忌。公子无忌便辞别平原君夫人，准备离开赵国，说："从前我听说平原君贤明，所以背弃魏王来解救赵国，实现平原君的意愿。哪知平原君交朋友，只是想装门面，摆排场，不是在访求贤士。我无忌在大梁城的时候，就常听人说这两个人贤能。到了赵国，还担心不能见到他们，以我无忌这样的人跟他们交往，尚怕他们不会理我呢。如今平原君反而认为这是可耻的事，像他这样的人不值得交！"于是整理行李，准备离开赵国。平原君夫人详尽地把这些话转告平原君，平原君才脱掉帽子向公子谢罪，坚决地挽留公子。平原君门下的宾客听了这件事，有一半离开平原君去投附公子无忌，天下的贤士又纷纷来归附公子，公子好客的表现，使平原君的宾客倾心之至。

　　公子无忌留在赵国有十年之久，不回魏国。秦国听说公子在赵国，日夜出兵，不断往东侵略魏国。魏王为此担忧，派使者去赵国请公子回来。公子怕魏王因为他偷符救赵的事还怨恨他，于是告诫门下宾客，有胆敢替魏王使者来通报的，杀无赦。宾客们都是背弃魏国跟从公子来赵国的，因此没有人敢劝公子回国。毛公和薛公两人去见公子说："公子之所以会受到赵国尊重，扬名于诸侯，那只是因为还有魏国的存在。现在秦国攻打魏国，魏国危在旦夕，您却不知道担心。假使秦国攻陷大梁，又毁坏了魏国先王的宗庙，公子将有何面目立足于天下呢？"话还没说完，公子无忌立刻神色大变，吩咐赶快备好车马，回去救魏国。

【原文】

　　魏王见公子，相与泣，而以上将军印授公子，公子遂将。魏安釐王三十年，公子使使遍告诸侯。诸侯闻公子将，各遣将将兵救魏。公子率五国之兵破秦军于河外，走蒙骜。遂乘胜逐秦军至函谷关，抑秦兵，秦兵不敢出。当是时，公子威振天下，诸侯之客进兵法，公子皆名之，故世俗称《魏公子兵法》。

秦王患之，乃行金万斤于魏，求晋鄙客，令毁公子于魏王曰："公子亡在外十年矣，今为魏将，诸侯将皆属，诸侯徒闻魏公子，不闻魏王。公子亦欲因此时定南面而王，诸侯畏公子之威，方欲共立之。"秦数使反间，伪贺公子得立为魏王未也。魏王日闻其毁，不能不信，后果使人代公子将。公子自知再以毁废，乃谢病不朝，与宾客为长夜饮，饮醇酒，多近妇女。日夜为乐饮者四岁，竟病酒而卒。其岁，魏安釐王亦薨。

【译文】

魏王见到公子，便和公子抱头痛哭，封公子为上将军，公子于是就任统帅领兵备战。魏安釐王三十年，公子无忌派使者遍告诸侯；诸侯各国听说公子无忌亲自带兵，都派兵遣将来援救魏国。公子统率齐、楚、赵、韩、燕五国的兵马，在黄河南边打败秦军，赶走了蒙骜，于是乘胜追击一直把秦军赶到函谷关，堵住秦军，使秦军不敢再出关来。在这时候，公子无忌名震天下。各诸侯国的宾客都把自己著的兵法给公子看，公子都题上自己的名字，当成自己的著作，所以世上一般人称为《魏公子兵法》。

秦王因为担心无法打败公子无忌，于是用上万斤的黄金在魏国访求晋鄙的宾客，教他们在魏王面前毁谤公子说："公子在赵国避难已有十年了，现在统领魏国大军，诸侯国的将领都听他的号令。诸侯国只知道有魏公子，不知道还有魏王。公子也想要趁此机会南面称王，诸侯畏惧公子的威权，正想共同出面拥立他为魏国之主。"秦国又多次利用反间计，假装祝贺公子，问他是否当上了魏王。魏王天天听到他们的毁谤，不能不相信，后来果然罢了公子的兵权另派将领。公子知道自己又因为被谗毁而废置不用了，于是推托生病，不上朝，和宾客们通宵达旦地饮宴，喝浓醇的美酒，沉溺女色。昼夜不停地沉溺于饮酒作乐之中，过了四年，终于因饮酒过多患病而死。这一年，魏安釐王也死了。

【原文】

秦闻公子死，使蒙骜攻魏，拔二十城，初置东郡。其后秦稍蚕食魏，十八岁而虏魏王，屠大梁。

高祖始微少时，数闻公子贤。及即天子位，每过大梁，常祠公子。高祖十二年，从击黥布还，为公子置守冢五家，世世岁以四时奉祠公子。

【译文】

秦国听说公子无忌死了，派蒙骜带兵进攻魏国，占领魏国二十个城邑，开始将魏国的领地改置为秦国的东郡。从此以后，秦国逐渐像蚕吃桑叶似的侵占魏国，过了十八年，俘虏了魏王，攻下了大梁城。

汉高祖刘邦当初贫贱时，就常常听到公子的贤能，等他当上天子，每次路过大梁，总要祭祀公子。高祖十二年，从击破黥布的前方回来，替公子设置了五户人家，专门看守公子无忌的坟墓。命令世世代代四季都要来奉祀公子。

【原文】

太史公曰：吾过大梁之墟，求问其所谓夷门。夷门者，城之东门也。天下诸公子亦有喜士者矣，然信陵君之接岩穴隐者，不耻下交，有以也。名冠诸侯，不虚耳。高祖每过之而令民奉祠不绝也。

【译文】

太史公说：我路过大梁的故城，向人打听传说中的夷门。原来夷门就是城的东门。天下诸公子也有好客的；然而信陵君交结隐居山野的隐士，不惜降低身份去和他们当朋友，实在是有道理的啊！他的声名能够盖过诸侯国的君主，并非虚传。所以，汉高祖每次经过时，都命令百姓奉祀他。

春申君列传

【原文】

春申君者，楚人也，名歇姓黄氏，游学博闻，事楚顷襄王。顷襄王以歇为辩，使于秦。秦昭王使白起攻韩、魏，败之于华阳，禽魏将芒卯，韩、魏服而事秦。秦昭王方令白起与韩、魏共伐楚，未行，而楚使黄歇适至于秦，闻秦之计。当是之时，秦已前使白起攻楚，取巫、黔中之郡，拔鄢郢，东至竟陵，楚顷襄王东徙治于陈县。黄歇见楚怀王之为秦所诱而入朝，遂见欺，留死于秦。顷襄王，其子也，秦轻之。恐壹举兵而灭楚，歇乃上书说秦昭王曰：

【译文】

　　春申君，是楚国人，姓黄，名歇。游学各诸侯国，见多识广，在楚国顷襄王朝任事。顷襄王认为黄歇能言善辩，所以就派他出使秦国。这时秦昭王已派大将白起进攻韩、魏二国，在华阳打败了韩、魏，并且活捉了魏国的大将芒卯，韩、魏只好投降，对秦俯首称臣。不久又传来消息，秦昭王下令要白起将军与韩、魏联兵攻打楚国，只是尚未出兵。楚国听到这个消息，于是就及时派黄歇出使到了秦国。这个时候，秦国早已命令白起攻打楚国，并夺取了楚国的巫郡和黔中郡，又攻陷了鄢郢，东边竟然到了竟陵。楚顷襄王没有办法，只好把国都迁到陈县。黄歇看到楚怀王被秦国引诱而去朝见秦王，受了欺骗而被扣留，最终死在秦国。顷襄王，是怀王的儿子，秦国不重视他。深怕秦国举兵把楚国灭亡，所以黄歇就上书秦昭王，力谏攻打楚国是不对的，他说：

【原文】

　　"天下莫强于秦、楚。今闻大王欲伐楚，此犹两虎相与斗。两虎相与斗而驽犬受其弊，不如善楚。臣请言其说：臣闻物至则反，冬夏是也；致至则危，累棋是也。今大国之地，遍天下有其二垂，此从生民已来，万乘之地未尝有也。先帝文王、庄王之身，三世不妄接地于齐，以绝从亲之要。今王使盛桥守事于韩，盛桥以其地入秦，是王不用甲，不信威，而得百里之地。王可谓能矣。王又举甲而攻魏，杜大梁之门，举河内，拔燕、酸枣、虚、桃，入邢，魏之兵云翔而不敢捄。王之功亦多矣。王休甲息众，二年而后复之；又并蒲、衍、首、垣，以临仁、平丘，黄、济阳婴城而魏氏服；王又割濮磿之北，注齐、秦之要，绝楚赵之脊，天下五合六聚而不敢救。王之威亦单矣。

【译文】

"天下最强盛的国家,就是秦、楚二国,现在我听说大王想去讨伐楚国,这就好比两只猛虎争斗,两虎相争,必有一失,即使是最低劣的狗也能趁他们疲惫不堪的时候而击败猛虎!这样的话,就不如和楚建立友好关系。现在臣就来分析其中的道理:我听说物极必反,冬寒夏热,循环往复,也是这个道理,事情发展到至高极点,那就会发生转变,累棋子就是一个很好的例子。现在秦国是一个大国,领土几乎遍布天下,并拥有天下西北的二边陲。这种情形,是自有人类以来,即使是能出万辆兵车的国家,也没有这么广阔的领土啊。且自先帝文王、庄王、至大王,三代都不忘使秦国的土地东接于齐国,以破除东边各国合纵的盟约。当今大王不派遣盛桥去侍奉韩国,盛桥就把韩国的土地归并到秦国来。大王不使用军队,不施展威力,就得到百里的土地,大王可以说是非常贤能了。大王又派遣军队进攻魏国,断绝大梁的大门,占据河内,紧接着攻克燕地、酸枣、虚地、桃地,一直进攻到邢地,魏国的军队,如同空中的浮云,徘徊不前,不敢发兵援助他们。大王可谓功勋卓著。大王为了顾念兵士的疲劳,所以就停止用兵,给他们一段休养的时间,两年后,再进攻,又攻占蒲、衍、首、垣,大兵再向前攻打,就临近仁、平丘、黄、济阳,而魏国只好降服了。这时大王又割让濮、磿以北之地给燕国,切断齐秦与楚赵的主干道,天下的诸侯,各自凑合在一起,而终不敢相救,大王的威力,也可说是得到充分发挥了。

【原文】

"王若能持功守威,绌攻取之心而肥仁义之地,使无后患,三王不足四,五伯不足六也。王若负人徒之众,仗兵革之强,乘毁魏之威,而欲以力臣天下之主,臣恐其有后患也。《诗》曰'靡不有初,鲜克有终'。《易》曰'狐涉水,濡其尾'。此言始之易,终之难也。何以知其然也?昔智氏见伐赵之利而不知榆次之祸,吴见伐齐之便而不知干隧之败。此二国者,非无大功也,没利于前而易患于后也。吴之信越也,从而伐齐,既胜齐人于艾陵,还为越王禽三渚之浦。智氏之信韩、魏也,从而伐赵,攻晋阳城,胜有日矣,韩、魏叛之,杀智伯瑶于凿台之下。今王妒楚之不毁也,而忘毁楚之强韩、魏也,臣为王虑而不取也。

【译文】

"大王假如想要维持功绩和威望永远不衰败,那就要打消侵略他国、扩张领土的念头,而厚施仁义于现在所占有的土地,以免除后患。这样的话,您就能成就三王五霸的大业。假如大王自恃人口众多,军事实力强,趁着摧毁魏国的余威,而想着用武力来使天下诸侯臣服,这样,臣恐怕就要有后患发生了。《诗经》说:'在事情的开始,没有好的开端,那么就一定没有好的结果。'《易经》说:'狐狸渡过河,最后还是会沾湿它的尾巴。'这就是说,一件事情,在刚开头的时候很容易,但是能保持到最后的,就很困难了。如何知道是这样的呢?从前智伯氏,只看到攻伐赵国的利益,却没有办法预知榆次的灾祸;又如吴国只看到征伐齐国的好处,却怎么也没有料到干隧的失败而死。这两个国家,并不是没有建立大功,只因为被眼前的利益冲昏了头,所以到后来招致灭顶之灾啊!吴国因相信越国,而去征伐齐国,在艾陵战胜了齐人,却万万没有想到当他回师的时候,竟被越王在三渚的水边活捉了。智伯氏因相信韩、魏,而征伐赵国,攻打晋阳城,当胜利就唾手可得的时候,却没有料到韩、魏竟然背叛了他,在凿台下杀死智伯瑶。而今大王只忌妒楚国没被摧毁,而忘记了当楚国被毁灭以后,韩、魏势力也就强大了,臣以为大王只要稍微考虑一下,是绝不会这样做的。

【原文】

"《诗》曰'大武远宅而不涉'。从此观之,楚国,援也;邻国,敌也。《诗》云'趯趯毚兔,遇犬获之。他人有心,余忖度之'。今王中道而信韩、魏之善王也,此正吴之信越也。臣闻之,敌不可假,时不可失。臣恐韩、魏卑辞除患而实欲欺大国也。何则?王无重世之德于韩、魏,而有累世之怨焉。夫韩、魏父子兄弟接踵而死于秦者将十世矣。本国残,社稷坏,宗庙毁。刳腹绝肠,折颈摺颐,首身分离,暴骸骨于草泽,头颅僵仆,相望于境,父子老弱系脰束手为群虏者,相及于路。鬼神孤伤,无所血食。人民不聊生,族类离散,流亡为仆妾者,盈满海内矣。故韩、魏之不亡,秦社稷之忧也,今王资之与攻楚,不亦过乎!

【译文】

"《诗经》上说:'善于用兵的将领不远途跋涉攻伐敌人。'由此看来,楚国才是秦值得信任的后援力量,其余的邻国,才是秦国的敌人呢!《诗经》说:'那跳跃的狡兔,一遇到猎犬,则一定会被捕获的。他人有某种心思,我一揣度,就可知道。'现在大王中途竟然相信韩、魏二国的友善,这和当时吴相信越国如出一辙。臣听说;敌人不可宽恕,时机不可失去。臣担心韩、魏虚情假意说要归附您,而实际上是想着用这种方法来欺骗大国吧!我为什么会这么说呢?因为大王对于韩、魏二国没有累世的恩德,却有累世的怨仇啊!韩、魏二国的父子兄弟,接连不断地被秦国杀死的,到现在将有十代了,国家因此残破,社稷因此损坏,宗庙也因此毁灭。他们的百姓,有的被剖肚断肠,有的连头带颈被扯下来,身首异处,骸骨暴露在草泽边,头颅僵仆在地上。在国境之内,随处可见,他们的父子老弱,被系着脖子,捆着手,都成了俘虏,相随于路上。他们的鬼神,也难免孤苦哀伤,得不到祭享。百姓更是无法生活下去,以至家族流离分散,沦为仆妾的,随处可见。所以说,不铲除韩、魏,对秦而言实在太危险了,现在大王反而凭借他们的力量,来攻打楚国,这不是错误吗?

【原文】

"且王攻楚将恶出兵?王将借路于仇仇之韩、魏乎?兵出之日而王忧其不返也!是王以兵资于仇仇恨之韩、魏也。王若不借路于仇雠之韩、魏,必攻随水右壤。随水右壤,此皆广川大水,山林豀谷,不食之地也,王虽有之,不为得地。是王有毁楚之名而无得地之实也。

"且王攻楚之日,四国必悉起兵以应王。秦、楚之兵构而不离,魏氏将出而攻留、方与、铚、湖陵、砀、萧、相,故宋必尽。齐人南面攻楚,泗上必举。此皆平原四达,膏腴之地,而使独攻。王破楚以肥韩、魏于中国,而劲齐。韩、魏之强,足以校于秦。齐南以泗水为境,东负海,北倚河,而无后患。天下之国莫强于齐、魏,齐、魏得地葆利而详事下吏,一年之后,为帝未能,其于禁王之为帝有余矣。

【译文】

"况且大王发兵进攻楚国的时候,将从哪条道路出兵呢?大王是打算向敌对的韩、魏两国借路吗？倘若真要那么做，那就该考虑自己退路了，这无异大王以军队来资助敌对的韩国、魏国啊！大王假如不向敌对的韩国、魏国借路，那就一定要进攻随水右面的土地。随水右面的土地，都是山河险阻，不能耕种的土地，大王即使获得了这块地方，也不能算是获得土地。这就意味着您只有打败楚的虚名，实际上却并没有得到土地啊！

"况且大王攻打楚国的时候，齐国、赵国、韩国、魏国也一定会借机发动战争。在这种情形下，秦、楚两国的军队，苦于交战而无法分离，魏国将趁此机会出兵攻打留、方与、铚、湖陵、砀、萧、相这些地方。那么从前楚国从宋国抢来的地盘，就一定会全部归魏国所有了。齐军向南进攻楚国，那么就一定会占领泗上。这些土地，都是一望无际的平原，四通八达，又非常肥沃富饶，却成了韩、魏二国的囊中之物。这也就等于大王破灭了楚国，来扩大韩、魏二国在中原地区的土地，同时也增强了齐国的势力。仅韩、魏二国的强盛，就足以与秦国相抗衡；更有齐国，南边以泗水为国界，东边背靠着大海，北边倚靠着黄河，又无后患，天下的国家，就没有比齐、魏二国再强大的了。齐、魏二国取得土地以后，如果善加利用，赐予下面的官吏，详加规划治理。一年之后，其本身虽然未能称帝，可是他们却足以阻止大王称帝啊！

【原文】

"夫以王壤土之博，人徒之众，兵革之强，一举事而树怨于楚，迟令韩、魏归帝重于齐，是王失计也。臣为王虑，莫若善楚。秦、楚合而为一以临韩，韩必敛手。王施以东山之险，带以曲河之利，韩必为关内之侯。若是而王以十万戍郑，梁氏寒心，许、鄢陵婴城，而上蔡、召陵不往来也，如此而魏亦关内侯矣。王一善楚，而关内两万乘之主注地于齐，齐右壤可拱手而取也。王之地一经两海，要约天下，是燕、赵无齐、楚，齐、楚无燕、赵也。然后危动燕、赵，直摇齐、楚，此四国者不待痛而服矣。"

昭王曰："善。"于是乃止白起而谢韩、魏。发使赂楚，约为与国。

【译文】

"而且大王您自恃地广物博,人口众多,军事力量雄厚和楚国结怨,乃令韩、魏二国将帝王的重位归送于齐国,这是大王的失策啊!臣曾经替大王考虑过,就目前的形势来说,不如与楚国建立友好关系,秦、楚二国联合对付韩国,韩国一定束手无策。然后大王再凭借东山险要之地,保有河曲的利益,这时韩国就一定会成为大王的附属国。假如大王再以十万大军驻守郑国,魏国一定畏惧,就会命令许、鄢陵两地的驻军坚守城池,而楚国的上蔡、召陵二地,就无法与魏国互通往来了,这样一来,魏国也就成为大王的附属国。大王只要一和楚国修好结盟,而关内两个可出万辆兵车的诸侯马上就会降服,而秦国就与齐接壤,同时齐国右面的土地,就可以拱手而得了。这时大王的领地,从西海一直到东海,等于中分天下,不仅可以约束天下,同时更可使燕国、赵国与齐国、楚国无法联络,齐、楚二国也无法接应燕国和赵国!然后再以安危威逼燕国、赵国,胁迫齐国、楚国,这四个国家,则不攻自破。"

秦昭王看了春申君的上书后说:"好极了。"于是就下令白起停止出兵,并向韩国、魏国致谢,同时派使臣以厚礼出使楚国,和楚国结成友好盟国。

【原文】

黄歇受约归楚,楚使歇与太子完入质于秦,秦留之数年。楚顷襄王病,太子不得归。而楚太子与秦相应侯善,于是黄歇乃说应侯曰:"相国诚善楚太子乎?"应侯曰:"然。"歇曰:"今楚王恐不起疾,秦不如归其太子。太子得立,其事秦必重而德相国无穷,是亲与国而得储万乘也。若不归,则咸阳一布衣耳;楚更立太子,必不事秦。夫失与国而绝万乘之和,非计也。愿相国孰虑之。"应侯以闻秦王,秦王曰:"令楚太子之傅先往问楚王之疾,返而后图之。"黄歇为楚太子计曰:"秦之留太子也,欲以求利也。今太子力未能有以利秦也,歇忧之甚。而阳文君子二人在中,王若卒大命,太子不在,阳文君子必立为后,太子不得奉宗庙矣。不如亡秦,与使者俱出。臣请止,以死当之。"楚太子因变衣服为楚使者御以出关,而黄歇守舍,常为谢病。度太子已远,秦不能追,歇乃自言秦昭王曰:"楚太子已归,出远矣。歇当死，愿赐死。"昭王大怒，欲听其自杀也。应侯曰："歇为人臣，出身以徇其主，太子立，必用歇，故不如无罪而归之，以亲楚。"秦因遣黄歇。

【译文】

　　黄歇接受了秦王与楚国约为盟国的命令回到了楚国，楚君就派黄歇与太子到秦国做人质，秦国也就不客气地将他二人扣留下来，居住了数年之后，楚顷襄王病重，可是秦王竟不允许太子完回去探视他父王。适巧楚太子与秦国的宰相应侯是好朋友，于是黄歇就问应侯说："相国真是楚太子的好朋友吗？"应侯回答说："是的。"黄歇接着说："现在楚王恐怕好不了了，秦国不如遣回他的太子。太子能立为楚君，一定会尽心尽力侍奉秦国，而且会感激您的大恩大德，这是亲善盟国，而得以扶植万辆兵车大国国君的惟一方法啊！假如太子不能回国，那么他只不过是咸阳城的一个平民罢了；楚国要是另立了太子，一定不再服侍秦国。就这样轻易地失去盟国，并且与万乘的大国断绝交往，确实不是好计策啊！希望相国能仔细的考虑考虑这件事。"应侯把这件事情禀告给秦王。秦王说："让太子的老师先回楚看看楚王的病，回来以后再作商议。"于是黄歇向楚太子献计说："秦国所以羁留太子，是想谋求更大的利益，现在太子的力量并不能对秦国有大的好处，我为此担心。可是阳文君的两个儿子偏偏又在宫中，大王假如不幸驾崩了，太子又不在，阳文君的儿子一定被立为继位人，那么太子就不能奉享宗庙了。即然这样，就不如逃离秦国，与出使的人一起蒙混出去，臣请留下来，以死来抵当这个罪过。"楚太子于是就改变衣装，装扮成为楚使的车夫才混出了秦国的关口，而黄歇就留守馆舍，有人拜见太子，就以太子生病为由谢绝来访者。估计着太子已经走远，秦国不能追及的时候，黄歇于是就自动地告诉秦昭王说："楚太子已经回国去了，现在已经走得很远了。我黄歇该当死罪，请求大王赐我死吧！"昭王听后大怒，想让黄歇自杀，应侯说："黄歇为人臣子，宁愿为其主人献出自己的性命。太子能立为楚君，一定重用黄歇，所以不如不加罪于他，放他回到楚国去，这样楚会和我们保持友好关系。"秦王因此就把黄歇遣送回去了。

【原文】

　　歇至楚三月，楚顷襄王卒，太子完立，是为考烈王。考烈王元年，以黄歇为相，封为春申君，赐淮北地十二县。后十五岁，黄歇言之楚王曰："淮北地边齐，其事急，请以为郡便。"因并献淮北十二县，请封于江东。考烈王许之。春申君因城故吴墟，以自为都邑。

春申君既相楚，是时齐有孟尝君，赵有平原君，魏有信陵君，方争下士，招致宾客，以相倾夺，辅国持权。

春申君为楚相四年，秦破赵之长平军四十余万。五年，围邯郸。邯郸告急于楚，楚使春申君将兵往救之。秦兵亦去，春申君归。春申君相楚八年，为楚北伐灭鲁，以荀卿为兰陵令。当是时，楚复强。

【译文】

黄歇回到楚国三个月，楚顷襄王就死了。太子完立为楚君，他就是考烈王。考烈王元年，任用黄歇为相国，并封他为春申君，赏赐淮北十二县的土地。过了十五年，黄歇向楚王禀告说："淮北这一带地方，邻近齐国，总有被齐入侵的危险，请把这一带地方划为郡来治理，那就方便多了。"就着这个机会，并且把淮北的十二县奉献出来，请求封于江东，考烈王答应了他。春申君于是在吴都旧址上筑成城堡，作为自己的都邑。

及至春申君成为楚国的宰相，齐国有孟尝君、赵国有平原君、魏国有信陵君，他们四个人争着礼贤下士，招请宾客，来互相倾覆攘夺，辅助国君，把持政权。

春申君担当楚相的第四年，秦军攻破了赵国的长平，俘虏了四十万赵军。第五年，秦军围攻赵国的国都邯郸。邯郸向楚国告急求救，楚国就派春申君率兵去援助赵国，秦军撤退了，春申君也就回到楚国来。春申君担任楚相的第八年，为楚北伐，消灭了鲁国，任用荀卿为兰陵县令，这个时候，楚国又强盛了起来。

【原文】

赵平原君使人于春申君，春申君舍之于上舍。赵使欲夸楚，为玳瑁簪，刀剑室以珠玉饰之，请命春申君客。春申君客三千余人，其上客皆蹑珠履以见赵使，赵使大惭。

春申君相十四年，秦庄襄王立，以吕不韦为相，封为文信侯。取东周。

春申君相二十二年，诸侯患秦攻伐无已时，乃相与合从，西伐秦，而楚王为从长，春申君用事。至函谷关，

秦出兵攻，诸侯兵皆败走。楚考烈王以咎春申君，春申君以此益疏。

【译文】

有一次，赵国平原君派使者来拜见春申君，春申君把平原君的使者安排在上等客舍居住。赵国的使者想向楚国炫耀本国的富庶，故意用玳瑁簪来绾头发，并拿着用珠玉镶饰的刀剑鞘子，请见春申君的门客。当时春申君的门客有三千多人，上宾都穿着用宝珠做的鞋子来会见赵国使者，赵国使者见了大为羞愧。

春申君担任楚相十四年的时候，秦国庄襄王被立为国君，任用吕不韦为相国，并封他为文信侯。消灭了东周。

春申君担任楚国相国的第二十二年，当时的各国诸侯，担心秦国不会停止侵略各国，于是就互相联合起来，向西讨伐秦国，推举楚王为纵约之长，春申君当权主持政事，抵达函谷关，秦国就出兵迎击，诸侯的军队战败逃走了，楚考烈王把这件事情归罪于春申君，日渐疏远春申君。

【原文】

客有观津人朱英，谓春申君曰："人皆以楚为强而君用之弱，其于英不然。先君时善秦二十年而不攻楚，何也？秦逾黾隘之塞而攻楚，不便；假道于两周，背韩、魏而攻楚，不可。今则不然，魏旦暮亡，不能爱许、鄢陵，其许魏割以与秦。秦兵去陈百六十里，臣之所观者，见秦、楚之日斗也。"楚于是去陈徙寿春；而秦徙卫野王，作置东郡。春申君由此就封于吴，行相事。

【译文】

春申君的门客中，有一位观津人名叫朱英，对春申君说："人们皆以为楚国本是一个强国，可是用您为相国却使得楚日益衰弱，我不认同这种观点。当先君在位的时候，秦国有二十年的时间不敢攻打楚国，是为什么呢？那是因为秦国要逾越黾隘的关塞来攻打楚国，不方便，要是向两周借路，背后韩、魏会趁机攻击他，在这种情形下攻打楚国是不可以的。可是现在就不是这种形势了，魏国危在旦夕，无论如何也没有力量来防守许、鄢陵这两个城邑，而且魏国已答应把这两个城邑割让给秦国，这样，秦兵距离我楚国的陈只有一百六十里远，现在，依我看，秦只会攻打我们楚国。"楚国于是离开陈，迁都到寿春，秦国则迁徙卫野王，设置东郡。春申君从此就封地于吴，执行其相国的职务。

【原文】

楚考烈王无子，春申君患之，求妇人宜子者进之，甚众，卒无子。赵人李园持其女弟，欲进之楚王，闻其不宜子，恐久毋宠。李园求事春申君为舍人，已而谒归，故失期。还谒，春申君问之状，对曰："齐王使使求臣之女弟，与其使者饮，故失期。"春申君曰："娉入乎？"对曰："未也。"春申君曰："可得见乎？"曰："可。"于是李园乃进其女弟，即幸于春申君知其有身，李园乃与其女弟谋。园女弟承间以说春申君："楚王之贵幸君，虽兄弟不如也。今君相楚二十余年，而王无子，即百岁后将更立兄弟，则楚更立君后，亦各贵其故所亲，君又安得长有宠乎，非徒然也？君贵用事久，多失礼于王兄弟，兄弟诚立，祸且及身，何以保相印江东之封乎？今妾自知有身矣，而人莫知。妾幸君未久，诚以君之重而进妾于楚王，王必幸妾；妾赖天有子男，则是君之子为王也，楚国尽可得，孰与身临不测之罪乎？"春申君大然之，乃出李园女弟谨舍，而言之楚王。楚王召入幸之，遂生子男，立为太子，以李园女弟为王后。楚王贵李园，园用事。

李园即入其女弟，立为王后，子为太子，恐春申君语泄而益骄，阴养死士，欲杀春申君以灭口，而国人颇有知之者。

【译文】

楚考烈王没有儿子，春申君为此甚感忧虑，于是就寻求容易受孕的妇人进献给楚王，虽然进献了很多，可是始终没有生下儿子。这时赵人李园带来他的妹妹，想把她进献给楚王，又听说楚王没有生育能力，恐怕时间一久她会失去宠幸。所以李园取消了这一念头，请求做春申君的门客，不久向春申君告假回家，而且故意延误回来的日期。回来后，进见春申君，春申君问他为何这么晚

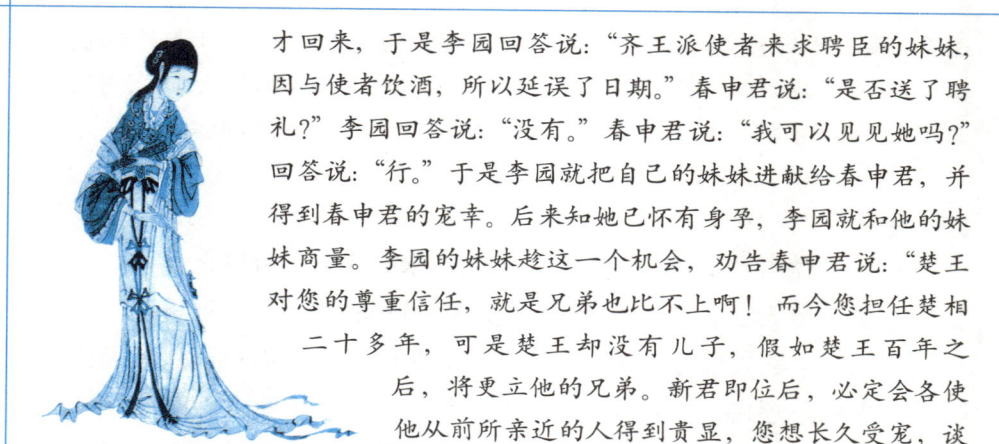

才回来，于是李园回答说："齐王派使者来求聘臣的妹妹，因与使者饮酒，所以延误了日期。"春申君说："是否送了聘礼？"李园回答说："没有。"春申君说："我可以见见她吗？"回答说："行。"于是李园就把自己的妹妹进献给春申君，并得到春申君的宠幸。后来知她已怀有身孕，李园就和他的妹妹商量。李园的妹妹趁这一个机会，劝告春申君说："楚王对您的尊重信任，就是兄弟也比不上啊！而今您担任楚相二十多年，可是楚王却没有儿子，假如楚王百年之后，将更立他的兄弟。新君即位后，必定会各使他从前所亲近的人得到贵显，您想长久受宠，谈何容易啊！因您在楚王面前贵显当权太久，对楚王的兄弟面前失礼的地方一定很多，楚王的兄弟果真得立为楚王，恐怕您就要大祸临头了，到时你用什么保住相印和江东的封地呢？现在贱妾自知已经怀有身孕，可是别人并不知道这件事，贱妾得到您的宠爱时日尚浅，果真以您的重望把贱妾进献给楚王，楚王一定宠爱贱妾，贱妾如托天之幸而生下一个男孩，那么日后的楚王就是您的儿子。整个楚国都是你的了，谁又能降临不测的大罪在您的身上呢？"春申君深以为然，于是就把李园的妹妹送出去居住在馆舍中，并且守卫谨严，然后禀报楚王。楚王将李园的妹妹召入宫中，非常宠爱她，不久便生下一个男孩，立为太子。所以李园的妹妹，就为王后了。楚王重用李园，李园执掌朝中政事。

李园已经使他的妹妹进宫，立为王后，儿子为太子，害怕春申君言语泄密，而且骄矜，便暗中收养亡命之徒，想杀害春申君来灭口，这时楚国不乏知道内情的人。

【原文】

春申君相二十五年，楚考烈王病。朱英谓春申君曰："世有毋望之福，又有毋望之祸。今君处毋望之世，事毋望之主，安可以无毋望之人乎？"春申君曰："何谓毋望之福？"曰："君相楚二十余年矣，虽名相国，实楚王也。今楚王病，旦暮且卒，而君相少主，因而代立当国，如伊尹、周公，王长而反政，不即遂南面称孤而有楚国？此所谓毋望之福也。"春申君曰："何谓毋望之祸？"曰："李园不治国而君之仇也，不为兵而养死士之日久矣，楚王卒，李园必先入据权而杀君以灭口，此所谓毋望之祸也。"春申君曰："何谓毋望之人？"对曰：

"君置臣郎中，楚王卒，李园必先入，臣为君杀李园。此所谓毋望之人也。"春申君曰："足下置之。李园，弱人也，仆又善之，且又何至此！"朱英知言不用，恐祸及身，乃亡去。

【译文】

春申君担任楚相二十五年的时候，楚考烈王病了。朱英对春申君说："世间有意料之外的大福，也有意料之外的大祸，现在您处在生死无常的国家，侍奉喜怒不定的君主，如何可以没有吉凶忽为的人来帮助您呢？"春申君说："什么叫意料之外的大福？"朱英回答说："您担任楚的相已经二十多年，虽然名分上您居于相位，可是，实际上您就是楚王啊！现在楚王病重，很快就会不久于人世，一旦楚王死去，而您就是辅佐少主的人，因而代替少主执政当国，就像伊尹、周公一样，等到楚王年长，再把政权交还给他，要不您就南面称王而据有楚国？这就是我所说的不望而忽至的大福啊！"春申君说："何谓不望而忽至的大祸？"朱英回答道："李园因为无法执掌国政而视您为仇敌，虽然他不统领军队，可是他暗中豢养死士的时间已经很久了。等到楚王一死，李园一定先行入宫掌握政权而杀您灭口。这就是我所说的不望而忽至的大祸啊！"春申君说："何谓凶吉忽为的人呢？"朱英回答说："请您先安置我担任近侍楚王的郎中，楚王死后，李园一定先行入宫，到时候我替您把李园杀了。这就是所说的凶吉忽为的人啊！"春申君说："先生还是打消这个念头吧，李园是一个懦弱的人，我素来待他不薄，他无论如何也做不出这种事情来。"朱英知道自己的谏言不被采用，恐怕惹祸上身，于是就偷偷地逃走了。

【原文】

后十七日，楚考烈王卒，李园果先入，伏死士于棘门之内。春申君入棘门，园死士侠刺春申君，斩其头，投之棘门外。于是遂使吏尽灭春申君之家。而李园女弟初幸春申君有身而入之王所生子者遂立，是为楚幽王。

是岁也，秦始皇帝立九年矣。嫪毐亦为乱于秦，觉，夷其三族，而吕不韦废。

【译文】

　　这之后过了十七天,楚考烈王死了,李园果然先行入宫,埋伏死士在棘门以内。春申君刚走进棘门,李园事先埋伏的死士从两面刺杀春申君,把他的头割下来,扔在棘门的外河。随即派遣吏卒把春申君的家人斩尽杀绝。而李园的妹妹最初得宠于春申君怀孕而进入王宫所生的儿子遂被立为楚王,他就是楚幽王。

　　这一年,秦始皇即帝位已有九年了。这时嫪毐也想在秦国叛乱,事情败露后,秦始皇诛杀了他的三族,而这时的秦相吕不韦也被废黜了。

【原文】

　　太史公曰:吾适楚,观春申君故城,宫室盛矣哉!初,春申君之说秦昭王,及出身遣楚太子归,何其智之明也!后制于李园,旄矣。语曰:"当断不断,反受其乱。"春申君失朱英之谓邪?

【译文】

　　太史公说:我到了楚国,看见春申君的故城,宫室的建筑,非常的华美。当初,春申君劝说秦昭王,以及献身为主并派人遣送楚太子归国,是多么明智的举措啊!后来反而受制于李园,又是何等的糊涂?俗语说:"当断不断,必留后患。"这不就是在说春申君不采用朱英谏言的错误吗?

乐毅列传

【原文】

　　乐毅者,其先祖曰乐羊。乐羊为魏文侯将,伐取中山,魏文侯封乐羊以灵寿。乐羊死,葬于灵寿,其后子孙因家焉。中山复国,至赵武灵王时复灭中山,而乐氏后有乐毅。

　　乐毅贤,好兵,赵人举之。及武灵王有沙丘之乱,乃去赵适魏。闻燕昭王以子之之乱而齐大败燕,燕昭王怨齐,未尝一日而忘报齐也。燕国小,辟远,力不能制,于是屈身下士,先礼郭隗以招贤者。乐毅于是为魏昭王使于燕，燕王以客礼待之。乐毅辞让，遂委质为臣，燕昭王以为亚卿，久之。

【译文】

乐毅，他的先祖是乐羊。乐羊曾在魏文侯手下做将领，因为攻取中山立了军功，魏文侯便将灵寿封给他。乐羊去世后，就葬在灵寿，此后他的后代子孙就定居在灵寿了。中山曾一度复国，直至赵武灵王时，不幸再度被灭绝了。乐氏的后代中，有一位名叫乐毅。

乐毅贤能，又对军事感兴趣，赵国人推举他。到赵武灵王时，因为发生了沙丘之乱，他就离开赵国，到了魏国。后又听说燕昭王因为子之之乱而被齐国打得落花流水，燕昭王怨恨齐国，时刻想着要报齐国的仇，洗清齐给它带来的耻辱。燕国幅员狭小，地处偏远，昭王估计凭自己目前的实力不足以战胜齐国，于是便屈己礼贤，延聘贤能之士，首先用上客之礼结交郭隗，以招徕天下贤士。乐毅便在此时为魏昭王出使到燕国，燕王用客礼厚待他。乐毅谦辞恳让，但后来终于答应委身为臣，燕昭王封他为亚卿。这样，经过了一段时日。

乐毅　中山灵寿（今河北灵寿）人。战国后期杰出的军事家。

【原文】

当是时，齐湣王强，南败楚相唐昧于重丘，西摧三晋于观津，遂与三晋击秦，助赵灭中山，破宋，广地千余里，与秦昭王争重为帝，已而复归之。诸侯皆欲背秦而服于齐。湣王自矜，百姓弗堪。于是燕昭王问伐齐之事。乐毅对曰："齐，霸国之余业也，地大人众，未易独攻也。王必欲伐之，莫如与赵及楚、魏。"于是使乐毅约赵惠文王，别使连楚、魏。令赵嚪说秦以伐齐之利。诸侯害齐湣王之骄暴，皆争合从与燕伐齐。乐毅还报，燕昭王悉起兵，使乐毅为上将军，赵惠文王以相国印授乐毅。乐毅于是并护赵、楚、韩、魏、燕之兵以伐齐，破之济西。诸侯兵罢归，而燕军乐毅独追，至于临淄。齐湣王之败济西，亡走，保于莒。乐毅独留徇齐，齐皆城守。乐毅攻入临淄，尽取齐宝财物祭器输之燕。燕昭王大说，亲至济上劳军，行赏飨士，封乐毅于昌国，号为昌国君。于是燕昭王收齐卤获以归，而使乐毅复以兵平齐城之不下者。

【译文】

正在这时候，齐湣王强大起来，南边在重丘打败了楚国将军唐昧，西边在观津让三晋大伤元气，于是就和三晋联合攻打秦国，协助赵国灭绝了中山，又打败宋国，因而扩张了千余里的土地。他与秦昭王为了显示自身尊贵而争夺帝号，但没多久又将帝号归还给了秦国。而各诸侯国却都想背弃秦国而臣服于齐国。因此，齐湣王便骄矜自满，百姓受不了他的暴政。于是燕昭王便询问乐毅有关伐齐之事。乐毅回答说："齐国仍保有以往霸国的基业，地广人多，不易单独攻破他。王如果一定要攻伐他，最好联合赵、楚、魏三国一起行动。"这样，昭王就派遣乐毅去赵国，和赵惠文王订约。又派其他使臣去连络楚、魏二国，并请赵国以伐齐之利游说秦国。当时各国诸侯因厌恶齐湣王骄暴，都争着要与燕联手攻打齐国。乐毅回到燕国报告，昭王出动全部燕兵，任乐毅为上将军，而赵惠文王也把相印交给乐毅。乐毅便总领赵、楚、韩、魏、燕诸国之兵攻伐齐国，而在济水之西打败了齐军。各国诸侯收兵返国，唯独燕军在乐毅率领部下追击不舍，直逼到临淄城下。齐湣王在济西打了败仗，抵不住进攻，只得逃走，保守莒城。乐毅不再追击，率军围攻齐城，齐兵都退守城中。后来，乐毅攻入临淄，将齐国的珍宝、财物、祭器等一并抢回燕国。燕昭王大为欢喜，亲自到济上慰问军队，犒赏兵士并设宴款待他们，将昌国地方封给乐毅，封乐毅为昌国君。于是，燕昭王收集了从齐国掠夺来的器物归国，而派乐毅率军继续平定那些尚未平定的齐国城邑。

【原文】

乐毅留徇齐五岁，下齐七十余城，皆为郡县以属燕。唯独莒、即墨未服。会燕昭王死，子立为燕惠王。惠王自为太子时尝不快于乐毅，及即位，齐之田单闻之，乃纵反间于燕，曰："齐城不下者两城耳。然所以不早拔者，闻乐毅与燕新王有隙，欲连兵且留齐，南面而王齐。齐之所患，唯恐他将之来。"于是燕惠王固已疑乐毅，得齐反间，乃使骑劫代将，而召乐毅。乐毅知燕惠王之不善代之，畏诛，遂西降赵。赵封乐毅于观津，号曰望诸君。尊宠乐毅以警动于燕、齐。

齐田单后与骑劫战，果设诈诳燕军，遂破骑劫于即墨下，而转战逐燕，北至河上，尽复得齐城，而迎襄王于莒，入于临淄。

【译文】

乐毅围守齐国，前后有五年之久，攻下齐国七十多座城邑，都设置郡县而归属于燕国，只有莒和即墨两城尚未归服。这时候，适逢燕昭王去世，他的儿子继位，那便是燕惠王。惠王从做太子的时候起，就不喜欢乐毅。等他当了燕国的君主，齐国的田单听到这个消息，便在燕国施行反间计，散布谣言说："齐国没被燕攻下的城邑只剩两座，然而燕国之所以不立即攻取这两座城，是因为乐毅与燕国的新君有矛盾，乐毅想联络兵士，要留在齐国，以便自立为王。齐国所畏惧的是只怕燕国派遣其他将领来，那齐国仅余的两城也便保不住了。"燕惠王本来就已怀疑乐毅，现在又中了齐国的反间计，于是就派骑劫替代乐毅统领军队，而召回乐毅，乐毅深知燕惠王阵前换将，没有什么好用心，恐遭诛杀，就向西逃走，投奔了赵国。赵便把观津封给乐毅，封号为望诸君。赵国这样尊重宠幸乐毅，借以警告燕、齐，使它们不敢轻举妄动。

齐国田单后来与骑劫作战，果然设计了一套诡诈之策来诈骗燕军，结果在即墨城下大败骑劫，而且辗转追逐燕国败兵。向北直追到黄河边上，收复了齐国所有的失地。而又从莒城迎回襄王，归返于临淄。

【原文】

燕惠王后悔使骑劫代乐毅，以故破军亡将失齐；又怨乐毅之降赵，恐赵用乐毅而乘燕之弊以伐燕。燕惠王乃使人让乐毅，且谢之曰："先王举国而委将军，将军为燕破齐，报先王之仇，天下莫不震动，寡人岂敢一日而忘将军之功哉！会先王弃群臣，寡人新即位，左右误寡人。寡人之使骑劫代将军，为将军久暴露于外，故召将军且休，计事。将军过听，以与寡人有隙，遂捐燕归赵。将军自为计则可矣，而亦何以报先王之所以遇将军之意乎？"乐毅报遗燕惠王书曰：

【译文】

燕惠王后悔调用骑劫代替乐毅使自己损兵折将,并丧失了所得的齐国土地;同时,又怨恨乐毅归降赵国,恐怕赵国任用乐毅,趁燕国虚弱时攻打燕国。于是燕惠王便派人责难乐毅,而且也向他致歉说:"先王曾经把全国之兵委托将军,将军为燕国大败齐国,报了先王的深仇大恨,天下人没有不为此震动的,而我也从未忘记你的功绩呀!可是,刚好逢到先王去世,我初继位,身边的侍臣花言巧语蒙骗我。而我之所以派骑劫代替将军,是因为将军经年累月地在外行军打仗,怕你太辛苦了,所以要你回来休养调息,并且商量国事。而将军却误信传言,认为与我有怨隙,就抛弃燕国投降赵国。将军这样做,为自己打算固然是无可厚非的,但是如何报答先王对将军的知遇之恩呢?"于是,乐毅便作一书回复燕惠王道:

【原文】

"臣不佞,不能奉承王命,以顺左右之心。恐伤先王之明,有害足下之义,故遁逃走赵。今足下使人数之以罪,臣恐侍御者不察先王之所以畜幸臣之理,又不白臣之所以事先王之心,故敢以书对。

"臣闻贤圣之君不以禄私亲,其功多者赏之,其能当者处之。故察能而授官者,成功之君也;论行而结交者,立名之士也。臣窃观先王之举也,见有高世主之心,故假节于魏,以身得察于燕。先王过举,厕之宾客之中,立之群臣之上,不谋父兄,以为亚卿。臣窃不自知,自以为奉令承教,可幸无罪,故受令而不辞。

【译文】

"臣无才无德,无法完成先王的遗命,而顺从您亲信的心意,恐怕回到燕国会遭到杀戮,因而伤害了先王知人之明,也使您陷于不义,所以便逃奔到赵国。现在,您派人来数落臣的罪行,恐怕您的左右亲信无法理解您为何宠信我,也不明白我为什么会侍奉先王。因此才敢写这封信答复您。

"臣听说圣贤的君主不把国家的爵禄赏给他亲近宠信的人,而是把它封赏给功勋卓著而又有能力胜任的人。所以考察后而才委派官职的,才是能够建功立业的君主;衡量品行而后交结的,才是能建立名节的人士。臣私自观察先王的唯贤是举的举措,觉得他见多识广,为众诸侯所不及,所以就借为魏国出使的机会，得以亲自来燕国体察、验证。承蒙先王赏识，将我安置于宾客之中，并提升至群臣之上，不和宗室长辈商议，就任命我为亚卿。臣私自估量，以为只要一切奉行君命、遵守教诲，就可侥幸而无罪了。所以就接受任命而未加推辞。

【原文】

"先王命之曰：'我有积怨深怒于齐，不量轻弱，而欲以齐为事。'臣曰：'夫齐，霸国之余业而最胜之遗事也。练于兵甲，习于战攻。王若欲伐之，必与天下图之。与天下图之，莫若结于赵。且又淮北、宋地，楚、魏之所欲也。赵若许而约四国攻之，齐可大破也。'先王以为然，具符节南使臣于赵。顾反命，起兵击齐。以天之道，先王之灵，河北之地随先王而举之济上。济上之军受命击齐，大败齐人。轻卒锐兵，长驱至国。齐王遁而走莒，仅以身免；珠玉财宝车甲珍器尽收入于燕。齐器设于宁台，大吕陈于元英，故鼎反乎磨室，蓟丘之植植于汶篁，自五伯已来，功未有及先王者也。先王以为惬于志，故裂地而封之，使得比小国诸侯。臣窃不自知，自以为奉命承教，可幸无罪，是以受命不辞。

【译文】

"先王曾命令我说：'我对齐国有深仇积怨，要不是我目前实力不强，一定要报仇，与齐一决胜负。'臣回答说：'说到那齐国，本有称霸天下的基础，它那屡战屡胜的声势尚未消失，军队训练有素，熟习战攻之术。大王要想进攻齐国，必须联合天下诸侯共同对付它。要联合天下诸侯，没有比结交赵国更为有利了。况且淮北地区是楚国想收复的国土，宋地是魏国想得到的地方，赵国如能应允，再得楚、魏二国合作，合四国之力攻打齐国，那就可以大败齐国了。'先王非常认可我的建议，便预备了出使的信物，命我南下去出使赵国，看我交涉结果怎样，回来报告，就起兵攻打齐国。凭借上天的帮助先王的神威，四国的军队随着先王的旗帜聚会到济水，攻占了黄河以北的土地。济上的燕军奉命继续乘胜追击，轻装的士兵，精锐的军队，一直攻到了齐国的都城，齐王逃到莒城，一个人苟且偷生。而一切珠玉财宝、车辆、甲胄及各种珍贵的器物，都成了燕国的囊中之物。齐国的宝器陈列在燕国的宁台，大吕钟也安置在元英宫里，燕从前被齐国掠走的宝鼎又回到了磨室殿，蓟丘一带也移种了汶水的竹子。由此可见,自从五霸以来,先王的功业无人能及。先王觉得他的心愿已了,所以划出一块土地分赐给我,让我做了一个小国的诸侯。我私自估量,以为奉行君命、遵守教诲,还算侥幸而无罪,所以也便领受封赏而未加推辞。

【原文】

"臣闻贤圣之君,功立而不废,故著于《春秋》;蚤知之士,名成而不毁,故称于后世。若先王之报怨雪耻,夷万乘之强国,收八百岁之蓄积,及至弃群臣之日,余教未衰,执政任事之臣,脩法令,慎庶孽,施及乎萌隶,皆可以教后世。

"臣闻之,善作者不必善成,善始者不必善终。昔伍子胥说听于阖闾,而吴王远迹至郢;夫差弗是也,赐之鸱夷而浮之江。吴王不寤先论之可以立功,故沉子胥而不悔;子胥不蚤见主之不同量,是以至于入江而不化。

【译文】

"臣听说圣贤的君主,建立了功业,就不再废弃,所以他的丰功伟绩能记载在史册上;有先见卓识的人,树立了声誉,就会很珍惜,不会让他毁于一旦,这样才能为后世称颂。正如先王报仇雪耻,征服了拥有万辆战车的强国,没收了八百年积蓄的财富,直到去世的那一天,还留下了身后的教诲,使执政办事的臣子能依循法令,安抚亲族,恩惠遍及全国的百姓。这些都可以作为后世的典范。

"臣曾听说:善于创造的人不一定就善于完成,善始未必善终。以前伍子胥的话为阖闾所采用,因而吴王能远征楚国的郢都,到了夫差就不是这样,不但不听忠言,反而逼伍子胥自杀,把尸体装在皮囊里,投进了钱塘江而让尸首随波漂浮。吴王夫差没认识到有预见力的言论可以建立功业,所以把子胥沉入江中而不后悔。子胥不能及早看出两位君主度量的不同,以至被投入水里而冤魂不散。

【原文】

"夫免身立功，以明先王之迹，臣之上计也。离毁辱之诽谤，堕先王之名，臣之所大恐也。临不测之罪，以幸为利，义之所不敢出也。

"臣闻古之君子，交绝不出恶声，忠臣去国，不絜其名。臣虽不佞，数奉教于君子矣。恐侍御者之亲左右之说，不察疏远之行，故敢献书以闻，唯君王之留意焉。"

于是燕王复以乐毅子乐间为昌国君；而乐毅往来复通燕，燕、赵以为客卿。乐毅卒于赵。

【译文】

"保存住生命，建立功绩，用以表彰先王的心迹，这是我的最好的计策。遭受别人的诋毁诽谤，败坏了先王的英名，这是我所最恐惧的事。如今面对着这样不可估计的罪名，而侥幸地去求取个人的私利，这是我在道义上所不敢做的事。

"臣听说古时候的君子，和友人断交后，决不说对方的坏话；忠臣不得已而离开自己的国家，也不为自己的名誉清白辩解。我虽然无才无德，但却常常接受君子的教诲并奉行。现在只担心您对身边的人坚信不疑，而不能体察被您疏远的人的行动，所以敢写这封回信，恳求您仔细读一读吧！"

于是，燕王又封乐毅的儿子乐间为昌国君。而乐毅又与燕恢复联系而往来燕、赵二国之间，燕、赵二国都以他为客卿。后来乐毅就死在赵国。

【原文】

乐间居燕三十余年，燕王喜用其相栗腹之计，欲攻赵，而问昌国君乐间。乐间曰："赵，四战之国也，其民习兵，伐之不可。"燕王不听，遂伐赵。赵使廉颇击之，大破栗腹之军于鄗，禽栗腹、乐乘。乐乘者，乐间之宗也。于是乐间奔赵，赵遂围燕。燕重割地以与赵和，赵乃解而去。

【译文】

　　乐间在燕国三十多年,燕王乐于听从他宰相栗腹的计策,要去攻打赵国,并以此议征询昌国君乐间的意见。乐间说:"赵国曾多次击退实力雄厚的侵略者,它的百姓熟习军事,不可轻易攻伐。"燕王不听,就起兵进攻赵国。赵国派廉颇迎击,在鄗地大败了栗腹的军队,生擒了栗腹和乐乘。乐乘是乐间的同宗。于是乐间投奔赵国。赵国就围攻燕,燕国只得一再地割让土地向赵国求和,赵国才撤回围困燕的军队。

【原文】

　　燕王恨不用乐间,乐间既在赵,乃遗乐间书曰:"纣之时,箕子不用,犯谏不怠,以冀其听;商容不达,身祇辱焉,以冀其变。及民志不入,狱囚自出,然后二子退隐。故纣负桀暴之累,二子不失忠圣之名。何者?其忧患之尽矣。今寡人虽愚,不若纣之暴也;燕民虽乱,不若殷民之甚也。室有语,不相尽,以告邻里。二者,寡人不为君取也。"

　　乐间、乐乘怨燕不听其计,二人卒留赵。赵封乐乘为武襄君。

箕子　名胥余,因封国于箕(今山西太谷县东北),爵为子,故称箕子。

【译文】

　　燕王悔恨没采纳乐间的意见,可那时乐间已归附赵国,燕王便派人送给乐间一封信说:"商纣王时,箕子不受重用,而他却不断地犯颜直谏,希望纣王能听从劝谏;商容也不得志,而且身受凌辱,希望纣王能改变。等到纣王国事大乱,失去人心,罪犯纷纷越狱箕子和商容才辞官隐居。所以商纣蒙受了夏桀暴虐的恶名,而他们两位却不因此丧失忠臣和圣贤的美誉。为什么这样呢?那是因为他们竭尽了为人臣的忧国忧民的职责。现在我虽然无能,并不如商纣的暴虐,燕国百姓虽然混乱,也不像殷商时的那样严重。何况家中有纷争,也不应该将详情讲给外人听。我所以说到这两个方面,是因为我认为您离开燕国的做法不可取。"

　　乐间、乐乘埋怨燕王不听他们的计策,他们二人最终留居赵国。赵国封乐乘为武襄君。

【原文】

其明年，乐乘、廉颇为赵围燕，燕重礼以和，乃解。后五岁，赵孝成王卒。襄王使乐乘代廉颇。廉颇攻乐乘，乐乘走，廉颇亡入魏。其后十六年而秦灭赵。

其后二十余年，高帝过赵，问："乐毅有后世乎？"对曰："有乐叔。"高帝封之乐卿，号曰华成君。华成君，乐毅之孙也。而乐氏之族有乐瑕公、乐臣公，赵且为秦所灭，亡之齐高密。乐臣公善修黄帝、老子之言，显闻于齐，称贤师。

【译文】

第二年，乐乘、廉颇为赵国围攻燕国，燕国用厚礼向赵国求和，赵国才罢兵。此后又过了五年，赵孝成王离开人世，襄王派乐乘替代廉颇的职位。廉颇攻击乐乘，乐乘逃走，廉颇也逃亡到魏国。之后又过了十六年，秦国灭了赵国。

赵国灭亡后二十多年，汉高帝经过赵国时，曾问道："乐毅还有后嗣吗？"左右回答说："有个叫乐叔的。"于是，高帝便把乐卿县封给他，封乐叔为华成君。华成君就是乐毅的孙子。而乐毅的家族中原有乐瑕公、乐臣公，当赵国将被秦灭亡时，他们就逃亡到齐国的高密。乐臣公研究黄帝、老子的学说颇有造诣，在齐国享有盛誉，人们称他为贤师。

【原文】

太史公曰：始齐之蒯通及主父偃读乐毅之报燕王书，未尝不废书而泣也。乐臣公学黄帝、老子，其本师号曰河上丈人，不知其所出。河上丈人教安期生，安期生教毛翕公，毛翕公教乐瑕公，乐瑕公教乐臣公，乐臣公教盖公。盖公教于齐高密、胶西，为曹相国师。

【译文】

太史公说：当初齐国的蒯通及主父偃读乐毅回复燕惠王的书信时，常常感动得泪流满面，以致无法读下去。乐臣公研习黄帝、老子的学说，他原先的老师号称河上丈人。我不知道河上丈人的来历。河上丈人把黄、老之术教安期生，安期生教毛翕公，毛翕公教乐瑕公，乐瑕公教乐臣公，乐臣公又教盖公。盖公曾在齐地高密、胶西一带授徒，就是后来曹参相国的老师。

廉颇蔺相如列传

【原文】

廉颇者，赵之良将也。赵惠文王十六年，廉颇为赵将，伐齐，大破之，取阳晋，拜为上卿，以勇气闻于诸侯。蔺相如者，赵人也，为赵宦者令缪贤舍人。

【译文】

廉颇，是赵国的名将。赵惠文王十六年，廉颇以大将军的身份率兵攻打齐国，打了个大胜仗，攻占了阳晋城，被晋升为上卿，因骁勇善战在各诸侯国声名远扬。蔺相如，赵国人。他是赵国宦官头头缪贤的门客。

【原文】

赵惠文王时，得楚和氏璧。秦昭王闻之，使人遗赵王书，愿以十五城请易璧。赵王与大将军廉颇诸大臣谋：欲予秦，秦城恐不可得，徒见欺；欲勿予，即患秦兵之来。计未定，求人可使报秦者，未得。宦者令缪贤曰："臣舍人蔺相如可使。"王问："何以知之？"对曰："臣尝有罪，窃计欲亡走燕，臣舍人相如止臣，曰：'君何以知燕王？'臣语曰：'臣尝从大王与燕王会境上，燕王私握臣手，曰愿结友。以此知之，故欲往。'相如谓臣曰：'夫赵强而燕弱，而君幸于赵王，故燕王欲结于君。今君乃亡赵走燕，燕畏赵，其势必不敢留君，而束君归赵矣。君不如肉袒伏斧质请罪，则幸得脱矣。'臣从其计，大王亦幸赦臣。臣窃以为其人勇士，有智谋，宜可使。"于是王召见，问蔺相如曰："秦王以十五城请易寡人之璧，可予不？"相如曰："秦强而赵弱，不可不许。"

王曰："取吾璧，不予我城，奈何？"相如曰："秦以城求璧而赵不许，曲在赵。赵予璧而秦不予赵城，曲在秦。均之二策，宁许以负秦曲。"王曰："谁可使者？"相如曰："王必无人，臣愿奉璧往使。城入赵而璧留秦；城不入，臣请完璧归赵。"赵王于是遂遣相如奉璧西入秦。

【译文】

　　赵惠文王执政时，得到楚国和氏璧。秦昭王听说此事，就派人送信给赵王，说愿意用十五座城邑交换和氏璧。于是赵王和大将军廉颇以及众大臣商议：倘若把和氏璧给秦国，秦国未必肯把十五座秦城给赵，赵只能吃这个眼前亏；要是不给吧，又怕秦国大军的进攻，给与不给，一时很难定夺。想寻访一个能去秦答复秦国的使者，也未找到。宦官长缪贤说："可以派臣的门客蔺相如去。"王说："你怎知他能胜任？"缪贤回答说："臣下曾经犯了罪，私下想逃亡到燕国去，而臣的那门客蔺相如劝止臣，他说：'您怎么知道燕王会接受您呢？'臣就告诉他说：臣曾经跟随大王在国境上同燕王会晤过，燕王私下握着臣的手说：'我愿意结交您这个朋友。'所以我认为燕王会收容臣，才决定去燕国。蔺相如听了以后，对臣说：'那个时候赵国强大，燕国弱小，而您过去一直深受赵王的宠幸，所以燕王才诚心讨好您；而今您因负罪而离开赵国逃到燕国，燕国本来就惧怕赵国，以此看来，燕王一定不敢收留庇护您的，不但如此，他还可能活捉了您，再遣送您回来呢。所以依我看，您不如袒露上身背上铡刀去向君王请罪，说不定君王会免了你的罪。'臣听了他的劝告，陛下果然赦免了臣的罪。臣私下想，他实在是一个勇士，足智多谋，应当能完成出使秦国的使命。"于是赵王召见蔺相如，问他道："秦王提出用十五座城邑换我的和氏璧，可不可以给他呢？"相如回答说："秦国强而赵国弱，不答应是不行的。"赵王说："假使他拿去了我的璧，却不给我城邑，怎么办？"相如说："秦国要求用城换璧，如果赵国不答应，错在赵国。赵国交出了璧而秦国不给赵城邑的话，错就在秦国了。权衡这两种结果，宁可答应秦国让它担负不交出土地的罪名。"王说："可以派谁去出使秦国呢？"相如说："陛下如果还没有适当的人选，臣愿意带着和氏璧到秦国去。如果秦国肯把十五座城划给赵国，则把璧玉留给秦国；如果赵国得不到那十五座城的话，臣负责把和氏璧完整地带回来。"于是赵王就派遣相如带着和氏璧，向西出使秦国。

完璧归赵

【原文】

秦王坐章台见相如，相如奉璧奏秦王。秦王大喜，传以示美人及左右，左右皆呼万岁。相如视秦王无意偿赵城，乃前曰："璧有瑕，请指示王。"王授璧，相如因持璧却立，倚柱，怒发上冲冠，谓秦王曰："大王欲得璧，使人发书至赵王，赵王悉召群臣议，皆曰'秦贪，负其强，以空言求璧，偿城恐不可得'。议不欲予秦璧。臣以为布衣之交尚不相欺，况大国乎！且以一璧之故逆强秦之骧，不可。于是赵王乃斋戒五日，使臣奉璧，拜送书于庭。何者？严大国之威以修敬也。今臣至，大王见臣列观，礼节甚倨；得璧，传之美人，以戏弄臣。臣观大王无意偿赵王城邑，故臣复取璧。大王必欲急臣，臣头今与璧俱碎于柱矣！"相如持其璧睨柱，欲以击柱。秦王恐其破璧，乃辞谢，固请，召有司案图，指从此以往十五都予赵。相如度秦王特以诈详为予赵城，实不可得，乃谓秦王曰："和氏璧，天下所共传宝也，赵王恐，不敢不献。赵王送璧时，斋戒五日，今大王亦宜斋戒五日，设九宾于廷，臣乃敢上璧。"秦王度之，终不可强夺，遂许斋五日，舍相如广成传。相如度秦王虽斋，决负约不偿城，乃使其从者衣褐，怀其璧，从径道亡，归璧于赵。

【译文】

秦王坐在章台接见蔺相如，相如双手捧着和氏璧毕恭毕敬地把它交到秦王手上。秦王极为高兴，把璧交给在身边侍奉他的美人以及臣子们传看，他们同声欢呼万岁。相如看出秦王并没有交出十五座城的诚意，于是走上前去，对秦王说："这璧上有瑕疵，请让我指给大王看。"秦王又把璧交回蔺相如手中，蔺相如抓紧和氏璧，退后几步，靠在一根柱子上，怒发冲冠、声色俱厉地对秦王说："大王为了得到这块璧，派人送信给赵王，赵王为此专门召集全国文武大臣商议此事，大家都说：'秦王不但贪婪而且仗着自己实力雄厚，想用空话骗取和氏璧，所谓十五座城邑恐怕是得不到的。'所以决定不给你这璧。而我则以为，一般平民来往，尚且诚实守信，何况是大国之间使节的往来呢？更何况仅仅为了一块璧玉得罪偌大的秦国，实在不可取。因此赵王才斋戒了五天，派我带着璧来到大殿上拜呈国书。他为什么这样做？无非是尊重你们大国的威严，以示敬重。可是今天我来到贵国，大王您只是在普通的宫殿里接见我，并且傲慢无礼；拿到了璧，又传递给美人欣赏，这是在有意戏弄我！我看得出大王您并无割地的诚意，所以我才又拿回了璧，大王要是把我逼急了，我就和璧同时撞死在柱下。"蔺相如高举手中璧，两眼斜斜地盯着柱子，摆出一副要和璧同归于尽的架势。秦王怕他真的撞碎了璧，就立刻连声道歉，再三请求他别撞坏了和氏璧，一面命令那主事的官吏，按照地图，指指点点地说：就由这儿起，往那里的十五座城划给赵国。相如看在眼中，心里明白秦王只是假装要把城给赵国，并不会真给，实际上，赵国是得不到那片土地的。于是就对秦王说："和氏璧，是天下闻名的瑰宝。赵王迫于形势，不得不接受您的条件。他送我启程之时，先斋戒了五天，那么，大王您也应当斋戒五天，在大殿之上设隆重的九宾大典接见我，我才敢献上这块璧。"秦王忖想，总不能强取那璧，也就答应斋戒五天，把蔺相如安排在广成传舍。相如暗想，秦王虽然是答应他斋戒，一定还是不肯割城给赵国，所以他就让他的随从乔装改扮，穿着破旧的衣裳，怀里揣着和氏璧，抄小路，送璧回赵国。

【原文】

秦王斋五日后，乃设九宾礼于廷，引赵使者蔺相如。相如至，谓秦王曰："秦自穆公以来二十余君，未尝有坚明约束者也。臣诚恐见欺于王而负赵，故令人持璧归，间至赵矣。且秦强而赵弱，大王遣一介之使至赵，赵立奉璧来。今以秦之强而先割十五都予赵，赵岂敢留璧而得罪于大王乎？臣知欺大王之罪当诛，臣请就汤镬，唯大王与群臣孰计议之。"秦王与群臣相视而嘻。左右或欲引相如去，秦王因曰："今杀相如，终不能得璧也，而绝秦赵之驩，不如因而厚遇之，使归赵，赵王岂以一璧之故欺秦邪！"卒廷见相如，毕礼而归之。

相如既归，赵王以为贤大夫，使不辱于诸侯，拜相如为上大夫。秦亦不以城予赵，赵亦终不予秦璧。

【译文】

秦王斋戒了五天,于是在朝廷中置办了九宾大礼,派人去请赵国的使者蔺相如。相如到了大殿,对秦王说:"秦国自穆公以来的二十多个国君,还没有过如实遵守盟约的君主。我实在是怕受您的欺骗而辜负赵王的重托,因此已经令人带着和氏璧从小路回赵国了。不过,秦强赵弱,大王您只要派一个使者去赵国,赵王马上就派人把和氏璧送来了。现在,凭借秦国雄厚的实力,如果真的能先割让十五座城给赵国,赵国难道敢为了保留一块璧玉而得罪大王您吗?我知道欺骗您的话,必须接受烹刑,就请大王您给我用刑吧!只是刚才的话,还请大王和您的大臣们好好斟酌斟酌。"秦王和他左右的臣子们面面相觑,口中发出惊呼之声。左右随从欲把相如押下去,秦王阻止道:"如今即使杀了相如,终究也得不到和氏璧了,杀他只能破坏秦赵两国的友好关系,不如优厚地款待他,放回赵国,赵王再怎样也不会为了一块和氏璧而欺骗我们吧?"最后还是按礼接见了相如,待典礼结束,又送他回国去。

待相如回到赵国后,赵王认为相如是位出使友邦而不辱使命的贤大夫,就拜他为上大夫,秦国并没有割城给赵国,赵国也没把和氏璧给秦国。

【原文】

其后秦伐赵,拔石城。明年,复攻赵,杀二万人。

秦王使使者告赵王,欲与王为好会于西河外渑池。赵王畏秦,欲毋行。廉颇、蔺相如计曰:"王不行,示赵弱且怯也。"赵王遂行,相如从。廉颇送至境,与王诀曰:"王行,度道里会遇之礼毕,还,不过三十日。三十日不还,则请立太子为王,以绝秦望。"王许之,遂与秦王会渑池。秦王饮酒酣,曰:"寡人窃闻赵王好音,请奏瑟。"赵王鼓瑟。秦御史前书曰:"某年月日,秦王与赵王会饮,令赵王鼓瑟。"蔺相如前曰:"赵王窃闻秦王善为秦声,请奏盆缻秦王,以相娱乐。"秦王怒,不许。于是相如前进缻,因跪请秦王。秦王不肯击缻。相如曰:"五步之内,相如请得以颈血溅大王矣!"左右欲刃相如,相如张目叱之,左右皆靡。于是秦王不怿,为一击缻。相如顾召赵御史书曰:"某年月日,秦王为赵王击缻。"秦之群臣曰:"请以赵十五城为秦王寿。"蔺相如亦曰："请以秦之咸阳为赵王寿。"秦王竟酒，终不能加胜于赵。赵亦盛设兵以待秦，秦不敢动。

【译文】

没过多久，秦国攻打赵国，攻占了石城。第二年，又发兵攻赵，杀死了两万人。

秦王遣使者和赵王说，他打算和赵国讲和，并在西河之南的渑池举行会盟。赵王害怕秦国，不敢去。廉颇和蔺相如商议说："君王如果不去赴约，就显得赵国国势薄弱、国君胆小怕事。"于是赵王只好答应去渑池赴约，相如随行。廉颇远送到国境之上，拜别赵王时说："陛下，您这一去，赴会加上来回的行程总共不会超过三十天，如果满了三十天您还不回来，请允许我们立太子为王，以免秦把您当人质要挟我们。"赵王答应了。于是到渑池和秦王见面，酒过三巡，秦王喝到酣畅处，说："寡人曾听人说赵王喜好音乐，请您为我们弹首曲子吧！"赵王就弹了瑟。秦国的史官走上前来，在史册上记录说："某年某月某日，秦王和赵王一起饮酒，赵王为秦王弹瑟。"蔺相如走上前去，说道："赵王私下曾经听人说秦王擅长秦国音乐，现在我给大王您捧上瓦缻，请大王表演一段，咱们互相乐呵乐呵。"秦王很生气，不肯表演。于是相如再走上前，捧着瓦缻，跪下去相请，秦王仍然不肯敲缻。相如说："五步之内，我的颈血能溅到大王您身上！"秦王身边的随从举刀要杀相如，相如瞪眼怒喝一声，惊得他们个个闪避退后。于是秦王很不情愿地敲了一下缻。相如回头召请赵国的史官，写道："某年某月某日，秦王为赵王敲缻。"秦国的群臣说："请赵国用十五座城给秦王作寿礼。"蔺相如也说："请秦国献上咸阳城，给赵王作寿礼。"直到酒会结束，秦王始终没占上风。加上赵国戒备森严，秦国不敢轻举妄动。

【原文】

既罢归国，以相如功大，拜为上卿，位在廉颇之右。廉颇曰："我为赵将，有攻城野战之大功，而蔺相如徒以口舌为劳，而位居我上。且相如素贱人，吾羞，不忍为之下。"宣言曰："我见相如，必辱之。"相如闻，不肯与会。相如每朝时，常称病，不欲与廉颇争列。已而相如出，望见廉颇，相如引车避匿。于是舍人相与谏曰：

"臣所以去亲戚而事君者，徒慕君之高义也。今君与廉颇同列，廉君宣恶言而君畏匿之，恐惧殊甚，且庸人尚羞之，况于将相乎！臣等不肖，请辞去。"蔺相如固止之，曰："公之视廉将军孰与秦王？"曰："不若也。"相如曰："夫以秦王之威，而相如廷叱之，辱其群臣，相如虽驽，独畏廉将军哉？顾吾念之，强秦之所以不敢加兵于赵者，徒以吾两人在也。今两虎共斗，其势不俱生。吾所以为此者，以先国家之急而后私仇也。"廉颇闻之，肉袒负荆，因宾客至蔺相如门谢罪。曰："鄙贱之人，不知将军宽之至此也。"卒相与驩，为刎颈之交。

是岁，廉颇东攻齐，破其一军。居二年，廉颇复伐齐几，拔之。后三年，廉颇攻魏之防陵、安阳，拔之。后四年，蔺相如将而攻齐，至平邑而罢。其明年，赵奢破秦军阏与下。

【译文】

渑池会晤结束后，赵王回到赵国，赵王认为这次渑池之会相如的功劳最大，拜相如为上卿，官位在廉颇之上。廉颇说："我身为赵国的将军，为赵国开疆保土，而蔺相如呢，只不过耍耍嘴皮子，立了一点点功，居然官当得比我还大，而且相如原来是下等人，我感到羞辱，我无法容忍地位比他低！"因此，公然扬言说："我碰到蔺相如，一定要侮辱他一顿！"相如听说了，就经常躲着廉颇。每当朝会的时候，他总是托病不上朝，避免和廉颇争地位高低。有一次，相如外出，远远地望见了廉颇，相如赶紧调转车头躲避。于是他的一些门客联名进言说："我们之所以抛妻舍子的投靠您，只不过是仰慕您的崇高道义，如今，您和廉颇同朝为官，廉将军公开恶言恶语地诋毁您，而您竟吓得这般畏惧不敢露脸，未免过分地胆小怕事了，这种事连寻常人也觉得耻辱，何况位居将相的你呢！我们没有才德，让我们告辞吧！"蔺相如急忙挽留，说："依诸位看，廉将军能比那秦王强吗？""当然比不上秦王了。"众人异口同声的说。"以秦王的权威，我尚且敢在大庭广众呵斥他、羞辱他的大臣们。我蔺相如即使不中用，难道就只怕廉将军吗？但是我每一想到强秦之所以不敢轻易攻打我们赵国，还不是因为廉将军和我同时在朝为官。如果我们两个人互斗意气，就会如两虎相争斗一般，势必不能同时存在；我之所以让着他，无非是把国家的危难放在前头，把个人恩怨搁在后面罢了。"这事被廉颇听到后，就袒露着上身，背上荆条，由宾客陪着来到相如家里谢罪。他说："我是个卑贱浅陋的人，没想到先生您的胸襟如此宽大。"两人最终结为至交，成了生死与共的朋友。

这一年，廉颇向东进攻消灭了齐国的一支部队。过了两年，廉颇再度东攻齐国几邑，一举攻克。过了三年以后，廉颇去攻打魏国的防陵和安阳，都被攻克了。四年之后，蔺相如率军攻打齐国，一直打到平邑才罢手。第二年，赵奢在阏与城下打败了秦军。

【原文】

赵奢者，赵之田部吏也。收租税而平原君家不肯出租，奢以法治之，杀平原君用事者九人。平原君怒，将杀奢。奢因说曰："君于赵为贵公子，今纵君家而不奉公则法削，法削则国弱，国弱则诸侯加兵，诸侯加兵，是无赵也，君安得有此富乎？以君之贵，奉公如法则上下平，上下平则国强，国强则赵固，而君为贵戚，岂轻于天下邪？"平原君以为贤，言之于王。王用之治国赋，国赋大平，民富而府库实。

秦伐韩，军于阏与。王召廉颇而问曰："可救不？"对曰："道远险狭，难救。"又召乐乘而问焉，乐乘对如廉颇言。又召问赵奢，奢对曰："其道远险狭，譬之犹两鼠斗于穴中，将勇者胜。"王乃令赵奢将，救之。

【译文】

赵奢，是赵国的一个田部吏，担任征收田租的职务。但是平原君的家人不肯照规定缴纳，赵奢依法处罚，杀了平原君家九个主事的人。平原君大怒，准备杀赵奢以示报复。赵奢趁势劝平原君说："您是赵国的贵公子，今纵容家臣不守国法，国家法令尊严就会受损，法令受损，国势会因而削弱，国势衰弱，必然会受到诸侯的进攻，诸侯进兵侵犯，赵国的危亡可就在旦夕之间了，到时候，您如何再安享这种富豪的生活呢？相反，在您富贵之家带头奉公守法，则全国上下就会依法守规矩，国家就会富强，国家富强了，赵国的统治自然稳固，而您贵为国戚，还怕被天下人轻视吗？"平原君认为赵奢是一位有远见的贤者，就把他推荐给赵王。赵王让他负责管理全国的赋税。果然赋税均平，百姓富足，国库充盈。

秦国攻打韩国，军队驻扎在阏与，赵王召请廉颇问道："能不能去救阏与呢？"廉颇回答说："由邯郸到阏与，路程既遥远又险要，援救相当困难。"赵王又召乐乘来问这件事，他回答的和廉颇一样。赵王又去召赵奢来问，赵奢回答说："这段路是很险阻绵长，要去援救，就如同这两只老鼠在洞中打斗，勇者必胜。"赵王决定派赵奢率兵救援阏与。

【原文】

兵去邯郸三十里，而令军中曰："有以军事谏者死。"秦军军武安西，秦军鼓噪勒兵，武安屋瓦尽振。军中候有一人言急救武安，赵奢立斩之。坚壁，留二十八日不行，复益增垒。秦间来入，赵奢善食而遣之。间以报秦将，秦将大喜曰："夫去国三十里而军不行，乃增垒，阏与非赵地也。"赵奢既已遣秦间，乃卷甲而趋之，二日一夜至，令善射者去阏与五十里而军。军垒成，秦人闻之，悉甲而至。军士许历请以军事谏，赵奢曰："内之。"许历曰："秦人不意赵师至此，其来气盛，将军必厚集其阵以待之。不然，必败。"赵奢曰："请受令。"许历曰："请就鈇质之诛。"赵奢曰："胥后令邯郸。"许历复请谏，曰："先据北山上者胜，后至者败。"赵奢许诺，即发万人趋之。秦兵后至，争山不得上，赵奢纵兵击之，大破秦军。秦军解而走，遂解阏与之围而归。

赵惠文王赐奢号为马服君，以许历为国尉。赵奢于是与廉颇、蔺相如同位。

【译文】

大军到距邯郸三十里处，赵奢下令暂不进军，并传令军中说："谁敢以军事进谏的，处死刑。"秦国的军队这时正在武安的西方扎营，他们击鼓和军队操练的呐喊声，使武安的屋瓦都震动了，一名侦探敌情的军候，请求立刻派兵救武安，赵奢果然马上就把军候杀了。他只把垒堑筑得非常坚固，停留了二十八天，不往前进军，并且又增筑防御工事。秦国的奸细混入赵军军营，赵奢热诚地以酒肉款待。饭后又送他离去，那探子回去把所见的这些情况报告了秦国的将军，秦将大喜，说："赵军离都城三十里就驻兵不前，反而忙于修筑防御工事，如此看来，阏与不再归赵国所有了。"赵奢送走了秦国奸细后，立刻命令部下士卒卸去甲胄，人人穿着轻便的服装尾随着出发往阏与去。经过两日一夜的急行军，到达了目的地。他派一批弓箭好手在离阏与五十里的地方扎营驻寨，营帐才

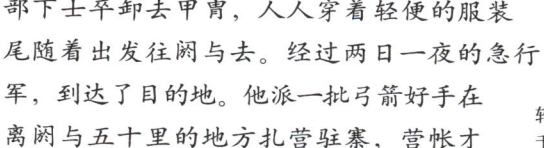

轮内戈 战国前期，长37厘米，宽12.2厘米，重0.5千克。

搭好，秦军得到消息，也全副武装地倾巢而来。一个名叫许历的军士，请求陈说对敌之策，赵奢说："请他进来。"许历说："秦军料不到赵国的军队已经到了这里，所以来势凶猛，将军一定要集中兵力，严阵以待，否则，是要吃败仗的。"赵奢说："我采纳你的建议！"许历说："请依法杀我好了。"赵奢说："等回到邯郸再说。"许历又要求进谏，他说："能先占据北山的话就能取胜，后到的就要吃败仗了。"赵奢认为可行，立刻派出一万士兵先行占领北山，随后秦军也赶到了，两军激烈地争夺山头，秦军由于晚了一步而无法攻占山头，赵奢指挥兵士向秦军展开猛烈的攻击，大破秦军，秦军溃散而逃。阏与之围终于解除了，赵奢的大军凯旋。

赵惠文王封赐赵奢，封号马服君，任许历为国尉。从那以后，赵奢和廉颇、蔺相如官阶相等。

【原文】

后四年，赵惠文王卒，子孝成王立。七年，秦与赵兵相距长平，时赵奢已死，而蔺相如病笃，赵使廉颇将攻秦，秦数败赵军，赵军固壁不战。秦数挑战，廉颇不肯。赵王信秦之间。秦之间言曰："秦之所恶，独畏马服君赵奢之子赵括为将耳。"赵王因以括为将，代廉颇。蔺相如曰："王以名使括，若胶柱而鼓瑟耳。括徒能读其父书传，不知合变也。"赵王不听，遂将之。

【译文】

四年以后，赵惠文王去世，太子孝成王即位。赵孝成王七年，秦军和赵军在长平开战，这时赵奢已经去世，蔺相如也患了重病。赵王派廉颇率兵抵抗秦军，秦军屡次打败赵军，赵军坚守营垒，不再出垒应战，即使秦兵营前挑战羞辱赵军，廉颇依然置之不理。赵王听信了秦国间谍的话，秦国的间谍说："秦国最忌讳、最怕的，就是马服君赵奢的儿子赵括担任赵国的统帅。"赵王信以为真，任用赵括，替代廉颇的职务，蔺相如说："陛下仅凭虚名而任用赵括，这

好像是用胶漆粘住弦柱然后才去弹瑟一样的啊。赵括这个人，只会纸上谈兵，并不懂战略上因时因势而随机应变。"赵王不听，还是任用赵括为将。

【原文】

赵括自少时学兵法，言兵事，以天下莫能当。尝与其父奢言兵事，奢不能难，然不谓善。括母问奢其故，奢曰："兵，死地也，而括易言之。使赵不将括即已，若必将之，破赵军者必括也。"及括将行，其母上书言于王曰："括不可使将。"王曰："何以？"对曰："始妾事其父，时为将，身所奉饭饮而进食者以十数，所友者以百数，大王及宗室所赏赐者尽以予军吏士大夫，受命之日，不问家事。今括一旦为将，东向而朝，军吏无敢仰视之者，王所赐金帛，归藏于家，而日视便利田宅可买者买之。王以为何如其父？父子异心，愿王勿遣。"王曰："母置之，吾已决矣。"括母因曰："王终遣之，即有如不称，妾得无随坐乎？"王许诺。

赵括既代廉颇，悉更约束，易置军吏。秦将白起闻之，纵奇兵，佯败走，而绝其粮道，分断其军为二。士卒离心，四十余日，军饿，赵括出锐卒自搏战，秦军射杀赵括。括军败，数十万之众遂降秦，秦悉坑之。赵前后所亡凡四十五万。明年，秦兵遂围邯郸，岁余，几不得脱。赖楚、魏诸侯来救，乃得解邯郸之围。赵王亦以括母先言，竟不诛也。

【译文】

赵括自小熟读兵法，纵谈战略，自以为天下最强，有一次与他父亲讨论用兵之道，赵奢也难不倒他，但是也不因此就承认他懂兵法。赵括的母亲问其原因，赵奢说："战争，是关系生死的大事，而他竟说得轻而易举；将来赵国不用他为将倒也罢了，如果用了他，一定会使赵国惨败。"等到赵括所率领的大军将要出发的时候，赵括的母亲上书给赵王，说："赵括不宜担任将军。""何以见得呢？"赵王问。赵括的母亲回答说："当初我嫁到赵家来的时候，赵括的父亲正做大将军，他尊敬、奉养的贤能之士有数十人之多，他结交的朋友，有数百人之多，国君及贵族所赏赐的财物，他全都分给士卒及谋臣们享用。从接受君命的那天起，不再过问家务，而专心筹划军机。而如今，赵括才当上将领，马上就架子十足地朝东坐着接见属下，使他们连抬头来看看他都不敢。陛下赏赐的金玉币帛，他都带回家来收藏起来，并天天注意位置理想的田地房屋，能买的，都买下来。陛下看，他这种表现如何和他父亲相比？父子两人思想全然不同，请陛下千万别派他去做统帅。"赵王说："老夫人，别说了，我已经决定了。"所以赵括的母亲接着说："如果大王一定要用他，那么日后兵败之时，请不要牵连到我和族人！"赵王答应了她的请求。

赵括一接替了廉颇的职权，马上全盘更改纪律及号令，更换了官吏。秦国大将白起得到情报，假装战败退走，却派出两支奇兵由背后偷袭赵军的辎重及补给路线，把赵国的军队截断为两部分。赵军军心不稳，经过四十几天，赵军粮草断绝，赵括只好选拔精锐部队，亲自率领着和秦军展开肉搏战，秦军射死了赵括，赵军溃败，于是数十万大军只好束手向秦军投降，秦军把他们全部活埋掉。这一次战争，赵国前后一共牺牲了四十五万人，第二年，秦兵乘势包围了邯郸城，持续了一年之久，几乎被攻陷。靠着楚、魏等国的救援，邯郸之困才告解除。赵王因为赵括的母亲曾经请求在先，所以并没有杀她。

【原文】

自邯郸围解五年，而燕用栗腹之谋，曰赵壮者尽于长平，其孤未壮。举兵击赵。赵使廉颇将，击，大破燕军于鄗，杀栗腹，遂围燕。燕割五城请和，乃听之。赵以尉文封廉颇为信平君，为假相国。

廉颇之免长平归也，失势之时，故客尽去。及复用为将，客又复至。廉颇曰："客退矣！"客曰："吁！君何见之晚也？夫天下以市道交，君有势，我则从君，君无势则去，此固其理也，有何怨乎？"居六年，赵使廉颇伐魏之繁阳，拔之。

【译文】

五年以后，燕国采纳宰相栗腹的建议，说赵国年壮力强的人全战死在长平战役中，国内兵力匮乏，可以发兵攻打它。于是举兵攻赵，赵王用廉颇为将军，迎击燕军，在鄗地把燕兵打得溃不成军，并且杀掉了栗腹。乘胜进兵，围攻燕国都城，燕国以割让五座城给赵国来求和，于是赵国才答应退兵。赵王把尉文邑封给廉颇，封号信平君，又使廉颇代行相国的职权。

当廉颇由长平免去将职回京,失去权势的时候,原来的门客都弃他而去。等到他恢复原职,那些门人又陆陆续续地回来了。廉颇说:"诸位还是请回吧!""唉!先生见事未免太迟,天下人以利害相交往,您有权势时,我们来追随您;您失去权势时,就离去,这是很自然的道理啊,又何需怨怒呢?"那些门客说。过了六年之后,赵国派廉颇攻占魏国的繁阳,被攻下。

【原文】

赵孝成王卒,子悼襄王立,使乐乘代廉颇。廉颇怒,攻乐乘,乐乘走。廉颇遂奔魏之大梁。其明年,赵乃以李牧为将而攻燕,拔武遂、方城。

廉颇居梁,久之,魏不能信用。赵以数困于秦兵,赵王思复得廉颇,廉颇亦思复用于赵。赵王使使者视廉颇尚可用否,廉颇之仇郭开多与使者金,令毁之。赵使者既见廉颇,廉颇为之一饭斗米,肉十斤,被甲上马,以示尚可用。赵使还报王曰:"廉将军虽老,尚善饭,然与臣坐,顷之三遗矢矣。"赵王以为老,遂不召。

楚闻廉颇在魏,阴使人迎之。廉颇一为楚将,无功,曰:"我思用赵人。"廉颇卒死于寿春。

【译文】

赵孝成王去世,太子悼襄王继位,起用乐乘接替廉颇的职位。廉颇很生气地赶走了乐乘。廉颇也出奔到魏的大梁。第二年,赵国派李牧为将,攻打燕国,攻下了武遂和方城二地。

廉颇住在大梁很长一段时间,并未得到魏国的重用,而赵国由于屡次受秦国的围困,打算再重用廉颇,廉颇也希望再为赵国效力。赵王派遣一名使者前往魏国,观察一下廉颇是否尚可任用。廉颇的仇家郭开,用重金贿赂那使者,命他毁谤廉颇。当使者与廉颇见了面,廉颇特意在使者面前一餐就吃了一斗米饭,十斤肉,饭后又披戴甲胄一跃上马,表示自己仍然健壮可用。使者回国以后,回复赵王说:"廉将军的年纪虽然大了,饭量尚称不错,可是只跟我坐了一会儿的工夫,就去拉了三次大便。"赵王一听,认为廉颇已经老迈不堪用,于是不再召他回国。

错金双翼铜神兽　出土于灵寿城与中山国王陵。此件以蜥蜴为原形加以变形,头部像龙,做回首状,前肢处各附一翼,并有错金纹饰,造型生动。

楚国听说廉颇在魏国，暗中派人去迎接他，廉颇任楚将后，毫无任何建树。说："我想指挥赵国的军队。"最后，廉颇死在楚国的寿春。

【原文】

李牧者，赵之北边良将也。常居代雁门，备匈奴。以便宜置吏，市租皆输入莫府，为士卒费。日击数牛飨士，习射骑，谨烽火，多间谍，厚遇战士。为约曰："匈奴即入盗，急入收保，有敢捕虏者斩。"匈奴每入，烽火谨，辄入收保，不敢战。如是数岁，亦不亡失。然匈奴以李牧为怯，虽赵边兵亦以为吾将怯。赵王让李牧，李牧如故。赵王怒，召之，使他人代将。

【译文】

李牧，是赵国守卫北部边疆的大将，常年驻扎在代郡雁门一带，防御匈奴的入侵。他经常斟酌情势的需要而设置官吏，把收来的货物税款放在将军幕府中，作为军饷。每天都宰杀好几头牛，加菜犒劳吏卒，勤于练习骑术和射技，严密把守烽火台，增设间谍人数，善待吏卒。他订立了一个规定："发现匈奴兵来袭，要立刻退回军营坚守，有胆敢擅自出营迎敌，处以斩刑。"所以匈奴每次入侵，士兵便点烽火报警，士兵们都退营区，不敢出而迎战。这样过了几年，也没有大的人众伤亡、财物损失。而匈奴认为李牧怯懦，不但如此，连赵国防边的吏卒也抱怨道："我们的将领胆子小。"赵王责备李牧，李牧依然如此。赵王生气地召他回京，另派别人接替他的防边重任。

【原文】

岁余，匈奴每来，出战。出战，数不利，失亡多，边不得田畜。复请李牧。牧杜门不出，固称疾。赵王乃复强起使将兵。牧曰："王必用臣，臣如前，乃敢奉令。"王许之。

【译文】

在往后的一年多时间中，每次匈奴来犯，新将都出兵迎战，但是每次都失败，反而伤亡惨重，边境地区的人民不能耕种，放牧。他们请求再派李牧来，李牧闭门不肯出任，坚称自己有病。赵王一再恳请他复出统率边防军队，李牧说：

"陛下如果一定要臣防守边疆,就得答应臣用老办法,臣才敢从命。"赵王答应了他。

【原文】

李牧至,如故约。匈奴数岁无所得。终以为怯。边士日得赏赐而不用,皆愿一战。于是乃具选车得千三百乘,选骑得万三千匹,百金之士五万人,彀者十万人,悉勒习战。大纵畜牧,人民满野。匈奴小入,详北不胜,以数千人委之。单于闻之,大率众来入。李牧多为奇陈,张左右翼击之,大破杀匈奴十余万骑。灭襜褴,破东胡,降林胡,单于奔走。其后十余岁,匈奴不敢近赵边城。

【译文】

李牧再回到军中,法令一如从前。在几年当中,匈奴一无所获,但是他们仍然认为李牧胆怯。防边的士卒日日受犒赏而不用打仗,但士兵们都憋足了作战的劲。于是李牧选择兵车一千三百辆,挑选坐骑一万三千匹,另外选出五万名骁勇善战之士和十万名弓箭好手。全部加以重新编组,布列战阵让他们操练。他放出大批百姓任意地四出放牧,田野中满是百姓。匈奴先派小股兵马入侵,李牧假装没有战力而败退,任匈奴活捉去好几千人。单于听到这个消息,率领大军,倾巢而来。李牧设置了许多变化灵活的战阵,派两支军队左右包抄,一举歼灭了十几万匈奴骑兵,匈奴惨败,并消灭了襜褴国,打败了东胡,并使林胡投降,单于仅以身免,败逃而去。这次战役以后的十几年中,匈奴再也不敢接近赵国的边境了。

【原文】

赵悼襄王元年,廉颇既亡入魏,赵使李牧攻燕,拔武遂、方城。居二年,庞煖破燕军,杀剧辛。后七年,秦破杀赵将扈辄于武遂,斩首十万。赵乃以李牧为大将军,击秦军于宜安,大破秦军。走秦将桓齮。封李牧为武安君。居三年,秦攻番吾,李牧击破秦军,南距韩、魏。

【译文】

赵悼襄王元年,廉颇外逃在魏国,赵国派遣李牧攻打燕国,攻陷了武遂和方城,过了两年,将军庞煖又打败了燕军,杀掉燕将剧辛。又过了七年,秦兵在武遂杀掉了赵将扈辄,打败他所率领的军队,死伤十万,于是赵国任命李牧担任大将军,在宜安攻打秦军,把秦军打得大败,赶走了秦将桓齮。赵王封李牧为武安君。过了三年,秦兵攻打赵地番吾,李牧把秦兵击溃,在南方又抑止了韩、魏两国的进攻。

【原文】

赵王迁七年,秦使王翦攻赵,赵使李牧、司马尚御之。秦多与赵王宠臣郭开金,为反间,言李牧、司马尚欲反。赵王乃使赵葱及齐将颜聚代李牧。李牧不受命,赵使人微捕得李牧,斩之。废司马尚。后三月,王翦因急击赵,大破杀赵葱,虏赵王迁及其将颜聚,遂灭赵。

【译文】

赵王迁七年,秦任用王翦为将领,再次攻打赵国,赵国派李牧和司马尚御敌。秦国用大量金钱贿赂赵王的宠臣郭开,实施反间计,进谗言说李牧、司马尚图谋造反。赵王不分真假,就派赵葱和齐将颜聚取代李牧。李牧拒不服从君命,赵王用计暗中捉杀了李牧,废掉司马尚的官职,三个月以后,王翦乘势急攻赵国,大败赵军,杀掉赵葱,活捉了赵王迁和将领颜聚,而灭掉了赵国。

【原文】

太史公曰:知死必勇,非死者难也,处死者难。方蔺相如引璧睨柱,及叱秦王左右,势不过诛,然士或怯懦而不敢发。相如一奋其气,威信敌国;退而让颇,名重太山。其处智勇,可谓兼之矣!

【译文】

太史公说:能彻底认识死亡的人,必定会鼓足勇气来抵抗,这并不表示死有多么困难,只是说能从容面对死亡才是难事。当蔺相如举起璧要撞向大柱,以及大声叱责秦王左右的时候，就形势判断，他最多不过一死，可是对一般士人来说，往往会由于内心怯懦而做不出。蔺相如一旦鼓足勇气，那种威势，终于压倒了敌人。他十分谦让，对廉颇处处让步，他的声誉显得比泰山还要重；他处理事务，既有智慧，又有勇气，可说是智勇兼而有之的人啊！

吕不韦列传

【原文】

吕不韦者，阳翟大贾人也。往来贩贱卖贵，家累千金。

秦昭王四十年，太子死。其四十二年，以其次子安国君为太子。安国君有子二十余人。安国君有所甚爱姬，立以为正夫人，号曰华阳夫人。华阳夫人无子。安国君中男名子楚，子楚母曰夏姬，毋爱。子楚为秦质子于赵。秦数攻赵，赵不甚礼子楚。

【译文】

吕不韦是阳翟的大商人，从各地网罗廉价的货物，高价售出，所以积有千金家产。

秦昭王四十年，太子死了。在昭王四十二年，把次子安国君立为太子。安国君有二十多个儿子。安国君有一位非常宠爱的妃子，立她为正夫人，称为华阳夫人。华阳夫人没有儿子。安国君排行在中间的儿子名叫子楚，子楚的母亲叫作夏姬，不受安国君宠爱。子楚被派往赵国做人质。由于秦常常攻打赵国，赵国对子楚不太好。

【原文】

子楚，秦诸庶孽孙，质于诸侯，车乘进用不饶，居处困，不得意。吕不韦贾邯郸，见而怜之，曰："此奇货可居。"乃往见子楚，说曰："吾能大子之门。"子楚笑曰："且自大君之门，而乃大吾门！"吕不韦曰："子不知也，吾门待子门而大。"子楚心知所谓，乃引与坐，深语。吕不韦曰："秦王老矣，安国君得为太子。窃闻安国君爱幸华阳夫人，华阳夫人无子，能立适嗣者独华阳夫人耳。今子兄弟二十余人，子又居中，不甚见幸，久质诸侯。即大王薨，安国君立为王，则子毋几得与长子及诸子旦暮在前者争为太子矣。"子楚曰："然。为之奈何？"吕不韦曰："子贫，客于此，非有以奉献于亲及结宾客也。不韦虽贫，请以千金为子西游，事安国君及华阳夫人，立子为适嗣。"子楚乃顿首曰："必如君策，请得分秦国与君共之。"

【译文】

子楚是秦王极不受宠的孙子，在诸侯国做人质，乘用的车辆、日常的开销都不宽裕，生活拮据，不很得意。吕不韦在赵都邯郸做买卖的时候看到子楚，他很同情子楚，说"子楚像一件不可多得的货物可囤居以伺高价卖出"。于是就去见子楚，游说子楚："我能光大你的门庭。"子楚笑着说："你姑且先光大自己的门庭，然后再来光大我的门庭！"吕不韦说："你没理解我的意思，我的门庭需要等你的门庭光大之后才能光大。"子楚心里明白吕不韦所指的意思，就和吕不韦促膝长谈。吕不韦说："秦王年事已高，安国君现在被立作太子。我听说安国君非常宠爱华阳夫人，华阳夫人没有生下儿子，能够立为嫡嗣的只有华阳夫人而已。如今你们兄弟有二十多人，你又排行在中间，并不受到宠幸，长久地在诸侯国做人质。即使大王死后，安国君继立为王，那么你也没有机会与长子或其他终日在秦王身边侍奉的兄弟争立为太子啊！"子楚说："是的，那您看我该怎么办呢？"吕不韦说："你很穷，在此作客，没有什么可以奉献给亲戚及结交宾客。我虽然贫穷，愿拿出千金替你到西边去游说秦王，侍奉安国君及华阳夫人，使他们立你为继位人。"子楚就叩头说："假如你的计策能成功，愿意和您共享秦国。"

【原文】

吕不韦乃以五百金与子楚，为进用，结宾客；而复以五百金买奇物玩好，自奉而西游秦，求见华阳夫人姊，而皆以其物献华阳夫人。因言子楚贤智，结诸侯宾客遍天下，常曰："楚也以夫人为天，日夜泣思太子及夫人。"夫人大喜。不韦因使其姊说夫人曰："吾闻之，以色事人者，色衰而爱弛。今夫人事太子，甚爱而无子，不以此时蚤自结于诸子中贤孝者，举立以为適而子之，夫在则重尊，夫百岁之后，所子者为王，终不失势，此所谓一言而万世之利也。不以繁华时树本，即色衰爱弛后，虽欲开一语，尚可得乎？今子楚贤，而自知中男也，次不得为適，其母又不得幸，自附夫人。夫人诚以此时拔以为適，夫人则竟世有宠于秦矣。"华阳夫人以为然，承太子间，从容言子楚质于赵者绝贤，来往者皆称誉之。乃因涕泣曰："妾幸得充后宫，不幸无子，愿得子楚立以为適嗣，以托妾身。"安国君许之，乃与夫人刻玉符，约以为適嗣。安国君及夫人因厚馈遗子楚，而请吕不韦傅之，子楚以此名誉益盛于诸侯。

【译文】

吕不韦就拿五百金给子楚，作为日常开销和结交宾客之用；而又拿五百金去购买珍奇玩物，自己拿这些东西到西边秦国去游说，先去求见华阳夫人的姐姐，而把所有带来的东西全部献给华阳夫人。顺便提到子楚是一个有才能而又聪明的人，所结交的诸侯宾客遍布天下，常常说："我子楚是把夫人看成上天一样作为终生依靠，无时无刻不在思念太子及夫人。"华阳夫人大为高兴。吕不韦就借这个机会要华阳夫人姐姐向华阳夫人游说，说："我听说用美色来侍奉人的人，一旦年长色衰便不再受宠。现在夫人你侍奉太子，甚被宠爱，却没有儿子，不如在这个时候早一点儿在众儿子中结交有才能而孝顺的人，推举他立为嫡嗣，而又把他当作亲生儿子一样看待。如此丈夫在的时候，受到尊重，即使百年之后，所养侍的儿子继立为王，终生不会失势，这就是所谓一言而能得到万世之利的事情。不在受宠显贵时为自己打好基础，在美色衰尽，不再受宠时，即使想进言，恐怕也没有机会了。现在子楚是有才能的人，而自己知道是排行在中间的男孙，依次不得立为嫡嗣，他的母亲又得不到宠幸，自愿依附于夫人，夫人真的能在这个时候提拔他为嫡嗣，如此夫人这一辈子必在秦国受到宠幸了。"华阳夫人认为吕不韦这番话很有道理，所以在承奉太子的时候，委婉地提到作为赵国人质的子楚是非常贤能，来来往往的人都称赞他。就借机流泪说："妾有幸得到您的专宠，不幸没有儿子，希望能得子楚以为嫡嗣，使我终身有所寄托。"安国君答应了，就与夫人刻在玉符上，决定立子楚为嫡嗣。安国君及夫人因此送了很多的财物给子楚，而请吕不韦来辅助他，因此子楚日益显赫于诸侯。

【原文】

吕不韦取邯郸诸姬绝好善舞者与居，知有身。子楚从不韦饮，见而说之，因起为寿，请之。吕不韦怒，念业已破家为子楚，欲以钓奇，乃遂献其姬。姬自匿有身，至大期时，生子政。子楚遂立姬为夫人。

秦昭王五十年，使王齮围邯郸，急，赵欲杀子楚，子楚与吕不韦谋，行金六百斤予守者吏，得脱，亡赴秦军，遂以得归。赵欲杀子楚妻子，子楚夫人赵豪家女也，得匿，以故母子竟得活。秦昭王五十六年，薨，太子安国君立为王，华阳夫人为王后，子楚为太子。赵亦奉子楚夫人及子政归秦。

秦王立一年，薨，谥为孝文王。太子子楚代立，是为庄襄王。庄襄王所母华阳后为华阳太后，真母夏姬尊以为夏太后。庄襄王元年，以吕不韦为丞相，封为文信侯，食河南洛阳十万户。

【译文】

吕不韦娶了邯郸女子中最漂亮而又能歌善舞的人，与她同居，知道她有了身孕。一天，子楚与吕不韦饮酒，看到此女，甚为爱慕，因此站起来向吕不韦敬酒祝寿，希望吕不韦能把这女子让给他。吕不韦很生气，但继而一想已经在子楚身上下了这么大赌注，投入巨资，想要钓取奇货，于是就献上他的姬妾。赵姬自己隐瞒她有身孕的事，到了产期，产下了一个儿子名政。子楚于是立赵姬为夫人。

秦昭王五十年，派王齮围攻邯郸，形势危急，赵国想要杀子楚。子楚与吕不韦商量，送了六百斤黄金给看守的官吏，得以逃脱，逃到秦军的军营，因而顺利回到秦国。赵国想要杀子楚的妻子与儿子，子楚的妻子是赵国富豪家的女儿，得以匿藏，因此母子保全了性命。秦昭王在位五十六年死，太子安国君被立为君王，华阳夫人为王后，子楚为太子。赵国也护送子楚的妻子与儿子政回到秦国。

秦王即位一年就死了，谥号为孝文王。太子子楚继承王位，就是庄襄王。庄襄王视之为母的华阳夫人则为华阳太后。尊其生母夏姬为夏太后。庄襄王元年，拜吕不韦为丞相，封他为文信侯，食邑河南洛阳十万户。

【原文】

庄襄王即位三年，薨，太子政立为王，尊吕不韦为相国，号称"仲父"。秦王年少，太后时时窃私通吕不韦。不韦家僮万人。

当是时，魏有信陵君，楚有春申君，赵有平原君，齐有孟尝君，皆下士喜宾客以相倾。吕不韦以秦之强，羞不如，亦招致士，厚遇之，至食客三千人。是时诸侯多辩士，如荀卿之徒，著书布天下。吕不韦乃使其客人人著所闻，集论以为八览、六论、十二纪，二十余万言，以为备天地万物古今之事，号曰《吕氏春秋》。布咸阳市门，悬千金其上，延诸侯游士宾客有能增损一字者予千金。

【译文】

庄襄王即位三年就死了，太子嬴政继立为秦王，尊奉吕不韦为相国，号称仅次于父亲的"仲父"。秦王尚幼，太后时常与吕不韦私通。吕不韦的家中的奴婢数以万计。

在那个时候，魏国有信陵君，楚国有春申君，赵国有平原君，齐国有孟尝君，这四个人竞相礼贤下士，结交宾客。吕不韦认为秦国强大，感到不如他们而羞耻。也招来了文人学士，厚待他们，因而食客有三千人之多。当时诸侯中有很多能言善辩之士，像荀卿这一类人，著书立说，流传天下。吕不韦就要他的门下食客每人记下他们所闻知的，汇编成八览、六论、十二纪，一共有二十多万言。认为可以包罗天地万物古今的事情，称它为《吕氏春秋》。刊布在咸阳的城门上，并在上面悬挂千金，各诸侯的游士宾客中若有能够增加或减少著作中一字的人就奖励给他千金。

【原文】

　　始皇帝益壮，太后淫不止。吕不韦恐觉，祸及己，乃私求大阴人嫪毐以为舍人，时纵倡乐，使毐以其阴关桐轮而行，令太后闻之，以啖太后。太后闻，果欲私得之。吕不韦乃进嫪毐，诈令人以腐罪告之。不韦又阴谓太后曰："可事诈腐，则得给事中。"太后乃阴厚赐主腐者吏，诈论之，拔其须眉为宦者，遂得侍太后。太后私与通，绝爱之。有身，太后恐人知之，诈卜当避时，徙宫居雍。嫪毐常从，赏赐甚厚，事皆决于嫪毐，嫪毐家僮数千人，诸客求宦为嫪毐舍人千余人。

【译文】

　　始皇帝逐渐长大，太后仍和吕不韦私通。吕不韦怕奸情被发觉，引来杀身之祸，就私下寻求一位阴茎特别粗大的人嫪毐，作为他的门客，时常放纵淫乐，让嫪毐用他的阳具贯入桐木所做的车轮行走，故意以此引诱太后。太后听到了，果然想要私下得到他。吕不韦就进献嫪毐，假装派人以须论腐刑之罪的罪名告发他。吕不韦又暗中对太后说："可以让嫪毐假装行了腐刑，就可以在宫中做太监侍寝。"太后就偷偷地送了很多财物给主持腐刑的官吏，假装来治嫪毐的罪，拔去他的胡须冒充宦官的模样，于是可以侍奉太后。太后就偷偷与嫪毐通奸，非常喜爱他。后来有了身孕，太后担心别人知道，就假装卜卦结果，需要回避一段时间，就搬到雍住。嫪毐时常跟从她，受到非常优厚的赏赐，凡事皆取决于嫪毐。嫪毐家僮有数千人多，那些求为嫪毐门客的宦官也有一千多人。

【原文】

　　始皇七年，庄襄王母夏太后薨。孝文王后曰华阳太后，与孝文王会葬寿陵。夏太后子庄襄王葬芷阳，故夏太后独别葬杜东，曰"东望吾子，西望吾夫。后百年，旁当有万家邑"。

　　始皇九年，有告嫪毐实非宦者，常与太后私乱，生子二人，皆匿之。与太后谋曰"王即薨，以子为后"。于是秦王下吏治，具得情实，事连相国吕不韦。九月，夷嫪毐三族，杀太后所生两子，而遂迁太后于雍。诸嫪毐舍人皆没其家而迁之蜀。王欲诛相国，为其奉先王功大，及宾客辩士为游说者众，王不忍致法。

【译文】

始皇七年，庄襄王的母亲夏太后去世了。孝文王后叫华阳太后，与孝文王合葬于寿陵。夏太后的儿子庄襄王埋葬在芷阳，所以夏太后另外单独埋葬在杜邑的东边，说："向东可看到我的儿子，向西可看到我的丈夫。在百年之后，旁边必定会成为有万户的城邑。"

始皇九年，有人告发嫪毐根本不是宦官，常常与太后私通，生下两个儿子，都把他们匿藏起来，嫪毐与太后谋议说："王若是死了，就可以立我们的儿子为王。"秦王得知此事就交给官吏去严办，完全得知事情的真相，案件牵连到相国吕不韦。九月，杀戮嫪毐的三族，又杀死太后所生的两个儿子，而把太后迁移到雍去。所有嫪毐的门客都被抄没家产，而把他们迁徙到蜀地去。秦王想要诛杀相国，但因他侍奉先王的功劳很大，还有宾客辩士为他说情的人很多，所以秦王不忍心处罚他。

【原文】

秦王十年十月，免相国吕不韦。及齐人茅焦说秦王，秦王乃迎太后于雍，归复咸阳，而出文信侯就国河南。

岁余，诸侯宾客使者相望于道，请文信侯。秦王恐其为变，乃赐文信侯书曰："君何功于秦？秦封君河南，食十万户，君何亲于秦？号称仲父！其与家属徙处蜀！"吕不韦自度稍侵，恐诛，乃饮鸩而死。秦王所加怒吕不韦、嫪毐皆已死，乃皆复归嫪毐舍人迁蜀者。

始皇十九年，太后薨，谥为帝太后，与庄襄王会葬茞阳。

【译文】

秦始皇十年十月，免去吕不韦相国的职位。等到齐人茅焦来游说秦王，秦王就又把太后从雍接到咸阳，而要文信侯到他封邑的河南去。

一年多之后，诸侯宾客使者络绎不绝来拜见文信侯。秦王害怕他叛乱，就赐给文信侯书信说："你对秦有什么功劳？秦封你在河南，食邑有十万户，你与秦有什么关系？号称仲父。将把你与家属迁徙到蜀地去。"吕不韦自度自己的处境日渐受到威胁，害怕被诛杀，就喝毒酒自尽了。秦王所怨恨的吕不韦、嫪毐都已经死了，就把迁到蜀地的嫪毐门客全部迁回。

始皇十九年，太后去世了，谥号为帝太后，与庄襄王合葬于茝阳。

【原文】

太史公曰：不韦及嫪毐贵，封号文信侯。人之告嫪毐，毐闻之。秦王验左右，未发。上之雍郊，毐恐祸起，乃与党谋，矫太后玺发卒以反蕲年宫。发吏攻毐，毐败亡走，追斩之好畤，遂灭其宗。而吕不韦由此绌矣。孔子之所谓"闻"者，其吕子乎？

【译文】

太史公说：吕不韦与嫪毐显贵时，封号为文信侯。有人告发嫪毐，嫪毐也听到此事。秦王向身边的人验问此事，但未把此事揭露出来。秦王到雍地去祭天，嫪毐害怕秦王要治他的罪，就与他的同党筹谋，伪造太后的玉玺兴发兵卒在蕲年宫造反。秦王发动兵吏攻打嫪毐，嫪毐战败逃走，被追赶到好畤而被杀，于是诛灭他的宗族。而吕不韦因此就被贬黜了。孔子所谓的"言行不一，沽名钓誉"的人，大概是指吕不韦吧！

史记·列传

[西汉]司马迁·著
金源·编译

【卷二】

陕西新华出版 三秦出版社

刺客列传

【原文】

　　曹沫者，鲁人也，以勇力事鲁庄公。庄公好力。曹沫为鲁将，与齐战，三败北。鲁庄公惧，乃献遂邑之地以和。犹复以为将。

　　齐桓公许与鲁会于柯而盟。桓公与庄公既盟于坛上，曹沫执匕首劫齐桓公，桓公左右莫敢动，而问曰："子将何欲？"曹沫曰："齐强鲁弱，而大国侵鲁亦甚矣。今鲁城坏即压齐境，君其图之。"桓公乃许尽归鲁之侵地。既已言，曹沫投其匕首，下坛，北面就群臣之位，颜色不变，辞令如故。桓公怒，欲倍其约。管仲曰："不可。夫贪小利以自快，弃信于诸侯，失天下之援，不如与之。"于是桓公乃遂割鲁侵地。曹沫三战所亡地尽复予鲁。

　　其后百六十有七年而吴有专诸之事。

【译文】

　　曹沫，鲁国人，因为勇猛有力气，因而侍奉鲁庄公。庄公喜欢有勇力的人，所以委派曹沫担任大将，和齐国交战，结果三次都以失败告终。鲁庄公畏惧，因此割让上遂邑的土地，来跟齐国讲和；但仍任用曹沫为大将。

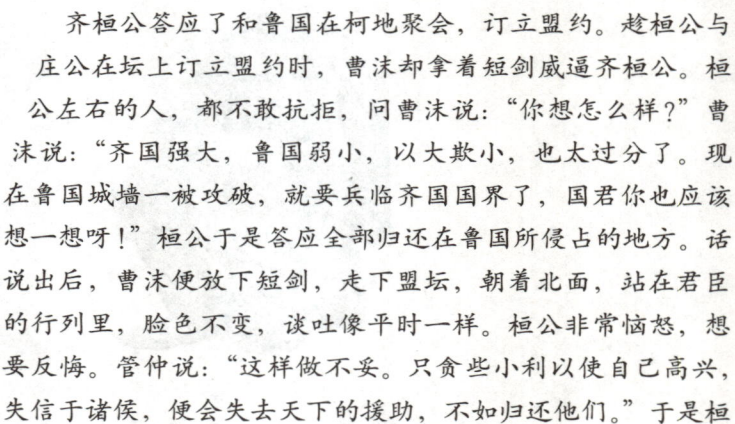

　　齐桓公答应了和鲁国在柯地聚会，订立盟约。趁桓公与庄公在坛上订立盟约时，曹沫却拿着短剑威逼齐桓公。桓公左右的人，都不敢抗拒，问曹沫说："你想怎么样？"曹沫说："齐国强大，鲁国弱小，以大欺小，也太过分了。现在鲁国城墙一被攻破，就要兵临齐国国界了，国君你也应该想一想呀！"桓公于是答应全部归还在鲁国所侵占的地方。话说出后，曹沫便放下短剑，走下盟坛，朝着北面，站在君臣的行列里，脸色不变，谈吐像平时一样。桓公非常恼怒，想要反悔。管仲说："这样做不妥。只贪些小利以使自己高兴，失信于诸侯，便会失去天下的援助，不如归还他们。"于是桓公终于照约定分割在鲁所侵占的地方,就是曹沫三次战败所失去的土地,全部还给鲁国。

其后过了一百六十七年,吴国发生专诸的事迹。

【原文】

专诸者,吴堂邑人也。伍子胥之亡楚而如吴也,知专诸之能。伍子胥既见吴王僚,说以伐楚之利。吴公子光曰:"彼伍员父兄皆死于楚而员言伐楚,欲自为报私仇也,非能为吴。"吴王乃止。伍子胥知公子光之欲杀吴王僚,乃曰:"彼光将有内志,未可说以外事。"乃进专诸于公子光。

光之父曰吴王诸樊。诸樊弟三人:次曰余祭,次曰夷眛,次曰季子札。诸樊知季子札贤而不立太子,以次传三弟,欲卒致国于季子札。诸樊既死,传余祭。余祭死,传夷眛。夷眛死,当传季子札;季子札逃不肯立,吴人乃立夷眛之子僚为王。公子光曰:"使以兄弟次邪,季子当立;必以子乎,则光真適嗣,当立。"故尝阴养谋臣以求立。

【译文】

专诸是吴国堂邑人。当伍子胥从楚国逃亡到吴国的时候,得知了专诸的才能。伍子胥拜见吴王僚以后,用伐楚的种种好处来游说吴王。吴公子光却向吴王说:"那伍员的父兄,都死在楚王手里。他劝您攻伐楚国,只是想为自己报仇而已,并非真为吴国的利益着想的。"吴王于是停止攻打楚国。伍子胥知道公子光正想谋杀吴王,因此自言自语道:"那公子光呀,他将有弑君的企图,自然不能同他说对外大事的。"便推荐专诸给公子光。

原来公子光的父亲是吴王诸樊。诸樊有三个弟弟,大弟叫余祭,二弟叫夷眛,三弟叫季子札。诸樊知道季子札最为贤能,所以不扶立自己的儿子光,便依次传位给他的三个弟弟,想在最后把王位传给季子札。诸樊死了之后,便传位给余祭。余祭死后,传位给夷眛。夷眛死后,应当传位给季子札,季子札却不肯即位而逃走了,吴国人便立夷眛的儿子僚为国君。公子光说：“要是以兄弟为顺序呢，季子应当即位；要是必定以儿子嗣位呢，那么光才是真正的继承人。”所以曾暗地里蓄养着谋臣，以谋求立为吴王。

【原文】

光既得专诸，善客待之。九年而楚平王死。春，吴王僚欲因楚丧，使其二弟公子盖余、属庸将兵围楚之灊；使延陵季子于晋，以观诸侯之变。楚发兵绝吴将盖余、属庸路，吴兵不得还。于是公子光谓专诸曰："此时不可失！不求何获？且光真王嗣，当立，季子虽来，不吾废也。"专诸曰："王僚可杀也。母老子弱，而两弟将兵伐楚，楚绝其后。方今吴外困于楚，而内空无骨鲠之臣，是无如我何。"公子光顿首曰："光之身，子之身也。"

【译文】

公子光得到专诸以后，对他以客礼相待。吴王僚九年，楚平王死了。第二年春天，吴王僚想乘楚国有丧事的机会，派他两个弟弟公子盖余和公子属庸，率兵围攻楚国的灊地；又派延陵季子到晋国去，来观察诸侯国的动静。楚国出兵断绝吴将盖余、属庸的退路，吴国的兵马暂时不能撤退回国。就在这时候，公子光对专诸说："这个时机万万不可失去，现在不求即位，还要等到什么时呢？况且光是真正的王位继承人，应当即位。季子即使以后回到国内来，他也不会废除我王位的。"专诸说："王僚自然可以杀死。他母亲年迈，孩子幼小，两个弟弟又率兵伐楚，被楚军断了后路。现在吴国正是外面受困于楚国，而里面又空空如也，没有一个忠直的臣子，是没有办法奈何我们的。"公子光叩头说："光的性命，就是您的性命。"

【原文】

四月丙子，光伏甲士于窟室中，而具酒请王僚。王僚使兵陈自宫至光之家，门户阶陛左右皆王僚之亲戚也。夹立侍，皆持长铍。酒既酣，公子光详为足疾，入窟室中，使专诸置匕首鱼炙之腹中而进之。既至王前，专诸擘鱼，因以匕首刺王僚，王僚立死。左右亦杀专诸。王人扰乱，公子光出其伏甲以攻王僚之徒，尽灭之。遂自立为王，是为阖闾。阖闾乃封专诸之子以为上卿。

其后七十余年而晋有豫让之事。

【译文】

四月丙子这一天，公子光事先在地下室埋伏一些甲兵，备好酒宴请吴王僚来饮。吴王僚派他的兵士排成队伍，从宫里直到公子光的家中。所有门户阶沿左右各处，都是王僚自己的亲信随从，站在两旁拥护着，手里都拿着长铍。酒喝到尽兴时，公子光称脚痛，走到地下室里，叫专诸在炙鱼的腹里放着匕首，端上去献给吴王。走到王僚面前，专诸擘开鱼腹，就拿那柄匕首去刺杀王僚。王僚随即毙命。左右武士也杀了专诸，一时王族的人，一片混乱。公子光出动他预先埋伏的甲兵，来攻击跟随王僚的部下，统统把他们杀死了。于是公子光自立为王，这就是阖闾。阖闾于是封专诸的儿子为上卿。

其后过了七十余年，晋国发生豫让刺杀赵襄子的事迹。

【原文】

豫让者，晋人也，故尝事范氏及中行氏，而无所知名。去而事智伯，智伯甚尊宠之。及智伯伐赵襄子，赵襄子与韩、魏合谋灭智伯，灭智伯之后而三分其地。赵襄子最怨智伯，漆其头以为饮器。豫让遁逃山中，曰："嗟乎！士为知己者死，女为说己者容。今智伯知我，我必为报仇而死，以报智伯，则吾魂魄不愧矣。"乃变名姓为刑人，入宫涂厕，中挟匕首，欲以刺襄子。襄子如厕，心动，执问涂厕之刑人，则豫让，内持刀兵，曰："欲为智伯报仇！"左右欲诛之。襄子曰："彼义人也，吾谨避之耳。且智伯亡无后，而其臣欲为报仇，此天下之贤人也。"卒释去之。

【译文】

豫让是晋国人，曾经先后臣事范氏和中行氏，但并没有什么名声。后来去投奔智伯，智伯很宠信他。由于智伯的贪婪而去攻伐赵襄子，赵襄子便与韩、魏联合起来，灭了智伯。灭了智伯之后，他们就三分智伯的土地。赵襄子最恨智伯，所以漆了智伯的头颅，当做酒器。豫让逃到山中，自声说道："唉！士人当为知已的人献出生命，女人当为爱己的修饰容貌。现在智伯知遇我，我必须为他报仇而死,来报答他对我的厚爱。只有我死了,魂魄才可以不愧对他。"于是他便改换姓名,扮做一个犯罪受刑的奴隶,混进赵襄子宫里,在厕所中做涂饰粉刷的工作。身上暗藏着短剑,想乘机刺杀赵襄子。襄子到厕所来,突然心惊肉跳,就命甲兵搜察审问那涂饰厕所的奴隶,知道就是豫让,他身内藏着短剑,说要为智伯报仇。赵襄子左右的人都要杀他,襄子却说:"他是个有义气的人,我以后留意避开他就是了。况且智伯死了以后,没有后代,他的臣子想为他报仇,这是天下的贤能之士呀!"结果放他走了。

【原文】

居顷之,豫让又漆身为厉,吞炭为哑,使形状不可知,行乞于市,其妻不识也。行见其友,其友识之,曰:"汝非豫让邪?"曰:"我是也。"其友为泣曰:"以子之才,委质而臣事襄子,襄子必近幸子。近幸子,乃为所欲,顾不易邪?何乃残身苦形,欲以求报襄子,不亦难乎!"豫让曰:"既已委质臣事人,而求杀之,是怀二心以事其君也。且吾所为者极难耳!然所以为此者,将以愧天下后世之为人臣怀二心以事其君者也。"

【译文】

过了不久,豫让又自残身体,在身上涂漆使身体长满恶疮,吞炭使声音变成沙哑,使自己毁容让人认不出来。他在市上行走求乞,连他的妻子也不认识他了。走去见他友人,他友人辨认出是他,说:"你不是豫让吗?"豫让说:"我是。"他友人为他流泪说:"以你的才能,委身去侍奉襄子为臣,襄子必会亲近宠信你的。到那时,你便达成心愿,这样不更容易吗?为什么定要残害身体,自我毁容?像这样想去报复襄子,不是很困难吗?"豫让说:"既然已经委身事人,还想杀他,这便是存了不忠之心来侍奉他的君王。我这样做虽然很麻烦,但是所以要这样做的原因,就是要使天下后世的做人臣子却存着不忠之心去侍奉他君王的人,感到这是可耻的呀!"

【原文】

既去,顷之,襄子当出,豫让伏于所当过之桥下。襄子至桥,马惊,襄子曰:"此必是豫让也。"使人问之,果豫让也。于是襄子乃数豫让曰："子不尝事范、中行氏乎？智伯尽灭之，而子不为报仇，而反委质臣于智伯。智伯亦已死矣，而子独何以为之报仇之深也？"豫让曰："臣事范、中行氏，范、中行氏皆众人遇我，我故众人报之。至于智伯，国士遇我，我故国士报之。"襄子喟然叹息而泣曰："嗟乎豫子！子之为智伯，名既成矣，而寡人赦子，亦已足矣。子其自为计，寡人不复释子！"使兵围之。豫让曰："臣闻明主不掩人之美，而忠臣有死名之义，前君已宽赦臣，天下莫不称君之贤。今日之事，臣固伏诛，然愿请君之衣而击之焉，以致报仇之意，则虽死不恨。非所敢望也，敢布腹心！"于是襄子大义之，乃使使持衣与豫让。豫让拔剑三跃而击之，曰："吾可以下报智伯矣！"遂伏剑自杀。死之日，赵国志士闻之，皆为涕泣。

其后四十余年而轵有聂政之事。

【译文】

他走了之后，没有多久，襄子准备外出，豫让便隐藏在他所必当经过的桥下。襄子到了桥边，他骑的马忽然惊跳起来。襄子说："这必定是豫让想刺杀我。"便让人搜查，果然是豫让。于是襄子就责备豫让说："你不是曾经臣事过范氏和中行氏吗？智伯把他们消灭了，但你并不为他们报仇，反而委身效忠智伯为臣。现在智伯也已死了，你为什么偏偏要替他这样屡次报仇呢？"豫让说："我侍奉范氏和中行氏，范氏和中行氏都以普通人对待我，我因此仅像普通人一般报答他们。至于智伯，他以国士待我，我因此要像国士那样来报答他。"襄子不觉长叹一声，流下同情的泪说："唉！豫子，你为智伯的事尽忠，已经成名了；而我对你的饶恕，也已仁至义尽，现在该有个了结了，我不能再放你了。"便命卫士围住豫让。豫让说："我听说贤明的君王，不掩盖人家的美德；而忠心的臣子，有为名节捐躯的道理。从前您已宽恕放过了我，天下的人无不称颂您的贤德，今天的事情，我自应伏罪受诛，但还希望求得您衣服，让我砍它几刀，聊且表示我替智伯报仇的意愿，如此虽死也不觉遗憾了。这不是我所能希望得到的，只是我斗胆说出衷心的话。"于是襄子深深地被豫让的义气所感动，便派人拿衣服递给豫让。豫让拔剑跳了三下来击刺它，说："我可以报答智伯于地下了。"于是横剑自杀。死的那天，赵国志士听到这个消息，都为他流泪哭泣。

其后过了十余年，轵县发生聂政的事变。

【原文】

聂政者，轵深井里人也。杀人避仇，与母、姊如齐，以屠为事。

久之，濮阳严仲子事韩哀侯，与韩相侠累有郤。严仲子恐诛，亡去，游求人可以报侠累者。至齐，齐人或言聂政勇敢士也，避仇隐于屠者之间。严仲子至门请，数反，然后具酒自畅聂政母前。酒酣，严仲子奉黄金百镒，前为聂政母寿。聂政惊怪其厚，固谢严仲子。严仲子固进，而聂政谢曰："臣幸有老母，家贫，客游以为狗屠，可以旦夕得甘毳以养亲。亲供养备，不敢当仲子之赐。"严仲子辟人，因为聂政言曰："臣有仇，而行游诸侯众矣；然至齐，窃闻足下义甚高，故进百金者，将用为大人粗粝之费，得以交足下之驩，岂敢以有求望邪！"聂政曰："臣所以降志辱身居市井屠者，徒幸以养老母；老母在，政身未敢以许人也。"严仲子固让，聂政竟不肯受也。然严仲子卒备宾主之礼而去。

【译文】

聂政是轵县深井里人，因杀人而与母亲、姐姐一起逃到齐国来，以屠宰为职业。

过了好久，濮阳严仲子侍奉韩哀侯为臣，因与韩国宰相侠累之间有怨仇，严仲子怕侠累杀他，便逃出韩国游历各国，并且访求能够替他报与侠累仇恨的人。到了齐国，齐国有人告诉他，说聂政是个勇敢之士，逃避仇人，隐藏在这里以屠宰为生。严仲子到聂家来登门求见，经过好几次的往返，然后他备了酒食，亲自送到聂政母亲面前。等到大家喝到尽兴时，严仲子又捧出黄金一百镒，为聂政的母亲祝寿。聂政惊怪他送这份厚礼，便再三向严仲子辞谢。严仲子仍然坚持要送。聂政辞谢说："我因为有老母在，家境又贫，所以客居他乡，以屠狗为生，来奉养老母。现在我已足够供养母亲，实在不敢再受仲子的馈赠。"严仲子避开旁人，对聂政说道："我有仇待报，游历诸侯各国已很多年了。这次来到齐国，私下听说足下义气很高，所以送上这百镒黄金，预备用作令堂粗饭的费用，能够来跟足下交个朋友，难道还敢有别的请求和希望吗？"聂政说："我所以降低志向，污辱身份，在市井里做个屠夫，只是希望借此来奉养我的老母。老母在世，我的生命不敢以身相许答应别人。"严仲子仍旧再三谦让，聂政终究不肯接受。不过严仲子最后仍然尽了宾主的礼仪才离开。

【原文】

久之，聂政母死。既已葬，除服，聂政曰："嗟乎！政乃市井之人，鼓刀以屠；而严仲子乃诸侯之卿相也，不远千里，枉车骑而交臣。臣之所以待之，至浅鲜矣，未有大功可以称者，而严仲子奉百金为亲寿，我虽不受，然是者徒深知政也。夫贤者以感忿睚眦之意而亲信穷僻之人，而政独安得嘿然而已乎！且前日要政，政徒以老母；老母今以天年终，政将为知己者用。"乃遂西至濮阳，见严仲子曰："前日所以不许仲子者，徒以亲在；今不幸而母以天年终。仲子所欲报仇者为谁？请得从事焉！"严仲子具告曰："臣之仇韩相侠累，侠累又韩君之季父也，宗族盛多，居处兵卫甚设，臣欲使人刺之，终莫能就。今足下幸而不弃，请益其车骑壮士可为足下辅翼者。"聂政曰："韩之与卫，相去中间不甚远，今杀人之相，相又国君之亲，此其势不可以多人，多人不能无生得失，生得失则语泄，语泄是韩举国而与仲子为仇，岂不殆哉！"遂谢车骑人徒，聂政乃辞独行。

【译文】

过了好久，聂政的母亲死了，等到安葬后，脱掉丧服，聂政说："唉！我原本是个市井的小民，敲打着刀屠狗而已，而严仲子却是诸侯国的卿相，竟不远千里，屈尊驾车来与我结交。我所用来对待他的，真是浅陋极了，没有大功于他，但严仲子却送百金孝敬我母亲；我虽然不肯接受但他这样做实在是极为知遇我的。像他这样的一个贤者，只是为了除掉仇人，特地亲近信赖一个穷僻的人，我怎好默默地就罢休了呢！况且从前他要求我的，我只因有老母在；现在老母已经不在了，我应当为知遇自己的人去效力了。"于是向西直到濮阳，进见严仲子说："从前我所以不答应仲子的原因，只是因为有母亲在世，现在老母已经寿终了，仲子的仇人是谁，就请交给我去处理吧。"严仲子于是详告说："我的仇人是韩相侠累，侠累就是韩国国王的叔父，他的家族非常庞大，防备十分森严。我想派人刺杀他，始终不能成功。现在幸蒙足下不弃，我希望多派些车骑壮士，做您的助手。"聂政说："韩国与卫国，中间相距很近。现在要杀的是国王亲戚的宰相，在这种情形下，不能多派人的。因为多派了人，不可能不发生问题；发生了问题，那么就会泄密；一旦泄密，韩国全国的人都要与仲子结为仇人，这岂不是很危险吗？"终于谢绝车骑人士单独辞别严仲子而去。

【原文】

　　杖剑至韩，韩相侠累方坐府上，持兵戟而卫侍者甚众。聂政直入，上阶刺杀侠累，左右大乱。聂政大呼，所击杀者数十人，因自皮面决眼，自屠出肠，遂以死。
　　韩取聂政尸暴于市，购问莫知谁子。于是韩县购之，有能言杀相侠累者予千金。久之，莫知也。

【译文】

　　聂政拿着宝剑到了韩国。韩相侠累正坐在府上，手持兵器而护卫侍人很多。聂政直冲而入，上了台阶，刺杀了侠累。左右侍从非常慌乱，聂政大声叱喝，刺杀了数十人。然后便自己剥掉面皮，挖出眼睛，挑出肚肠，随即死了。
　　韩国人便将聂政的尸首放在街市上示众，悬赏追查凶手的来历，都不知他是谁。于是韩国人就出告示悬赏，有能够说出杀国相侠累的人，赏给他千金。但好久以后，仍然没有人知道他是谁。

【原文】

　　政姊荣闻人有刺杀韩相者，贼不得，国不知其名姓，暴其尸而县之千金，乃於邑曰："其是吾弟欤？嗟乎，严仲子知吾弟！"立起，如韩，之市，而死者果政也，伏尸哭极哀，曰："是轵深井里所谓聂政者也。"市行者诸众人皆曰："此人暴虐吾国相，王县购其名姓千金，夫人不闻与？何敢来识之也？"荣应之曰："闻之。

然政所以蒙污辱自弃于市贩之间者，为老母幸无恙，妾未嫁也。亲既以天年下世，妾已嫁夫，严仲子乃察举吾弟困污之中而交之，泽厚矣，可柰何！士固为知己者死，今乃以妾尚在之故，重自刑以绝从，妾其柰何畏殁身之诛，终灭贤弟之名！"大惊韩市人。乃大呼天者三，卒於邑悲哀而死政之旁。

【译文】

聂政的姐姐聂荣，听说有个刺客刺杀了韩相，但韩国人不知道他的姓名，因此暴露他的尸首而悬赏千金。于是她便悲伤地说："这恐怕是我的弟弟罢！唉呀，严仲子是知遇我弟弟的。"立即动身到韩国市上辨认尸首，死的人果然是聂政，她伏在尸上痛哭，哭得极为悲哀，说："他是轵县深井里的聂政呀！"市上路过的许多人，都说："这个人刺杀了我们的宰相，国王正悬赏千金查他名姓，夫人难道没有听到吗？为什么还要来认尸呢？"聂荣回答他们说："我听到了。我的弟弟政，当初所以受着污辱，自己弃身于市贩之中，是因为老母尚且健在，我还未曾出嫁。现在母亲已经寿终了，我也嫁了丈夫。严仲子竟在我弟弟窘迫的时候，与他交往，恩义深重。可有什么办法？一个义士原应为他知己而献身的。现在弟弟因为我尚活着的缘故，又自毁身体来免除我受牵连。可是我怎能为了怕遭杀身的灾祸，终竟泯灭了贤弟的英名呢！"韩国市上的人，大受惊动。她便大喊"天呀"几声，最后呜咽悲哀之至，死在政的尸体旁边。

【原文】

晋、楚、齐、卫闻之，皆曰："非独政能也，乃其姊亦烈女也。乡使政诚知其姊无濡忍之志，不重暴骸之难，必绝险千里以列其名，姊弟俱僇于韩市者，亦未必敢以身许严仲子也。严仲子亦可谓知人能得士矣！"

其后二百二十余年秦有荆轲之事。

【译文】

晋、楚、齐、卫诸国的人听到这件事都叹惜道："不但聂政是勇敢的义士，就是他的姐姐也是个烈女呀！如果聂政真能知道他姐姐没有含垢忍辱的想法，不怕暴露尸首的灾难，必定要奔走这千里的险路，来宣布他的姓名，情愿使姊弟二人，都死在韩国市上的话，那么他有可能不敢以生命答应严仲子来为他报仇。严仲子这个人也可说是很能识辨人才，得到这样的义士！"

其后过了二百二十余年，秦国有荆轲的事迹。

【原文】

荆轲者，卫人也。其先乃齐人，徙于卫，卫人谓之庆卿。而之燕，燕人谓之荆卿。

荆卿好读书击剑，以术说卫元君，卫元君不用。其后秦伐卫，置东郡，徙卫元君之支属于野王。

荆柯尝游过榆次，与盖聂论剑，盖聂怒而目之。荆轲出，人或言复召荆卿。盖聂曰："曩者吾与论剑有不称者，吾目之；试往，是宜去，不敢留。"使使往之主人，荆卿则已驾而去榆次矣。使者还报，盖聂曰："固去也，吾曩者目摄之。"

【译文】

荆轲是卫国人。他的祖先本是齐国人，后来移居卫国，卫国的人称他为庆卿。以后他到了燕国，燕国的人称他为荆卿。

荆卿喜爱读书、舞剑。曾经拿剑术来游说卫元君，卫元君不重用他。后来，秦国进攻魏国，就把占领的地方设置为东郡，把卫元君的亲属赶到野王去。

荆轲曾经来到榆次，和盖聂谈论剑术。盖聂发了脾气，眼睛瞪着他，荆轲便走开了。有人建议盖聂把荆轲叫回来，盖聂说："刚才我跟他谈论剑术，有不同的意见，我眼睛瞪了他；去看看也好，不过在这种情形下他是该走了，不敢再停留的。"派人到荆轲住的居停主人那里寻找，荆轲果然已经乘车离开榆次了。使者回来报告，盖聂说："他当然要走的，我刚才用眼睛吓了他。"

【原文】

荆轲游于邯郸，鲁勾践与荆轲博，争道，鲁勾践怒而叱之，荆轲嘿而逃去，遂不复会。

荆轲既至燕，爱燕之狗屠及善击筑者高渐离。荆轲嗜酒，日与狗屠及高渐离饮于燕市，酒酣以往，高渐离击筑，荆轲和而歌于市中，相乐也，已而相泣，旁若无人者。荆轲虽游于酒人乎，然其为人沉深好书；其所游诸侯，尽与其贤豪长者相结。其之燕，燕之处士田光先生亦善待之，知其非庸人也。

【译文】

荆轲来到邯郸。鲁勾践跟荆轲下棋比输赢，因为抢先，鲁勾践恼怒了，呵斥他。荆轲默默地走了，从此再也没有见面。

荆轲来到燕国以后，与一个杀狗的屠夫和一个善于击筑的高渐离成为好朋友。荆轲爱好喝酒，天天同杀狗的屠夫和高渐离在燕国的街市上喝酒。喝到半醉以后，高渐离击着筑，荆轲就在街市上和着节拍唱歌，互相看着，逍遥自在；可是一会儿就又相对着哭泣起来，好像旁边没有别人似的。荆轲虽然同酒徒们厮混，然而他的为人，却是沉着稳重，爱好读书；他在所游历的那些国家，都是跟一些贤豪长者结交。他到了燕国，燕国的处士田光先生，对荆轲十分友好，知道他并不是一个平凡的人。

【原文】

居顷之，会燕太子丹质秦亡归燕。燕太子丹者，故尝质于赵，而秦王政生于赵，其少时与丹驩。及政立为秦王，而丹质于秦。秦王之遇燕太子丹不善，故丹怨而亡归。归而求为报秦王者，国小，力不能。其后秦日出兵山东以伐齐、楚、三晋，稍蚕食诸侯，且至于燕。燕君臣皆恐祸之至。太子丹患之，问其傅鞠武。武对曰："秦地遍天下，威胁韩、魏、赵氏。北有甘泉、谷口之固，南有泾、渭之沃，擅巴、汉之饶，右陇、蜀之山，左关、殽之险，民众而士厉，兵革有余。意有所出，则长城之南，易水以北，未有所定也。奈何以见陵之怨，欲批其逆鳞哉！"丹曰："然则何由？"对曰："请入图之。"

【译文】

　　过了一段时间，恰好碰上在秦国做人质的燕国太子丹从秦国逃了回来。燕国太子丹，从前曾经押在赵国做人质；而秦王嬴政是在赵国出生的，他小时候和丹很要好。等到嬴政继位做了秦王，正好丹质押在秦国。秦王对待燕太子丹不友好，因此丹就怀着怨恨逃回燕国。回国以后，便绞尽脑汁地想报复秦王，但是国家太小，力量不够。后来秦国经常出兵太行山以东的地方，攻伐齐国、楚国和三晋，渐渐蚕食天下的大部分土地，快要到燕国了。燕国的君臣都害怕战祸的来到。太子丹忧虑这件事，请教他的太傅鞠武。鞠武说："秦国的土地已经遍及天下，威胁着韩、魏、赵三国。北边有甘泉、谷口的巩固要塞；南边有泾、渭流域的肥沃原野，占据着巴、汉一带的富饶地区；右边是陇、蜀的高山峻岭；左边是关殽的天险；人口众多，而且兵强力壮，兵器精良。如果他想向外扩张的话，那么在长城以南，易水以北的燕国土地，便不能保全了。怎么可以因为受了欺侮的怨恨，就想去触犯秦王的逆鳞呢？"丹说："那么要怎么办才好？"鞠武回答说："希望从长计议这件事。"

【原文】

　　居有间，秦将樊於期得罪于秦王，亡之燕，太子受而舍之。鞠武谏曰："不可。夫以秦王之暴而积怒于燕，足为寒心，又况闻樊将军之所在乎？是谓'委肉当饿虎之蹊'也，祸必不振矣！虽有管、晏，不能为之谋也。愿太子疾遣樊将军入匈奴以灭口。请西约三晋，南连齐、楚，北购于单于，其后乃可图也。"太子曰："太傅之计，旷日弥久，心惛然，恐不能须臾。且非独于此也，夫樊将军穷困于天下，归身于丹，丹终不以迫于强秦而弃所哀怜之交，置之匈奴，是固丹命卒之时也，愿太傅更虑之。"鞠武曰："夫行危欲求安，造祸而求福，计浅而怨深，连结一人之后交，不顾国家之大害，此所谓'资怨而助祸'矣。夫以鸿毛燎于炉炭之上，必无事矣。且以雕鸷之秦，行怨暴之怒，岂足道哉！燕有田光先生，其为人智深而勇沉，可与谋。"太子曰："愿因太傅而得交于田先生，可乎？"鞠武曰："敬诺。"出见田先生道："太子愿图国事于先生也。"田光曰："敬奉教。"乃造焉。

【译文】

　　不久，秦国将军樊於期，由于得罪了秦王，逃亡到燕国来。太子丹收容他并且给他馆舍住。鞠武劝谏说："不可以。像秦王这样的暴虐，一直对燕国有积怨，想起来早已叫我们心寒胆战；更何况听到樊将军被收容在这地方呢？这等于把肉放在饿虎经过的路上呀，祸患一定是避免不了的。就算有管仲、晏婴那样的能臣，也不能替我们想出解救办法的。希望太子赶快遣送樊将军到匈奴去，来消除秦国侵略燕国的借口。并且希望先和西方的三晋结盟，和南方的齐、楚两国联合，和北方的匈奴单于联络，然后才可以想法对付秦国啊。"太子说："太傅的计划，旷日持久，而且耽搁太久了，我心里很烦乱，怕一刻都不能等待呢。况且那樊将军在走投无路的情况下才来，投靠到这里的，我终究不能因为强秦的威胁，就牺牲我所同情、怜惜的朋友，驱逐他到匈奴去。这本是我需人做事的时候呀，希望太傅替我重新考虑一下！"鞠武说："做了危险的事想求取太平，造了祸患却求取幸福，计划浅薄却与秦国结怨很深，为了结交一个新知的朋友，便不顾国家的大害，这可以说是加深怨恨、扩大灾难了。拿鸿毛在炉火上烧，是一定不成问题的。至于像凶猛的雕鸷一般的秦国，一旦要对燕国发泄怨恨凶暴的威怒来，那后果难道还用得着说吗？燕国有一位田光先生，他为人智虑深远，而且勇敢沉着，可以和他商量商量。"太子说："希望借太傅的介绍，能够结交田先生，你看如何？"鞠武说："好的。"太傅辞出后，就去见田先生，说："太子希望跟先生讨论国家大事呢。"田光说："我这就去。"于是去拜访太子。

【原文】

　　太子逢迎，却行为导，跪而蔽席。田光坐定，左右无人，太子避席而请曰："燕、秦不两立，愿先生留意也。"田光曰："臣闻骐骥盛壮之时，一日而驰千里；至其衰老，驽马先之。今太子闻光盛壮之时，不知臣精已消亡矣。虽然，光不敢以图国事，所善荆卿可使也。"太子曰："愿因先生得结交于荆卿，可乎？"田光曰："敬诺。"即起，趋出。太子送至门，戒曰："丹所报，先生所言者，国之大事也，愿先生勿泄也！"田光俛而笑曰："诺。"偻行见荆卿，曰："光与子相善，燕国莫不知。今太子闻光壮盛之时，不知吾形已不逮也，幸而教之曰'燕、秦不两立，愿先生留意也'。光窃不自外，言足下于太子也。愿足下过太子于宫。"荆轲曰："谨奉教。"田光曰："吾闻之，长者为行，不使人疑之。今太子告光曰'所言者，国之大事也，愿先生勿泄'，是太子疑光也。夫为行而使人疑之，非节侠也。"欲自杀以激荆卿，曰："愿足下急过太子，言光已死，明不言也。"因遂自刎而死。

【译文】

太子亲自迎了出来，并且退着走在前面引路，然后跪下来拂拭了座席。田光坐定了以后，左右没有人，太子离开座席，向田光请教说："燕、秦二国，势不两立，希望先生留意！"田光说："我听说良马在强壮的时候，一天能奔驰千里路；等到它体衰力竭之时，劣马都能够跑在他的前头。现在太子听到的是盛壮时候田光的事迹，可不知道我的精力已经消耗殆尽了。不过，我虽然不敢参与谋划国事，我的好友荆轲却是可以帮忙的。"太子说："希望借先生的介绍，能够跟荆轲结交，行吗？"田光道："好的。"便站起来，快步辞出。太子送到门口，郑重其事地嘱咐他说："我和先生所讲的，都是国家的机密，希望先生别泄露呀！"田光低下头笑着说："好！"田光弯着背走去见荆轲说："我和您交情深厚，燕国的人无人不知。如今太子听说我壮年时候的事迹，却不知道我的身体已经不如从前了。承蒙他抬举我，告诉我：'燕、秦两国，势不两立。希望先生留意！'我自以为和您不是外人，就把您推荐给太子了。希望您进宫里去见见太子。"荆轲说："遵命。"田光说："我听说，忠厚的人所做的事，是不能使人家怀疑他的。如今太子告诉我说：'所谈的，是国家的大事呀，希望先生不要泄露！'这是太子不信任我了。按说做了事却使人家怀疑他，就不是有节操的侠客呀。"便想借自杀来激发荆轲，说："希望你赶快去见太子，就说田光已经死了，证明不会说话泄露秘密了。"于是就自杀而死。

【原文】

荆轲遂见太子，言田光已死，致光之言。太子再拜而跪，膝行流涕，有顷而后言曰："丹所以诫田先生毋言者，欲以成大事之谋也。今田先生以死明不言，岂丹之心哉！"荆轲坐定，太子避席顿首曰："田先生不知丹之不肖，使得至前，敢有所道，此天之所以哀燕而不弃其孤也。今秦有贪利之心，而欲不可足也。非尽天下之地，臣海内之王者，其意不厌。今秦已虏韩王，尽纳其地。又举兵南伐楚，北临赵。王翦将数十万之众距漳、邺，而李信出太原、云中。赵不能支秦，必入臣，入臣则祸至燕。燕小弱，数困于兵，今计举国不足以当秦。诸侯服秦，莫敢合从。丹之私计愚，以为诚得天下之勇士使于秦，窥以重利，秦王贪，其势必得所愿矣。诚得劫秦王，使悉反诸侯侵地，若曹沫之与齐桓公，则大善矣；则不可，因而刺杀之。彼秦大将擅兵于外而内有乱，则君臣相疑，以其间诸侯得合从，其破秦必矣。此丹之上愿，而不知所委命，唯荆卿留意焉。"久之，荆轲曰："此国之大事也，臣驽下，恐不足任使。"太子前顿首，固请毋让，然后许诺。于是尊荆卿为上卿，舍上舍。太子日造门下，供太牢具，异物间进，车骑美女恣荆轲所欲，以顺适其意。

【译文】

随后荆轲去拜见太子丹，说田光已经死了。并且转达田光的话。太子丹拜了两拜跪下来，双膝跪着走，痛哭流涕，过了一会儿才说："我所以嘱咐田先生不要泄露秘密的缘故，是想要来完成国家大事的计划。如今田先生竟然自杀来证明不泄露秘密，哪儿是我的本意呢？"荆轲坐定以后，太子离开座席叩头说："田先生不知道我的无能，使得我到您的面前，敢有所商谈，这是由于上天垂怜燕国，不忍遗弃它的后人吧。如今秦国的贪婪永无止境；不把天下所有的土地完全并吞，不使天下所有的诸侯完全臣服，它的野心是不能满足的。现在秦国已经擒获了韩王，灭了韩国，又兴兵向南攻伐楚国，向北威逼赵国。秦将王翦率领几十万的大军，已经到达漳、邺地方，李信的军队也从太原、云中两郡出兵攻赵。赵国如果抵抗不住秦军，必定投降秦国；赵国一降，那么祸患殃及燕国。燕国既小又弱，多次遭受了战祸，如今估计就是倾全国兵力，也不能来抵挡秦国。诸侯各国都畏惧秦国，不敢联合抗秦了。我个人的看法，以为要是真能物色到天下的勇士，派遣到秦国去，用重利去诱惑他，秦王贪得无厌，那样必定可以达到劫持他的目的。果然能够劫持了秦王，使他完全归还所占领的各诸侯的土地，像曹沫劫持齐桓公那样，那就太好了；万一不行，也可以趁机刺死他。他们秦国的大将领兵在外，而国内又有了这种乱事，君臣之间便会互相猜疑。借这机会，诸侯就能够联合起来，那么想打败必定可以成功了。这是我的最大愿望，可是不知何人能担当此任，请荆卿把这件事放在心上！"隔了良久，荆轲才说："这是国家的大事呀，臣下庸劣无能，恐怕不能胜任。"太子丹又上前叩头，坚决请求荆轲不要谦让推辞。然后荆轲才答应。于是便尊荆卿做上卿，让他住上等的馆舍。太子丹天天到馆舍探望，供给牛、羊、猪三牧具备的酒席，送来珍奇的宝物；有时也送上车马、美女，尽量满足荆轲的欲望，来迎合他的心意。

【原文】

久之，荆轲未有行意，秦将王翦破赵，虏赵王，尽收入其地，进兵北略地至燕南界。太子丹恐惧，乃请荆轲曰："秦兵旦暮渡易水，则虽欲长侍足下，岂可得哉！"荆轲曰："微太子言，臣愿谒之。今行而毋信，则秦未可亲也。夫樊将军，秦王购之金千斤，邑万家。诚得樊将军首与燕督亢之地图，奉献秦王，秦王必说见臣，臣乃得有以报。"太子曰："樊将军穷困来归丹，丹不忍以己之私而伤长者之愿，愿足下更虑之！"

【译文】

过了很久，荆轲还没动身去秦国的意向。这时秦国的大将王翦攻破了赵国，俘虏了赵王，灭了赵国。又进兵向北侵占地盘，到了燕国南方的边境。太子丹心生恐惧，便请求荆轲说："秦军旦夕之间就要渡过易水，虽然想长久侍奉您，哪能办得到呢！"荆轲说："就是没有太子这番话，我也正准备去拜见您的。如果现在就去，却没有使秦王相信的东西，那么还是接近不了秦王的。那位樊将军，秦王想捉他，悬赏千斤黄金、万家食邑。果真能得到樊将军的头，和燕国最肥美的督亢地方的地图，把它们奉献给秦王，秦王必定高兴地接见我；到那时我才有办法来为您效命。"太子说："樊将军在极端困难的情形下来投奔我，我不忍为了自己的私利，伤了这位长者的心，希望您替我另外想办法！"

【原文】

荆轲知太子不忍，乃遂私见樊於期曰："秦之遇将军可谓深矣，父母宗族皆为戮没。今闻购将军首金千斤，邑万家，将奈何？"於期仰天太息流涕曰："於期每念之，常痛于骨髓，顾计不知所出耳！"荆轲曰："今有一言可以解燕国之患，报将军之仇者，何如？"於期乃前曰："为之奈何？"荆轲曰："愿得将军之首以献秦王，秦王必喜而见臣，臣左手把其袖，右手揕其匈，然则将军之仇报而燕见陵之愧除矣。将军岂有意乎？"樊於期偏袒搤腕而进曰："此臣之日夜切齿腐心也，乃今得闻教！"遂自刭。太子闻之，驰往，伏尸而哭，极哀。既已不可奈何，乃遂盛樊於期首函封之。

【译文】

荆轲知道太子不忍心这么做，便自己去见樊於期说道："秦国对待将军，可以说是太残忍了！您的父母族人，全部被杀死或被贬为奴婢；现在听说悬赏千斤黄金和万家食邑来购买将军的头，您打算怎么办呢？"樊於期仰起头来，长叹一声，流着泪说："我樊於期每次想起这些事，常常痛不欲生，只是想不出办法罢了！"荆轲说："现在我有一个办法，它可以解救燕国的患难，替将军报仇，你看怎么样！"樊於期便走近前来说："什么办法？"荆轲说："希望借将军的头，来奉献给秦王，秦王必定高兴地接见我。那时候我用左手抓住他的衣袖，右手拿匕首直刺他的胸膛；这样一来，将军报了深仇，燕国也可以解除战祸。将军认为如何？"樊於期袒露出一边肩膀，用左手紧紧地握住右臂，向前走近，说："这正是我日夜愤恨得咬牙切齿、痛心疾首的事情，想不到直到今天才听到您的高见。"说完便自杀了。太子听到这消息，赶快跑了来，伏在尸体上恸哭，极为哀痛。既然无可奈何了，只得包裹了樊於期的头，用匣子封藏起来。

【原文】

于是太子豫求天下之利匕首，得赵人徐夫人匕首，取之百金，使工以药焠之，以试人，血濡缕，人无不立死者。乃装为遣荆卿。燕国有勇士秦舞阳，年十三，杀人，人不敢忤视。乃令秦舞阳为副，荆轲有所待，欲与俱；其人居远未来，而为治行。顷之，未发，太子迟之，疑其改悔，乃复请曰："日已尽矣，荆卿岂有意哉？丹请得先遣秦舞阳。"荆轲怒，叱太子曰："何太子之遣？往而不反者，竖子也！且提一匕首入不测之强秦，仆所以留者，待吾客与俱。今太子迟之，请辞决矣！"遂发。

【译文】

于是，太子丹开始寻求天下最锋利的短剑，终于得到了赵国徐夫人的匕首，花百金买了来，叫工匠用毒药浸染在匕首上，拿人先试验一下，只要划破流下一丝的血，人便立刻毙命。于是便准备好行装，打发荆轲动身。燕国有个勇士秦舞阳，年纪十三岁时，杀了人，人都不敢瞧他一眼。太子丹便叫秦舞阳当副使陪伴荆轲。荆轲另外等候一个朋友来，想同他一道去，但是那人住的地方很远，还没有来到。荆轲便先替那人准备了行装，过了一些时候，还没动身。太子嫌他迟缓，怀疑荆轲反悔，就敦促荆轲说："时间已经紧迫了，难道荆卿还有什么想法吗？我想先打发秦舞阳走。"荆轲大怒，斥责太子说："为什么太子这样打发人！只顾前去，却不能达成任务回来报命的人，才是无用小子呀！况且只拿着一把短剑，进入祸福难测的强秦，我所以逗留不走的原因，是要等待我的友人来了一道去。如今太子既然嫌我怠慢，那么就此辞别动身起程算了！"说完便出发了。

【原文】

太子及宾客知其事者，皆白衣冠以送之。至易水之上，既祖，取道，高渐离击筑，荆轲和而歌，为变徵之声，士皆垂泪涕泣。又前而歌曰："风萧萧兮易水寒，壮士一去兮不复还！"复为羽声慷慨。士皆瞋目，发尽上指冠。于是荆轲就车而去，终已不顾。

易水壮别

【译文】

太子丹与知道这件事情的宾客们，都穿戴着白衣白帽来为他们送行。到了易水边，已经饯行之后，荆轲就要上路入秦了。这时高渐离击着筑，荆轲便和着节拍唱歌，唱的是"变徵"的凄凉调子，送行的人都泪流满面。荆轲又走上前唱道："风声萧萧呵，易水寒；壮士这一去啊，不再归还！"又唱出悲壮慷慨的"羽声"调子，送行的人都睁起怒眼，头发根根竖起冲向帽子，于是荆轲头也不回地上车起程了。

【原文】

遂至秦，持千金之资币物，厚遗秦王宠臣中庶子蒙嘉。嘉为先言于秦王曰："燕王诚振怖大王之威，不敢举兵以逆军吏，愿举国为内臣，比诸侯之列，给贡职如郡县，而得奉守先王之宗庙。恐惧不敢自陈，谨斩樊於期之头，及献燕督亢之地图，函封，燕王拜送于庭，使使以闻大王，唯大王命之。"秦王闻之，大喜，乃朝服，设九宾，见燕使者咸阳宫。荆轲奉樊於期头函，而秦舞阳奉地图匣，以次进。至陛，秦舞阳色变振恐，群臣怪之。荆轲顾笑舞阳，前谢曰："北蕃蛮夷之鄙人，未尝见天子，故振慴。愿大王少假借之，使得毕使于前。"秦王谓轲曰："取舞阳所持地图。"轲既取图奏之，秦王发图，图穷而匕首见。因左手把秦王之袖，而右手持匕首揕之。未至身，秦王惊，自引而起，袖绝。拔剑，剑长，操其室。时惶急，剑坚，故不可立拔。荆轲逐秦王，秦王环柱而走。群臣皆愕，卒起不意，尽失其度。而秦法，群臣侍殿上者不得持尺寸之兵；诸郎中执兵皆陈殿下，非有诏召不得上。方急时，不及召下兵，以故荆轲乃逐秦王。而卒惶急，无以击轲，而以手共搏之。是时侍医夏无且以其所奉药囊提荆轲也。秦王方环柱走，卒惶急，不知所为，左右乃曰："王负剑！"负剑，遂拔以击荆轲，断其左股。荆轲废，乃引其匕首以擿秦王，不中，中桐柱。秦王复击轲，轲被八创。轲自知事不就，倚柱而笑，箕踞以骂曰："事所以不成者，以欲生劫之，必得约契以报太子也。"于是左右既前杀轲，秦王不怡者良久。已而论功，赏群臣及当坐者各有差，而赐夏无且黄金二百镒，曰："无且爱我，乃以药囊提荆轲也。"

【译文】

来到秦国，荆轲拿着价值千金的礼物，毫不吝啬地贿赂了秦王的宠臣中庶子蒙嘉。蒙嘉先替他向秦王报告说："燕王果真害怕大王的声威，不敢出兵抵抗秦国的军队；愿意率领百官臣服大王，排在附庸秦国的诸侯行列里，像郡县一样地纳贡，以便能够奉守先王的宗庙。因为心里恐惧，不敢亲自来觐见大王，特地斩了樊於期的头，并献上燕国督亢地方的地图，在匣里封好，燕王亲自到宫廷前拜送，派遣使者前来禀告大王。敬候大王的命令！"秦王听了，非常高兴，便穿上朝服，设九宾大礼，在咸阳宫召见燕国使者。荆轲捧着装有樊於期头颅的匣子，秦舞阳捧着装地图的匣子，两人一前一后按次序进来。到了阶前，秦舞阳吓得变了脸色，浑身战栗，君臣感到奇怪。荆轲回头来向秦舞阳笑笑，才向前谢罪说："他是北方藩属蛮夷的野人，从来没有见过天子，所以他非常害怕。希望大王不要介意，也能在大王面前完成使者的任务。"秦王对荆轲说："把秦舞阳捧的地图递上来。"荆轲便取了地图，呈上去，秦王打开地图来看，地图打开到最后，匕首露了出来。荆轲便用左手抓住秦王的衣袖，而右手拿起匕首就刺秦王；没有刺到身上，秦王大惊，竭尽全力地跳了起来，将衣袖也扯断了；他想拔剑，剑很长，便用一手先抓住剑鞘。这时候他心里十分惶恐紧张，剑又插得很牢固，所以不能立刻把剑拔出来。荆轲紧紧追赶秦王，秦王绕着柱子逃跑。群臣都惊慌失措，因为事起仓猝，出人意料，全失去了常态。按照秦国的法令：群臣在殿里侍驾的，不准佩带任何兵器。那些担任侍卫的郎中们带着兵器，都排列在殿下，没有皇上的命令，是不准上殿的。正在紧急的时候，来不及传令给侍卫，因为荆轲才能追赶秦王。群臣仓猝慌急间，没有武器来制服荆轲。只得举起空手来打他。这时候侍医官夏无且，用他所捧着的药囊来投击荆轲。秦王正在绕着柱子逃跑，仓猝惊急，不晓得怎么办才好。左右群臣便大声喊道："大王！把剑背起来！"秦王这才把剑背起来，拔出剑来击杀荆轲，砍断了他的左腿。荆轲残伤了，便举起匕首掷向秦王，没有击中，打到铜柱上，秦王再用剑击刺荆轲，荆轲身上有八处地方受了重伤。荆轲知道事情已经失败，便倚靠着铜柱笑，蹲坐在地上大骂道："事情所以不能成功，只因为想活捉胁迫你下令退还诸侯的土地，来回报太子丹。"于是左右的人上前杀了荆轲，秦王心里郁闷了很久。后来论功赏赐群臣，并处罚失职有罪的人，各有不同；赏赐夏无且二百镒黄金，秦王说："无且爱护我，才拿药囊投击荆轲呀。"

【原文】

　　于是秦王大怒，益发兵诣赵，诏王翦军以伐燕。十月而拔蓟城。燕王喜、太子丹等尽率其精兵东保于辽东。秦将李信追击燕王急，代王嘉乃遗燕王喜书曰："秦所以尤追燕急者，以太子丹故也。今王诚杀丹献之秦王，秦王必解，而社稷幸得血食。"其后李信追丹，丹匿衍水中，燕王乃使使斩太子丹，欲献之秦。秦复进兵攻之。后五年，秦卒灭燕，虏燕王喜。

【译文】

　　于是，秦王大怒，增加军队到赵国去，命令王翦的军队去进攻燕国，十月，攻破了燕都蓟城。燕王喜、太子丹等带着他们所有的精锐部队，向东逃到辽东固守。秦将李信对燕王紧追不舍，代王嘉便写信给燕王喜说："秦国所以穷追不舍的原因，就是因为太子丹派人刺秦王的缘故。如今假使您真能杀掉太子丹，把他的头颅献给秦王，秦王必定消气便可撤兵，而燕国还可以侥幸不致灭亡。"后来，李信紧追太子丹，太子丹逃匿在衍水这地方。燕王便派人杀了太子丹，预备把他的头颅献给秦国。然而秦国没退兵，还是进兵攻击他。五年后，秦国终于灭了燕国，活捉了燕王喜。

【原文】

　　其明年，秦并天下，立号为皇帝。于是秦逐太子丹、荆轲之客，皆亡。高渐离变名姓为人庸保，匿作于宋子。久之，作苦，闻其家堂上客击筑，傍偟不能去。每出言曰："彼有善有不善。"从者以告其主，曰："彼庸乃知音，窃言是非。"家丈人召使前击筑，一坐称善，赐酒。而高渐离念久隐畏约无穷时，乃退，出其装匣中筑与其善衣，更容貌而前。举坐客皆惊，下与抗礼，以为上客。使击筑而歌，客无不流涕而去者。宋子传客之。闻于秦始皇。秦始皇召见，人有识者，乃曰："高渐离也。"秦皇帝惜其善击筑，重赦之，乃矐其目。使击筑，未尝不称善，稍益近之。高渐离乃以铅置筑中，复进得近，举筑朴秦皇帝，不中。于是遂诛高渐离，终身不复近诸侯之人。

鲁勾践已闻荆轲之刺秦王，私曰："嗟乎，惜哉其不讲于刺剑之术也！甚矣吾不知人也！曩者吾叱之，彼乃以我为非人也！"

【译文】

第二年，秦国统一了天下，建立了皇帝的尊号。于是秦国就下令通缉太子丹、荆轲的门客党徒；他们全都四处逃散。高渐离改名换姓，在宋子县避难，给人家做佣工。时间一久，觉得做工太辛苦，听见主人厅堂上有客人在击筑，便徘徊着舍不得离开。常常出口加以评论道："那人击筑，这些地方击得好，那些地方击得坏。"听差的因此告诉主人说："那个佣工竟然懂得音乐，私下里评论好坏。"那家主人便叫他到堂上来表演击筑，所有在座的宾客都称赞他击得好，赐给他酒喝。高渐离自己想，长久以来隐姓埋名，穷困寒酸，没有尽头；便辞退下去，拿出他行装中匣里的筑以及他的好衣服，恢复本来面目，然后走向堂前来。所有在座的客人，都感到很惊讶，走下堂来和他以平等的礼节相见，把他尊为上宾。请他击筑唱歌，客人们听后没有不流着眼泪离开的。宋子县的人，轮流来款待他。后来被秦始皇知晓了，秦始皇召见他。大臣中有认识的，就说："这是高渐离呀！"秦始皇爱惜他擅长击筑，特别赦免了他的死罪，只是弄瞎了他的眼睛；叫他击筑，没有一次不夸他好的。从此秦始皇渐渐和他接近。高渐离便把一块铅塞进筑里；等到进宫靠近秦始皇的时候，他就举起筑来扑打秦始皇，但没有打中。于是秦始皇便杀死了高渐离，以后终身不敢再接近诸侯国的人。

鲁勾践知道荆轲刺秦这件事以后，私下里说："唉呀！可惜他不好好研究刺剑的技术呵！我也太不了解人了！从前我呵斥他，他当然以为我不是他志同道合的人了！"

【原文】

太史公曰：世言荆轲，其称太子丹之命，"天雨粟，马生角"也，太过。又言荆轲伤秦王，皆非也。始公孙季功、董生与夏无且游，具知其事，为余道之如是。自曹沫至荆轲五人，此其义或成或不成，然其立意较然，不欺其志，名垂后世，岂妄也哉！

【译文】

太史公说：世上的人们说到荆轲，谈论到太子丹"天上落下粟雨，马头生出角来"的话，实在是太过分；又说，荆轲刺伤了秦王，这都是谬传。以前，公孙季功、董生和夏无且有交往，知道这件事的详细经过，给我讲过像以上所说的话。从曹沫到荆轲这五个人，他们的侠义举动，有成功的，也有不成功的，但他们立意都很明确，不背弃他们立定的志向，声名能够流传后世，难道是虚妄得来的吗！

淮阴侯列传

【原文】

淮阴侯韩信者，淮阴人也。始为布衣时，贫无行，不得推择为吏，又不能治生商贾，常从人寄食饮，人多厌之者。常数从其下乡南昌亭长寄食，数月，亭长妻患之，乃晨炊蓐食。食时信往，不为具食。信亦知其意，怒，竟绝去。

信钓于城下，诸母漂，有一母见信饥，饭信，竟漂数十日。信喜，谓漂母曰："吾必有以重报母。"母怒曰："大丈夫不能自食，吾哀王孙而进食，岂望报乎！"

【译文】

淮阴侯韩信是淮阴人。当初，他还是平民时，家中十分贫困，再加上品行也不好，因此，也没资格被推选做地方上的小官，又不会做买卖来维生，于是就经常在熟人家里吃口闲饭。很多人都讨厌他。好多次，曾依附淮阴郡乡下县南昌亭长家中生活，一吃就是几个月。亭长的妻子对他十分反感，于是想出一个计策，大清早就做好饭，在卧房里就把饭吃完了。等到吃饭的时候，韩信赶来却没有为他准备饭食。韩信也知道他们的意思，十分恼怒，就和他们断绝关系不再来往了。

韩信（？-前196），字重言，淮安(今江苏省淮安市)人，西汉开国功臣。中国历史上伟大的军事家、战略家、统帅和军事理论家。

韩信穷困潦倒，就到城下去钓鱼，那儿有许多妇女在漂洗绵絮。有位老妈妈看到韩信饿得怪可怜，就给他饭吃，在那儿漂了数十天的絮，也就让韩信几十天有饭吃。韩信十分欣喜，对漂絮的老妈妈说道："我一定要加倍地报答您！"老妈妈很生气地说："大丈夫不能自己养自己，我是可怜你，所以给你饭吃，难道是指望什么报答啊！"

【原文】

淮阴屠中少年有侮信者，曰："若虽长大，好带刀剑，中情怯耳。"众辱之，曰："信能死，刺我；不能死，出我袴下。"于是信孰视之，俛出袴下，蒲伏。一市人皆笑信，以为怯。

及项梁渡淮，信杖剑从之，居戏下，无所知名。项梁败，又属项羽，羽以为郎中。数以策干项羽，羽不用。汉王之入蜀，信亡楚归汉，未得知名，为连敖。坐法当斩，其辈十三人皆已斩，次至信，信乃仰视，适见滕公，曰："上不欲就天下乎？何为斩壮士！"滕公奇其言，壮其貌，释而不斩。与语，大说之。言于上，上拜以为治粟都尉，上未知奇也。

【译文】

淮阴的屠宰户里，有些无赖欺侮韩信道："你虽然又高又大，喜欢带刀佩剑，其实你骨子里却胆小如鼠！"于是一群恶少就公然侮辱他说："韩信，你如果不怕死，就用你的剑来刺我；若怕死的话，就从我的胯下钻过去！"韩信两眼瞪着恶少，盯了半天，低下头爬在地上，从那恶少的胯下钻了过去。满街人都讥笑韩信，认为他胆小怕事！

后来项梁渡过淮水，韩信就带着他的佩剑来投奔项梁，在他的指挥下，默默无闻。项梁兵败后，韩信又去投奔项羽，项羽就任命他做郎中。好几次韩信向项羽献奇策，项羽都没有采纳，所以也就不用他，汉王刘邦入蜀时，韩信从楚军中逃出来投靠了汉王，但仍默默无闻。担任粮仓管理员，因为犯了法，判决要斩首，同案共犯十三人都已经被处决了，轮到韩信，韩信抬起头来，刚巧看见夏侯婴，就大声说道："汉王不是要统一天下吗？为什么要杀掉壮士呢？"滕公夏侯婴听了他的话，感到惊讶，看他的相貌比较威武不像是等闲之辈，于是就把他放了，免了死罪。和他一谈话，大为高兴，就报告刘邦，刘邦就请他任治粟都尉。刘邦并没有发现他有什么与众不同之处。

【原文】

信数与萧何语，何奇之。至南郑，诸将行道亡者数十人，信度何等已数言上，上不我用，即亡。何闻信亡，不及以闻，自追之。人有言上曰："丞相何亡。"上大怒，如失左右手。居一二日，何来谒上，上且怒且喜，骂何曰："若亡，何也？"何曰："臣不敢亡也，臣追亡者。"上曰："若所追者谁？"何曰："韩信也。"上复骂曰："诸将亡者以十数，公无所追；追信、诈也。"何曰："诸将易得耳。至如信者，国士无双。王必欲长王汉中，无所事信；必欲争天下，非信无所与计事者。顾王策安所决耳。"王曰："吾亦欲东耳，安能郁郁久居此乎？"何曰："王计必欲东，能用信，信即留；不能用，信终亡耳。"王曰："吾为公以为将。"何曰："虽为将，信必不留。"王曰："以为大将。"何曰："幸甚。"于是王欲召信拜之。何曰："王素慢无礼，今拜大将如呼小儿耳，此乃信所以去也。王必欲拜之，择良日，斋戒，设坛场，具礼，乃可耳。"王许之。诸将皆喜，人人各自以为得大将。至拜大将，乃韩信也，一军皆惊。

【译文】

韩信多次跟萧何交谈，萧何十分欣赏韩信是个与众不同的奇才。到了汉王的都城南郑，那些军官们都想东归回乡，所以半路上逃了几十人。韩信心中也暗想：萧何他们已经为我向汉王推举过多次，汉王都不重用我，算了吧！于是也逃走了。萧何听说韩信逃了，也来不及向刘邦报告，就亲自去追赶韩信。有人就向刘邦报告说："相国萧何也逃跑了！"刘邦大怒，如同失去了左右手。隔了一两天，萧何回来叩见刘邦，刘邦既生气又高兴，骂萧何道："你为什么逃走？"萧何说："臣怎么敢逃走呢？臣是去追回那逃走的人。"刘邦说："你去追的人是谁？"萧何说："韩信啊！"刘邦又骂道："那些逃跑的军官，多达几十个！你从来没去追过，追韩信，是骗人的！"萧何说："那些军官皆是平庸之辈，容易得到的；至于像韩信这样的人，那是全国之中，谁也比不上他！大王如果只想长期在汉中一带称王的话，那韩信确实是一无所用；如果真想夺天下，只有韩信可以同您商量军国大事！就看大王您的主意，是怎样的决定罢了！"汉王说："我当然也想向东发展哩！怎么能够委曲求全地长久守在这儿呢？"萧何说："大王如果计划一定要向东发展，争取天下，如能够任用韩信，那么韩信就会留下；不能任用韩信，韩信终归会逃走的。"汉王说："好吧，我就看在你的情面上，任用他做将领吧！"萧何说："虽然你让他为将，但是韩信一定不肯留下！"汉王说："那就派他做大将吧！"萧何说："好极了！"于是汉王要把韩信叫来，拜他为大将。萧何说："大王一向对人傲慢，不注重礼节，现在要拜人家做大将，好像叫个小孩儿似的，这就是韩信之所以离去的原因啊！大王如果真要拜他为大将，就选个良辰吉日，沐浴斋戒，在广场上筑个土台，举行拜大将的仪式，这样才可以！"汉王答应了这样办。那些将领们，都非常高兴，每个人都自以为自己将要被选中拜大将了！可是，等到拜大将时，才知原来是韩信！大家都觉得非常意外。

【原文】

信拜礼毕，上坐。王曰："丞相数言将军，将军何以教寡人计策？"信谢，因问王曰："今东乡争权天下，岂非项王邪？"汉王曰："然。"曰："大王自料勇悍仁强孰与项王？"汉王默然良久，曰："不如也。"信再拜贺曰："惟信亦为大王不如也。然臣尝事之，请言项王之为人也。项王喑噁叱咤，千人皆废，然不能任属贤将，此特匹夫之勇耳。项王见人恭敬慈爱，言语呕呕，人有疾病，涕泣分食饮，至使人有功当封爵者，印刓敝，忍不能予，此所谓妇人之仁也。项王虽霸天下而臣诸侯，不居关中而都彭城。有背义帝之约，而以亲爱王，诸侯不平。诸侯之见项王迁逐义帝置江南，亦皆归逐其主而自王善地。项王所过无不残灭者，天下多怨，百姓不亲附，特劫于威强耳。名虽为霸，实失天下心。故曰其强易弱。今大王诚能反其道，任天下武勇，何所不诛！以天下城邑封功臣，何所不服！以义兵从思东归之士，何所不散！且三秦王为秦将，将秦子弟数岁矣，所杀亡不可胜计，又欺其众降诸侯，至新安，项王诈阬秦降卒二十余万，唯独邯、欣、翳得脱，秦父兄怨此三人，痛入骨髓。今楚强以威王此三人，秦民莫爱也。大王之入武关，秋毫无所害，除秦苛法，与秦民约，法三章耳，秦民无不欲得大王王秦者。于诸侯之约，大王当王关中，关中民咸知之。大王失职入汉中，秦民无不恨者。今大王举而东，三秦可传檄而定也。"于是汉王大喜，自以为得信晚。遂听信计，部署诸将所击。

【译文】

　　韩信在接受了拜将典礼之后，刘邦方才坐下，对韩信说道："萧相国屡次称赞将军的将才，请问将军有什么定国安邦的良策，向寡人讲一讲？"韩信谦虚了一下，接着就问汉王说："现在您打算向东方争夺天下霸权，您的对手岂不就是项羽吗？"汉王说："是的！"韩信说："大王自己估量一下，论兵力的勇敢、凶狠、精良、强盛，与项羽相比，谁高谁下？"汉王半天没吭声，最后说："不如项羽！"韩信拜了两拜，很赞佩地说道："就是我韩信也认为大王是真的不如项羽。但是臣曾侍奉过他，让臣说一下项羽的为人：项羽一声怒吼，千人都吓得胆战腿软。但是他不能信任人，不能把重任交付给有能力的将领们。所以，这不过是普通人的血气之勇罢了；项羽待人，表面上是非常谦虚谨慎，说话温和。当部下生了病，他同情病人的痛苦，甚至为他流泪，把自己的食物分给他们；但是等到部下立了功该封给爵位时，他把刻好的印信，在手中将角都磨圆了，也舍不得授给该封赏的人。这就是所谓妇道人家的仁慈，不识大体。项羽目前虽然称霸天下，诸侯们都臣服于他，可是他没占据可控制中原的关中这个要地，却定都彭城，又违背义帝当时与天下诸侯所作的约定，而把他所亲近的、喜爱的人，都封为王，诸侯们对他这种自私，个个不平。诸侯们看到项羽把义帝迁徙驱逐到偏远的江南，也都各自回到自己的国境内，把自己的国君逐走，然后挑一处好的地方自立为王了。凡是项王军队所到过的城邑，没有不被蹂躏得残破毁灭的。所以天下人都非常怨恨，老百姓们都不愿意归顺拥戴他，只是胁迫于他的淫威罢了！名义上虽然是天下的主，实质上已经失去了天下人的心。所以说：他是目前看来很强大，但很快他就会衰弱！现在大王果然能够一改项王的做法，任用天下英武勇敢之人，天下哪里还会有你的对手？您把天下的大城小镇，分封给那些为你立功的臣子，那么还有什么人会不服从您呢？您率领正义之军，顺从将士东归还乡之心，去向东进军，还有什么人可以抵抗？又加上那三位秦王本来都是秦的将领，带着秦国当地的子弟兵出来打仗，已经有好几年了，被杀死和逃跑的士兵，不计其数；又欺骗了他们部队以及将领们,投降项羽。结果秦军走到新安,项羽用欺诈的手段,把秦国的降兵二十余万人,活埋在新安城南。只剩下章邯、司马欣、董翳三人得以逃脱。秦国的父老兄弟们,对这三个人真是恨之入骨。现在项羽勉强地用威力胁迫着秦国人,把这三人分封在秦地为王,其实秦国的老百姓是不会爱戴这三个人的!您当初由东方进入秦的武关,一点儿也没有损害到秦国的子民,废除秦朝的苛刻刑法,跟秦国百姓约定,只颁布了三条法令!秦国的老百姓,几乎没有一个不希望大王在秦国做王的。按照与诸侯的约定,大王应该在关中称王,关中的老百姓全都知道这件事,可是大王失掉应有的封爵,而被安排到汉中做汉王,秦国的老百姓无不怨恨于项王。现在大王起兵向东,三秦的属地,只要送一封文告去,就可以收服了!不必动一兵一卒!"汉王听了,十分高兴,实在是相见恨晚。于是听从韩信的计策,部署部队去攻打预定目标。

【原文】

八月,汉王举兵东出陈仓,定三秦。汉二年,出关,收魏、河南,韩、殷王皆降。合齐、赵共击楚。四月,至彭城,汉兵败散而还。信复收兵与汉王会荥阳,复击破楚京、索之间,以故楚兵卒不能西。

汉之败却彭城,塞王欣、翟王翳亡汉降楚,齐、赵欲亦反汉与楚和。六月,魏王豹谒归视亲疾,至国,即绝河关反汉,与楚约和。汉王使郦生说豹,不下。其八月,以信为左丞相,击魏。魏王盛兵蒲坂,塞临晋,信乃益为疑兵,陈船欲度临晋,而伏兵从夏阳以木罂缻渡军,袭安邑。魏王豹惊,引兵迎信,信遂虏豹,定魏为河东郡。汉王遣张耳与信俱,引兵东,北击赵、代。后九月,破代兵、擒夏说阏与。信之下魏破代,汉辄使人收其精兵,诣荥阳以距楚。

【译文】

八月,刘邦起兵东进,从关北出陈仓,占领了秦国全部土地。汉二年,又引兵向东出函谷关,收服了魏王豹及河南王,韩王郑昌、殷王司马卬等,也都降归汉王。四月,大兵到了楚都彭城,结果刘邦的军队打了个大败仗,撤军回去,韩信又收集一部分败溃的部队,和刘邦在荥阳地区会合,又攻击楚军,在京、索二地之间,把楚军打败了,因此楚军始终再不能向西进攻。

刘邦在彭城兵败退还的时候，塞王司马欣、翟王董翳就从汉王那儿逃向楚军去投降。齐王、赵王他们，也都背叛了汉王去与楚王和好。六月，魏王豹又请假回去探望母病，回到封地，马上也封锁了黄河西岸的临晋关，断绝了汉军的退路，背叛刘邦去与楚国谋和。刘邦众叛亲离，进退两难，就派郦食其去劝告魏豹投汉王，没有结果。这年八月，刘邦又任命韩信做左丞相，带兵去攻打魏国。魏王把重兵都布守在蒲坂一带，断绝了临晋关的通路，韩信就故意布置很多疑兵，陈列船只在临晋关黄河的对岸，故意做出要渡河的样子；而另外则派了精兵，暗中从夏阳附近，不用船而用木桶之类的瓮、罐，偷偷地浮水过河去，攻打魏的都城安邑。魏王豹没有防范，大为吃惊，就带了兵来迎击韩信，韩信俘虏了魏豹，平定了魏，改为河东郡。汉王立即又派遣张耳跟韩信一道，带兵东去，向北攻打赵王歇及守在代地的陈余。闰九月，打败了代的部队，在阏与捉住了代相夏说。当韩信在攻破魏、收服代的时候，汉王随时派人来调走他的精锐部队，开往荥阳前线去抵抗楚兵。

【原文】

信与张耳以兵数万，欲东下井陉击赵。赵王、成安君陈余闻汉且袭之也，聚兵井陉口，号称二十万。广武君李左车说成安君曰："闻汉将韩信涉西河，虏魏王，禽夏说，新喋血阏与，今乃辅以张耳，议欲下赵，此乘胜而去国远斗，其锋不可当。臣闻千里馈粮，士有饥色，樵苏后爨，师不宿饱。今井陉之道，车不得方轨，骑不得成列，行数百里，其势粮食必在其后。愿足下假臣奇兵三万人，从间道绝其辎重。足下深沟高垒，坚营勿与战。彼前不得斗，退不得还，吾奇兵绝其后，使野无所掠，不至十日，而两将之头可致于戏下。愿君留意臣之计。否，必为二子所禽矣。"成安君，儒者也，常称义兵不用诈谋奇计，曰："吾闻兵法十则围之，倍则战。今韩信兵号数万，其实不过数千。能千里而袭我，亦已罢极。今如此避而不击，后有大者，何以加之！则诸侯谓吾怯，而轻来伐我。"不听广武君策。广武君策不用。

【译文】

韩信跟张耳带着几万大军,想攻破太行山区的井陉关去攻打赵国,赵王歇和成安君陈余,听说刘邦的军队将要来攻打赵国,就把很多兵力聚集在井陉关的隘口,当时军容壮盛,号称二十万。广武君李左车就劝说成安君道:"听说刘邦的将领韩信渡过西河,俘虏了魏王,捉了夏说,新近在阏与大战一场,死伤甚多!现在又派了个张耳做帮手,商议如何攻取赵国,这是一支趁着战胜的余威而离开本国远征的军队,锐不可挡!臣听兵家说:从千里之外运送粮饷来供给士兵食用,运输困难,士兵们没有不饥饿疲惫的。如果柴草也供应不上,要靠临时打些不干的柴来烧饭,军队不可能是经常吃饱的。现在井陉关的隘道,非常狭隘,不能两辆兵车并行,不能使骑兵排成行列。在这样的隘道里,行兵几百里,在情势上而言,军队的粮饷,一定落在部队的后面。希望您能暂时拨给我轻装部队三万人,从小路去拦截他们的粮草、军需补给等,您只要带着部队深掘壕沟,高筑营垒,坚守阵地,不要出兵和他交战。他们就会到想战不能,想退也不行的地步,我又带着骑兵截断了他们的后路,野地里连一点儿可以掳掠的东西都没有,不到十天工夫,那么韩信和张耳的头颅,可以挂在您的军营前。希望您考虑臣的计策。否则,我们一定会成为他们二人的俘虏。"成安君是一个迂腐不知通变的庸人,常常说:"只要是正义之师,战争时是用不着什么奇谋诡计的!"所以他回答说:"我听兵法这样说过:多于敌人十倍的兵力,那么就包围他们;多于敌人一倍的兵力,就可以和他较量一番。现在韩信的兵力,口头上号称有几万,其实不过几千人罢了!竟然跋涉千里来攻打我们,必定是强弩之末了!现在是这样的一个情势,我们反而回避而不去正面打击他;以后如果有比韩信更强大的敌人前来,我们将怎样去战胜他们呢?真的就照你所说的那样坚守营垒,不去战,那其他的诸侯们就会说我们胆怯、懦弱,就会轻易地来攻打我们了!"没有接受广武君李左车的计策。

【原文】

韩信使人间视,知其不用,还报,则大喜,乃敢引兵遂下。未至井陉口三十里,止舍。夜半传发,选轻骑二千人,人持一赤帜,从间道萆山而望赵军,诫曰:"赵见我走,必空壁逐我,若疾入赵壁,拔赵帜,立汉赤帜。"令其裨将传飧,曰:"今日破赵会食!"诸将皆莫信,详应曰:"诺。"谓军吏曰:"赵已先据便地为壁,且彼未见吾大将旗鼓，未肯击前行。恐吾至阻险而还。"信乃使万人先行，出，背水陈。赵军望见而大笑。平旦，信建大将之旗鼓，鼓行出井陉口，赵开壁击之，大战良久。于是信、张耳详弃鼓旗，走水上军。水上军开入之，复疾战。赵果空壁争汉旗鼓，逐韩信、张耳。韩信、张耳已入水上军，军皆殊死战，不可败。信所出奇兵二千骑，共候赵空壁逐利，则驰入赵壁，皆拔赵旗，立汉赤帜二千。赵军已不胜，不能得信等，欲还，归壁，壁皆汉赤帜，而大惊，以为汉皆已得赵王将矣，兵遂乱，遁走，赵将虽斩之，不能禁也。于是汉兵夹击，大破虏赵军，斩成安君泜水上，禽赵王歇。

【译文】

韩信派探子在暗地里监视，得知李左车的计策没有被成安君所采纳，探子回来报知上情。于是，韩信十分高兴，才敢大胆地带着部队向那狭长的隘路进军，在还不到井陉口三十里的地方，就停下大军，安营扎寨。半夜里发出突袭的命令，选出两千轻骑兵，每人拿着一面红色的汉军旗，从小路上山，隐蔽在山上观察赵军，等候时机及号令。并且特别告诫他们说："赵军看到我军败退逃走，一定会倾全营之兵来追击我军，到那时你们快速地冲入赵军营地，把赵国的旗帜拔了，插上我汉军的旗帜。"又命令副将传令开饭，并告诉他们说："今天在攻破了赵军之后，我们举行大宴会！"那些将领们都不敢相信，只好假意地答应说："遵命！"又对他的军官说："赵军已经占据了有利地形，扎下营寨，而且他们如果没有看到我军主将的旗鼓，就不会出来追赶我们的先遣部队，只怕我们刚到山路险隘的通道口就退了回来！"韩信于是就派一万人做先头部队，开出营寨，面向着赵军，背向着河水，排开了阵势。赵军看到韩信军队排成这样只有前进，没有退路的绝阵，大笑不已。等到天大亮，韩信登上战车，插上大将旗号，架起战鼓，大击战鼓开出陉口，于是赵军打开营门，来迎击汉军，两军对峙交战了很久。于是韩信、张耳故意大败便抛弃了主帅的指挥的旗鼓，退到排在水边的军阵之中，河边阵地的部队，打开阵势，让韩信等所带的人马，进入阵地，又疾心回头迎战。赵军果然倾巢而出，大家争相掠夺汉军的旗

王子欤戈　春秋时期兵器，出土于山西省万荣县庙前村。援长16厘米，胡长9.5厘米，内长8厘米。正面铭之：王子欤戈。现藏河南省文物博物馆。

鼓,追逐韩信、张耳。韩信和张耳已经和水边的部队会合,军士们个个奋勇争先,与敌死拼,一下子赵军也攻打不下,韩信事先派的两千轻骑兵,正在等候赵军倾巢而去追逐韩信的败军,见他们果真全营出动,于是冲入赵军营垒,把赵国的旗帜都拔了,竖起了两千面汉军的旗帜。赵军已经无法一时打败韩信背水作战的军队,当然也无法俘虏韩信、张耳他们,就决定收兵回营,可是回头一看,营帐上全是汉军的红色旗帜,众兵将大为惊恐,以为汉军都已经虏获了赵王及他们的将领们了!于是阵势大乱,纷纷逃跑,赵将虽然竭力制止奔逃,杀了好些人,但仍然控制不了局面。于是汉军两面夹攻,大破赵军,俘虏了大批赵军,在泜水边斩了成安君,活捉了赵王歇。

【原文】

信乃令军中毋杀广武君,有能生得者购千金。于是有缚广武君而致戏下者,信乃解其缚,东乡坐,西乡对,师事之。

诸将效首虏,休,毕贺,因问信曰:"兵法右倍山陵,前左水泽,今者将军令臣等反背水陈,曰破赵会食,臣等不服。然竟以胜,此何术也?"信曰:"此在兵法,顾诸君不察耳。兵法不曰'陷之死地而后生,置之亡地而后存'?且信非得素拊循士大夫也,此所谓'驱市人而战之',其势非置之死地,使人人自为战;今予之生地,皆走,宁尚可得而用之乎!"诸将皆服,曰:"善。非臣所及也。"

【译文】

韩信看大局已经控制住了,于是传令众兵将,不可杀死广武君,如有人活捉了广武君,可以奖赏千金。命令传下去,就有人把广武君绑了送到韩信的帐内,韩信立刻松了他的绑,请李左车面向东坐,自己行弟子之礼,坐东向西来跟他讲话。

激战结束,诸将分别来把敌人的首级和俘虏及战利品等,呈献上来报功,完毕之后,都向韩信称贺。接着有人问韩信道:"兵法上说,右边和背后背着山陵,则左面山面对着川泽,要背山临水,可是这一次将军

三穿戟 西周中期,通高23厘米,宽18.5厘米,重0.32千克。

却背水为阵，反其道而行。并且说，等破了赵军大摆席，臣等当时心中真是十分不信服，然而竟然打了胜仗，这是什么战术呢？"韩信说："这个在兵法上是有的！但是诸君没有在意罢了！兵法上不是说'必须把军队置于危险的死地，士兵才能奋勇作战，然后可以绝处逢生，死中求生'。况且我韩信并没有能得到平素受我训练而听我调度的将士，这就是俗语所谓：'指挥街市平民去作战！'在如此情势之下，非把军队安排在绝地，使每个人都为了生存，奋力作战，是无法取胜的。现在如果把这些将士安置在可以逃生的地方，他们就都逃走了，怎么还能够用他们作战制敌呢？"诸将听了，都十分佩服地说道："好极了，将军的谋略，真是众人不可揣测的！"

【原文】

于是信问广武君曰："仆欲北攻燕，东伐齐，何若而有功？"广武君辞谢曰："臣闻败军之将，不可以言勇；亡国之大夫，不可以图存。今臣败亡之虏，何足以权大事乎！"信曰："仆闻之，百里奚居虞而虞亡，在秦而秦霸，非愚于虞而智于秦也，用与不用，听与不听也。诚令成安君听足下计，若信者亦已为禽矣。以不用足下，故信得侍耳。"因固问曰："仆委心归计，愿足下勿辞。"广武君曰："臣闻智者千虑，必有一失；愚者千虑，必有一得。故曰'狂夫之言，圣人择焉'。顾恐臣计未必足用，愿效愚忠。夫成安君有百战百胜之计，一旦而失之，军败鄗下，身死泜上。今将军涉西河，虏魏王，禽夏说阏与，一举而下井陉，不终朝破赵二十万众，诛成安君。名闻海内，威震天下，农夫莫不辍耕释耒，褕衣甘食，倾耳以待命者。若此，将军之所长也。然而众劳卒罢，其实难用。今将军欲举倦弊之兵，顿之燕坚城之下，欲战恐久力不能拔，情见势屈，旷日粮竭，而弱燕不服，齐必距境以自强也。燕、齐相持而不下，则刘、项之权未有所分也。若此者，将军所短也。臣愚，窃以为亦过矣。故善用兵者不以短击长，而以长击短。"韩信曰："然则何由？"广武君对曰："方今为将军计，莫如案甲休兵，镇赵抚其孤，百里之内，牛酒日至，以飨士大夫醳兵，北首燕路，而后遣辩士奉咫尺之书，暴其所长于燕，燕必不敢不听从。燕已从，使谊言者东告齐，齐必从风而服，虽有智者，亦不知为齐计矣。如是，则天下事皆可图也。兵固有先声而后实者，此之谓也。"韩信曰："善。"从其策，发使使燕，燕从风而靡。乃遣使报汉，因请立张耳为赵王，以镇抚其国。汉王许之，乃立张耳为赵王。

【译文】

于是韩信向广武君请教道："在下想要向北攻打燕国，向东攻找齐国，您看应当如何才好呢？"广武君谦让地说："臣听人说，带着军队打了败仗的将领，不够资格来谈英勇；亡国的臣子，是不配来参与谋划长治久安之计的。现在臣已是败军之将、亡国的俘虏，怎么配得上跟您一道来商量国家大事呢？"韩信说："在下也曾听说过：百里奚在虞国做官，而虞国亡国了；在秦国做相国，而秦国成为天下诸侯的霸主，并不是他在虞国愚笨，而服侍秦就聪敏起来了！主要在他的意见被秦国采用而不被虞国采用，虞君不听信他的意见，而秦君听信他的意见啊！假如当初成安君真的用了先生的计策，像我韩信这样的庸才，早已被您生擒活捉了；就是因为他不听从您的计策，所以才有机会让我韩信陪侍您。"接着韩信又真诚地向李左车请教，说道："在下完全听从您的计谋，希望您不要推辞！"广武君说："当然，臣听人说过：智者千虑，必有一次失误；而愚者千虑，也会有一次收获！所以说，即使是狂妄无知的话，圣人也可以选择地采纳。但是又恐怕臣所献的计策，不一定适合，不过臣愿意献上我的愚见。至于成安君有百战百胜的计谋，然而一旦失算，所以部队在鄗的附近打了败仗，以至身死于泜水之滨。如今将军可以用木筏涉过西河，俘虏了魏王，在阏与捉住了夏说，一战便攻破了井陉隘道，不到一个上午打败了二十万赵军，杀了赵相成安君。名声威震四海，使得敌国的农夫们十分恐惧，都放下耕犁和锄头，只图眼前穿好些吃好些，侧着耳朵在等候着听您出兵的消息。像这些，都是将军您的长处啊！然而校尉们十分辛劳，士卒们已经十分疲乏，实在是很难叫他们再卖力作战了。现在将军您要率领这一身乏力竭的军队，去驻扎到燕国的坚固的城下，要跟他战斗吧，恐怕会僵持很久，而又没有力量攻下它。如此情势，已被敌方知道得一清二楚，声势随之也削弱了。日子愈拖得久，那粮草一定就耗尽了。这时，连较弱的燕国也不能降服，而齐国一定来个坚壁清野，固守国境，而使自己强大起来。燕国和齐国与您的军队形成僵持局面，不能解决，那么刘邦和项羽的胜负，还是分不出胜负的！像这些，是将军这方面的劣势啊！臣很愚笨，但鄙意以为您攻燕伐齐的打算是错的！所以善于用兵的人，不拿自己的短处去攻击别人的长处，而是利用自己的长处去攻击别人的短处。"韩信说："那么我该怎样行动呢？"广武君回答说："现在为您打算，不如卸甲收兵，镇守赵国，安抚百姓，存恤遗孤。百里之内的地区，每天都可以送来牛和酒，以宴请您的将士，犒赏您的兵卒。而后向北移军，把部队驻守到通往燕国的路上，摆出要攻打燕国的架势，接着派一个辩士，送一封信过去，向燕国显示您的长处，燕国一定不敢违抗。用威势把燕国降服了之后，再派说客向东去劝降齐国，齐国一定听到消息就会降服的。虽然有再聪明的人，也不知道如何替齐国出主意了。这样一来，争取天下的大事，都可以图谋了！用兵之道，本来就有先声夺人，虚张声势，而后再采取实际行动的这就是我所说的策略！"韩信听了，说道："好极了！"就依广武君的计策，派人到燕国去，燕国人听到了消息，立刻投降。就派人去报告刘邦，并且请立张耳做赵王，负责镇守赵国。刘邦答应了他的请求，就封张耳为赵王。

【原文】

楚数使奇兵渡河击赵，赵王耳、韩信往来救赵，因行定赵城邑，发兵诣汉。楚方急围汉王于荥阳，汉王南出，之宛、叶间，得黥布，走入成皋，楚又复急围之。六月，汉王出成皋，东渡河，独与滕公俱，从张耳军修武。至，宿传舍。晨，自称汉使，驰入赵壁。张耳、韩信未起，即其卧内上夺其印符，以麾召诸将，易置之。信、耳起，乃知汉王来，大惊。汉王夺两人军，即令张耳备守赵地，拜韩信为相国，收赵兵未发者击齐。

【译文】

楚国好几次派遣部队渡河去攻打赵国，赵王张耳及韩信也就经常往来救援，乘着机会，也就把所经过的赵国各城邑占领，再派兵到刘邦那儿去。楚军正把刘邦重重地围困在荥阳，情况十分危险，刘邦由南门逃出，向宛和叶之间奔去，收服了黥布，就同入成皋躲避，楚王又带着兵来围攻成皋。六月，刘邦逃出成皋，向东渡过黄河，单身一人跟夏侯婴急急地跑到张耳的驻地修武去。到达时，就住在客馆中。第二天一早，自称是刘邦派来的使者，骑马直奔赵王的军营中。这时张耳和韩信还没起床，刘邦就在他们的卧室内,把他们的帅印和兵符都夺了过来,立刻用来召集各将领,并且调整了他们的职务。韩信和张耳起来之后,才知道刘邦已经来了,大为吃惊。刘邦夺回了两人的军队指挥权,就派张耳守备赵地,拜韩信为赵相国,把赵国那些没有开到荥阳去的部队,召集起来,叫韩信带去攻打齐国。

【原文】

信引兵东,未渡平原,闻汉王使郦食其已说下齐,韩信欲止。范阳辩士蒯通说信曰:"将军受诏击齐,而汉独发间使下齐,宁有诏止将军乎?何以得毋行也!且郦生一士,伏轼掉三寸之舌,下齐七十余城,将军将数万众,岁余乃下赵五十余城,为将数岁,反不如一竖儒之功乎?"于是信然之,从其计,遂渡河。齐已听郦生,即留纵酒,罢备汉守御。信因袭齐历下军,遂至临淄。齐王田广以郦生卖己,乃亨之,而走高密,使使之楚请救。韩信已定临淄,遂东追广至高密西。楚亦使龙且将,号称二十万,救齐。

【译文】

韩信带着兵,向东出发,到达平原县境黄河口,尚未渡河,听说刘邦派郦食其去游说齐国,已经劝降了齐国。韩信就想停止进军按兵不动,范阳籍的辩士蒯通就劝说韩信道:"将军奉了诏命来攻打齐国,而汉王只不过派遣使臣去游说齐王,难道汉王有命令要你停止进军吗?你怎能不前进呢?而且,郦食其只是一个游说之士,乘着一辆车,到处去显耀他的三寸不烂之舌,竟然说动了齐国七十多处城池降汉;而将军率领着几万大军,一年多才攻下赵国的五十多城,做了几年的大将,反不如一个小小卑贱儒生的功劳吗?"于是韩信认为蒯通说得对,听从了他的计策,就渡河往齐国出兵。这时齐国已经接受了郦食其的劝告,准备降汉,就挽留这位郦先生为他接风洗尘,也就撤除了对汉军的防卫守备。韩信的军队也就不声不响地攻取了齐国的历下城,很快地开到了齐国都临淄。齐王田广以为郦食其欺骗了他,就把郦食其给活活烹了。急忙逃往高密,又派人到楚国去求救。韩信已经平定了临淄,就带兵向东追赶田广,直追到高密的西境。这时楚王也派龙且为大将,率领人马,号称二十万,来救援齐国。

【原文】

齐王广、龙且并军与信战,未合。人或说龙且曰:"汉兵远斗穷战,其锋不可当。齐、楚自居其地战,兵易败散。不如深壁,令齐王使其信臣招所亡城,亡城闻其王在,楚来救,必反汉。汉兵二千里客居,齐城皆反之,其势无所得食,可无战而降也。"龙且曰:"吾平生知韩信为人,易与耳。且夫救齐不战而降之,吾何功?今战而胜之,齐之半可得,何为止!"遂战,与信夹潍水陈。韩信乃夜令人为万余囊,满盛沙,壅水上流,引军半渡,击龙且,详不胜,还走。龙且果喜曰:"固知信怯也。"遂追信渡水。信使人决壅囊,水大至,龙且军大半不得渡。即急击,杀龙且。龙且水东军散走,齐王广亡去。信遂追北至城阳,皆虏楚卒。

【译文】

齐王田广和楚将龙且,两军联合起来,准备攻打韩信,两军尚未交战,有人劝告龙且说:"汉兵深入齐境,情况不熟悉,一定奋力战斗,有锐不可挡之势。齐楚之兵,在自家地面作战,因为眷恋家室,容易产生厌战情绪,不如坚壁防守;一面叫齐王派他的亲信去招抚那些已经丢失的城邑。那些沦陷区的城邑,听说齐王还在,又有楚兵来救援,一定会反叛汉军。汉军远到两千里之外的异国,齐国的城邑又都背叛了汉军,汉军一定会粮草不足,那就可以不用作战就使汉兵投降了!"龙且说:"我生平很知道韩信的为人,他是很容易对付的!而且我的任务是来援救齐国的,如果不用作战就可降服韩信,那我还有什么功绩可言呢?现在我和汉军交战而战胜了韩信,说不定齐国一半的土地会封赏给我。为什么不战呢?"于是就挥兵出战,与韩信的部队在潍水之东和潍水之西,隔水排下阵势。韩信就在黑夜里派人做了一万多个袋子,盛满了砂石,堵住上流的河水,带着一半军队渡河,去袭击龙且,假装战败,回头撤退。龙且果然十分高兴地说:"我本来就知道韩信是个胆小鬼!"于是带兵渡河去追击韩信,韩信命令挖开堵塞河水的沙袋,河水就一涌而下,龙且的军队渡过来的,大半就回不去了!韩信立即下令猛烈反攻,并且杀死了龙且。龙且在潍水东岸的军队都四处逃散。齐王田广也逃跑了。韩信就追赶残兵败将，一直追到城阳，把楚军全部俘虏了。

【原文】

汉四年，遂皆降平齐。使人言汉王曰："齐伪诈多变，反覆之国也，南边楚，不为假王以镇之，其势不定。愿为假王便。"当是时，楚方急围汉王于荥阳，韩信使者至，发书，汉王大怒，骂曰："吾困于此，旦暮望若来佐我，乃欲自立为王！"张良、陈平蹑汉王足，因附耳语曰："汉方不利，宁能禁信之王乎？不如因而立，善遇之，使自为守。不然，变生。"汉王亦悟，因复骂曰："大丈夫定诸侯，即为真王耳，何以假为！"乃遣张良往立信为齐王，征其兵击楚。

【译文】

汉四年，韩信将齐国全部降服了。就派人去向刘邦请求道："齐人狡诈善变，意外的变故很多，是个屡降屡叛的国家，南面又和楚国相邻，如果不设立一个代理王位的来管制它，那齐国的情势是不稳定的。希望让我来暂代齐王之位，这对当前局势是较有帮助的！"在当时，楚王项羽正把刘邦围困在荥阳，战局十分严峻，刘邦的情势十分危急！韩信派的人到达汉营，刘邦打开信件一看，勃然大怒，骂道："我被围困在这儿，日夜盼望你来帮我打退敌兵！你倒要自立为王呢！"张良、陈平在一旁暗中踩了一下刘邦的脚，贴着刘邦的耳边小声说道："我们汉军正处在不利的情势之下，难道还能阻止韩信称王吗？不如就乘此机会封他为齐王，好好地善待他，叫他自己设法好好地守住齐国，不这样，恐怕就要发生变乱。"刘邦听说，也醒悟过来了，将计就计，接着又骂道："大丈夫既然平定诸侯，要做就做真王才对，干什么请求做代理王呢？"就立刻派张良去封韩信为齐王，并征调他的部队来攻打楚国。

【原文】

楚已亡龙且，项王恐，使盱眙人武涉往说齐王信曰："天下共苦秦久矣，相与勠力击秦。秦已破，计功割地，分土而王之，以休士卒。今汉王复兴兵而东，侵人之分，夺人之地。已破三秦，引兵出关，收诸侯之兵以东击楚，其意非尽吞天下者不休，其不知厌足如是甚也。且汉王不可必，身居项王掌握中数矣，项王怜而活之。然得脱，辄倍约，复击项王，其不可亲信如此。今足下虽自以与汉王为厚交，为之尽力用兵，终为之所禽矣。足下所以得须臾至今者，以项王尚存也。当今二王之事，权在足下。足下右投则汉王胜，左投则项王胜。项王今日亡，则次取足下。足下与项王有故，何不反汉与楚连和，参分天下王之？今释此时，而自必于汉以击楚，且为智者固若此乎！"韩信谢曰："臣事项王，官不过郎中，位不过执戟，言不听，画不用，故倍楚而归汉。汉王授我上将军印，予我数万众，解衣衣我，推食食我，言听计用，故吾得以至于此。夫人深亲信我，我倍之，不祥。虽死不易！幸为信谢项王。"

【译文】

楚国已经丧失一员大将龙且，项羽也有些惊慌，就派盱眙人武涉，去游说齐王韩信道："天下人受秦的暴政压制已经很长时间了！大家一同约好合力攻打秦王朝。目前秦朝已经被破灭了，大家根据功劳，分割土地，各自称王，这样还可以使将士兵卒们得到休息。现在刘邦又兴兵向东，来侵夺别人所分的土地，已经消灭了封在秦地的三王。又带了部队出函谷关，并联合众诸侯的兵力，来向东攻打楚国。我看他的意图非全部并吞了天下诸侯，是不肯甘休的，他是这样不知足，贪心之至！而且刘邦这个人不守信义！他的性命有好几次落在项王手中，项王都可怜他而放他一条生路。谁知道他一逃脱，立刻就忘恩负义，又来攻击项王，他是这样一个不可亲近，不可信赖的无赖。现在您虽然自以为跟刘邦是有深厚的交情，替他尽力打仗，将来恐怕终于会被他擒拿的。您之所以能够保全性命到今天，主要是因为项王还活着的缘故啊！目前究竟天下大势属于汉王或楚王，这举足轻重的关键，就在您的取舍了。您如果归附西边，那就是汉王胜了；如果归附东边，那就是项王的天下了。如果项王今天被消灭，那么紧接着就轮到您了。您和项王本来就有老关系，何不跟楚国连合起来一起对付刘邦呢？这样一来，我们不就可三分天下称王，互相抵制了

昆阳乘舆鼎　西汉饪食器。高40.5厘米，口径32厘米，腹径40厘米，腹深24厘米。1961年12月出土于陕西省西安市未央区三桥镇高窑村。现藏西安市文物保护考古所。

吗？现在您放弃了这个机会，而决定归附刘邦而攻打楚王，作为一个聪明人，原来就应该是这个样子的吗？"韩信听了这番话，拒不接受，说道："我在项王那儿做事，官位不过是个拿着戟、担任警卫的楚宫武官，进言也不肯听，献策也不被采用，所以才背弃楚国而投奔汉。汉王让我掌上将军的印信，给了我好几万部队；汉王把自己的衣服脱下来给我穿，把他吃的食物赏赐我，听从我的话，采用我的计策，所以我才能够有今天这样的成就。他对我十分亲信，我如果背叛他，这是不义，即使死了，我也不会改变心意，希望您替我辞谢项王的美意。"

【原文】

武涉已去，齐人蒯通知天下权在韩信，欲为奇策而感动之，以相人说韩信曰："仆尝受相人之术。"韩信曰："先生相人何如？"对曰："贵贱在于骨法，忧喜在于容色，成败在于决断，以此参之，万不失一。"韩信曰："善。先生相寡人何如？"对曰："愿少间。"信曰："左右去矣。"通曰："相君之面，不过封侯，又危不安。相君之背，贵乃不可言。"韩信曰："何谓也？"蒯通曰："天下初发难也，俊雄豪桀建号壹呼，天下之士云合雾集，鱼鳞杂遝，熛至风起。当此之时，忧在亡秦而已。今楚汉分争，使天下无罪之人肝胆涂地，父子暴骸骨于中野，不可胜数。楚人起彭城，转斗逐北，至于荥阳，乘利席卷，威震天下。然兵困于京、索之间，迫西山而不能进者，三年于此矣。汉王将数十万之众，距巩、雒，阻山河之险，一日数战，无尺寸之功，折北不救，败荥阳，伤成皋，遂走宛、叶之间，此所谓智勇俱困者也。夫锐气挫于险塞，而粮食竭于内府，百姓罢极怨望，容容无所倚。以臣料之，其势非天下之贤圣固不能息天下之祸。当今两主之命县于足下。足下为汉则汉胜，与楚则楚胜。臣愿披腹心，输肝胆，效愚计，恐足下不能用也。诚能听臣之计，莫若两利而俱存之，参分天下，鼎足而居，其势莫敢先动。夫以足下之贤圣，有甲兵之众，据强齐，从燕、赵，出空虚之地而制其后，因民之欲，西乡为百姓请命，则天下风走而响应矣，孰敢不听！割大弱强，以立诸侯，诸侯已立，天下服听而归德于齐。案齐之故，有胶、泗之地，怀诸侯以德，深拱揖让，则天下之君王相率而朝于齐矣。盖闻天与弗取，反受其咎；时至不行，反受其殃。愿足下熟虑之。"

【译文】

说客武涉走了之后，齐国人蒯通，也洞悉目前天下大势，举足轻重的关键是操在韩信手中，想要用一个奇妙的计策来感动他，就用他曾经学过的相人术来劝说韩信，他说道："在下曾经学过相人术，懂得相法。"韩信说："先生根据什么给人看相？"蒯通回答说："一个人的贵贱，在于看骨骼的形象；忧喜，观察他的脸色；成败，要看他的性情对事情有无决断力；用这三个条件来综合看相，保证万无一失！"韩信说："好极了，先生请您相相我怎么样？"蒯通回答说："希望您叫身边的人退下，我好单独跟您谈。"韩信说："身边的人都退了，您开始相吧！"蒯通说："从您的面相看来，您将来不过封侯，而且还会遭到生命危险；从您的脊背看来，将来真是贵不可言。"韩信问道："这话怎么说？"蒯通说："天下的英雄豪杰们刚刚起兵反秦时，只要有人自立为王，登高一呼，天下的有志之士，全都聚合到一处来了，多得像云兴雾涌，像鱼鳞那样密集，快得像火之乱飞，风之疾起；在那个时候，大家所忧虑的，是如何消灭暴秦罢了！现在的情况，是楚王与汉王双方在争夺天下，使得天下那些无辜的老百姓陷入水火之中，父毙子亡，尸骨抛弃在荒野，不计其数。楚国人从彭城起义，到处战斗，无往不利，以至把汉王围困在荥阳，依靠强大的军事力量，席卷大部分土地，军威使得天下震动。然而他的军队在京与索二地之间，无法动弹，阻于成皋西部山区而不能向前推进，已经是三年了！汉王率领了几十万部队，占据了巩和洛阳，仗着山区和河谷的复杂地形，来抵抗楚兵，一天进攻好几次，却毫无进展；常常打败仗，无法自救，以至有荥阳之败仗，成皋的伤亡，就逃到宛城和叶县之间，这就是智无所用其智，勇无所乘其勇的窘境了！锐气，被山区的险隘所挫阻；内部又粮食空虚，老百姓因为长期陷于战争，故精疲力竭，怨声载道，日夜盼望战争早日停止，因为他们已经到了无所归宿的地步。照我的估量，在这种情势之下，如果不是天下最圣明的人，就一定不能平定这天下的大祸患。目前刘、项两王的命运，就掌握在您的手上，您如果替汉王出力，那就是汉王的胜利；如果帮助楚王，那就是楚王取胜。我现在愿意把内心的真意披露给您。披肝沥胆，以诚相告，说出我的不成熟的意见，就怕您不采取。如果真正能够接受我的计策，最好的办法，不如与双方都保持良好关系,不帮任何一方去消灭对方,让他们都存在下去,这样您便可以跟他们三分天下,鼎足而立,这样一来,刘、项双方谁都不敢先动手。至于凭借您贤德,拥有最好的武装部队,占领着强大的齐国,牵制着燕国和赵国,再出兵去收复刘、项双方兵力薄弱之地,牵制着他们的后方,顺合民愿,出兵向西,去为百姓们请命。阻止楚、汉之争斗。那天下百姓对您的反应,像风、像回声一样地传播,到了那个时候,谁敢不听从您的意见哩!把大国的地盘减缩,把强国的势力削弱,用来分封已经失去土地的各国诸侯,各诸侯都已恢复国土,那么他们将都来归附于你,并且还会感念你对他们的恩德。据守齐国故地,拥有胶河、泗水流域等的地方!用恩德来安抚诸侯,对他们礼遇谦让,那天下的君王们,一定相率来到您齐国朝拜了!我听古人说:'天赐给你你不接受,反会受到祸患,时机来了你不去行动,反会受到灾难。'希望您好好地深思熟虑这件事。"

【原文】

韩信曰:"汉王遇我甚厚,载我以其车,衣我以其衣,食我以其食。吾闻之,乘人之车者载人之患,衣人之衣者怀人之忧,食人之食者死人之事,吾岂可以乡利倍义乎?"蒯生曰:"足下自以为善汉王,欲建万世之业,臣窃以为误矣。始常山王、成安君为布衣时,相与为刎颈之交,后争张黡、陈泽之事,二人相怨,常山王背项王,奉项婴头而窜逃,归于汉王。汉王借兵而东下,杀成安君泜水之南,头足异处,卒为天下笑。此二人相与,天下至骧也。然而卒相禽者,何也?患生于多欲而人心难测也。今足下欲行忠信以交于汉王,必不能固于二君之相与也,而事多大于张黡、陈泽。故臣以为足下必汉王之不危已,亦误矣。大夫种、范蠡存亡越,霸勾践,立功成名而身死亡。野兽已尽而猎狗亨。夫以交友言之,则不如张耳之与成安君者也;以忠信言之,则不过大夫种、范蠡之于勾践也。此二人者,足以观矣。愿足下深虑之。且臣闻勇略震主者身危,而功盖天下者不赏。臣请言大王功略:足下涉西河,虏魏王,禽夏说,引兵下井陉,诛成安君,徇赵,胁燕,定齐,南摧楚人之兵二十万,东杀龙且,西乡以报，此所谓功无二于天下，而略不世出者也。今足下戴震主之威，挟不赏之功，归楚，楚人不信；归汉，汉人震恐。足下欲持是安归乎？夫势在人臣之位而有震主之威，名高天下，窃为足下危之。"韩信谢曰："先生且休矣，吾将念之。"

【译文】

韩信说道："汉王待我十分友好，把他的车给我乘，把他的衣给我穿，把他的食物给我吃。我听古人说：乘过人家车子的人，要给人家分担患难，穿人家衣服的人，应该给人家分担忧虑，吃人家饭的人，就得替人家卖命，我怎么可以图谋私利而违背道义呢！"蒯通说道："您自以为和刘邦友善，想要帮助刘邦创建基业，臣私意以为您是错了！想当初常山王张耳和成安君陈余，身处布衣时彼此结为生死之交，后来因为张黡、陈泽事件，两人就变成了仇敌一样。常山王背叛项王，捧着项王使者项婴的头逃走，而归顺到刘邦麾下，刘邦就借了他的部队，向东进军，在泜水之南，杀掉了成安君，结果是身首异处。这样的交情，终于被天下人所耻笑；这两个人的交往，他们的感情，可以说是天下最深厚的了，可是终了弄得彼此互相残杀，这是什么原因呢？毛病就出在彼此贪心不足，而且人心是变幻莫测的。现在您要用忠信之道来和刘邦相交往，势必不可能比陈余、张耳二人的交情深吧，而他们之间的事情，恐怕要比陈泽、张黡事件重大得多。所以臣认为您过分相信刘邦不会加害您，这也是错了！以前大夫文种和范蠡使已亡的越国复国，使勾践重新称霸于诸侯，结果等到功成名就，一个身死，一个逃亡。野兽已经被捕捉完了，而接着就该烹杀猎狗了！至于以交朋友的情感而言，那就不如张耳和陈余之间的深厚；从忠诚信义来说，最多也不过像大夫文种、范蠡服侍于勾践；这两类人，可以供您看清人情世故了，希望您多多考虑。而且我听古人说：勇猛、谋略使得君王震动时那就有生命的危险，而功劳、业绩超过天下所有的人达到极点就无法赏赐了。现在让我来报报您的功绩吧：您渡过西河，俘虏了魏王，活擒了夏说，带着兵攻下井陉，杀了成安君，攻打赵国，威胁了燕国，平定了齐国，向南摧毁了楚国二十万大军，又向东杀了楚将龙且，西向汉王报捷，这就是前面所说的功绩第一，天下无人可与你相比，而且谋略再也没有一个人能够超出您了。现在您拥有震动主子的威势，拥有无法赏赐的功绩；您去归附楚，楚人不会依赖你；去助汉，汉人又怕你，您挟着这样的情势往那儿去呢？至于从情势上看，您毕竟还居于臣子的地位，但你

汉代·错金银弩机

却有使君王感到不安的威势,你的声誉,已经是天下第一,我真为您感到危险。"韩信辞谢说道:"先生请您别说了,让我考虑考虑吧!"

【原文】

后数日,蒯通复说曰:"夫听者事之候也,计者事之机也,听过计失而能久安者,鲜矣。听不失一二者,不可乱以言;计不失本末者,不可纷以辞。夫随厮养之役者,失万乘之权;守儋石之禄者,阙卿相之位。故知者决之断也,疑者事之害也,审毫氂之小计,遗天下之大数,智诚知之,决弗敢行者,百事之祸也。故曰'猛虎之犹豫,不若蜂虿之致螫;骐骥之跼躅,不如驽马之安步;孟贲之狐疑,不如庸夫之必至也。虽有舜、禹之智,吟而不言,不如瘖聋之指麾也'。此言贵能行之。夫功者难成而易败,时者难得而易失也。时乎时,不再来,愿足下详察之。"韩信犹豫,不忍倍汉,又自以为功多,汉终不夺我齐,遂谢蒯通。蒯通说不听,已,详狂为巫。

【译文】

过了几天之后,蒯通又劝说韩信:"一个善于听取意见的人,定能预先见到征兆的;遇事能反复考虑,才能抓住成败的关键时机,听取错误的意见,或做了错误的决定而能够长久安全,不发生问题的,好像是从没有过的!一个人如果听取十人意见,竟连一两次失败都没有,如此旁人的闲言碎语是无法迷惑他的!一个人如果考虑问题,从来不会本末倒置而能轻重得宜的,如此旁人的花言巧语是无法去搅乱他的!如果一个人随遇而安,甘心情愿做人家的奴仆杂役,就会失掉掌握君权的机遇了!留恋满足于微薄俸禄的人,就会失掉为卿作相的地位。所以聪明人应该当机立断,遇事迟疑不决,一定坏事!对于鸡毛蒜皮的小事,深思熟虑,就遗忘了天下大事;如果一个人的智慧,足以预知事情的变化,而因为决心不够,迟迟不做的话,这是一切事情失败的祸根。常言道:猛虎,但因犹疑不决而被人擒获,反不如小小蜂虿,却能以尾端的毒刺蜇伤了人;千里马局促不前,反不如劣马能够稳步前进;虽然

错金银犀尊　西汉盛酒器。高34.4厘米,长58.1厘米。1963年出土于陕西省兴平县窦马村。现藏中国国家博物馆。

勇敢得像孟贲，如果犹疑不前，还不如一个庸夫能够达到目的；虽然有舜、禹一般的智慧，但闭口不言，还不如又聋又哑的人用手势比画的效果好。这都是说明贵在行动。功业不容易开创而却容易失败，时机是很难遇到但却很容易丧失的。机会，失去了是不会再来的了！希望您仔细考虑它吧！"韩信犹疑不定，不忍心背叛汉王，又想到自己立了这么多功，汉王终究不会把我的齐国夺去的！于是拒绝了蒯通的建议。蒯通看到说不动韩信，怕此事被人发觉，那就有杀身之祸了，就装疯冒充巫者以避祸。

【原文】

汉王之困固陵，用张良计，召齐王信，遂将兵会垓下。项羽已破，高祖袭夺齐王军。汉五年正月，徙齐王信为楚王，都下邳。

信至国，召所从食漂母，赐千金。及下乡南昌亭长，赐百钱，曰："公，小人也，为德不卒。"召辱己之少年令出胯下者以为楚中尉。告诸将相曰："此壮士也。方辱我时，我宁不能杀之邪？杀之无名，故忍而就于此。"

【译文】

汉王在固陵地方，被项王围困了。于是听取张良的计策，征召齐王韩信，韩信于是带兵到垓下来解救。项羽被打败了之后，刘邦乘韩信毫无准备之时，夺去了他的军权。汉王五年正月，改封齐王韩信为楚王，都城在下邳。

韩信来到自己的封国，召见当年给他饭吃的漂母，赐给她千金。又找到了下乡县南昌亭长，赏罚分明赐给他一百个钱，对亭长说道："您是个没有见识的人啊！做好事有始无终。"又把那位侮辱过自己，命令他从胯下钻过去的人，任命为楚国的中尉。并且告诉他的部将们说："这位是壮士，当他侮辱我的时候，我难道不能杀了他吗？杀他又没什么道理，所以当时就忍了下来，才有了今天这样的成就。"

项羽　名籍，字羽，下相（今江苏宿迁）人。中国古代农民起义领袖，著名军事家。前207年杀秦降王子婴，自立为"西楚霸王"。后与刘邦展开了长达四年的"楚汉之争"，前202年，被困垓下，自刎而死。

【原文】

项王亡将钟离眛家在伊庐，素与信善。项王死后，亡归信。汉王怨眛，闻其在楚，诏楚捕眛。信初之国，行县邑，陈兵出入。汉六年，人有上书告楚王信反。高帝以陈平计，天子巡狩会诸侯，南方有云梦，发使告诸侯会陈："吾将游云梦。"实欲袭信，信弗知。高祖且至楚，信欲发兵反，自度无罪，欲谒上，恐见禽。人或说信曰："斩眜谒上，上必喜，无患。"信见眜计事。眜曰："汉所以不击取楚，以眜在公所。若欲捕我以自媚于汉，吾今日死，公亦随手亡矣。"乃骂信曰："公非长者！"卒自刭。信持其首，谒高祖于陈。上令武士缚信，载后车。信曰："果若人言'狡兔死，良狗亨；高鸟尽，良弓藏；敌国破，谋臣亡。'天下已定，我固当亨！"上曰："人告公反。"遂械系信。至雒阳，赦信罪，以为淮阴侯。

【译文】

项王从前的一员将领名叫钟离眜，一直逃亡在外，家住在伊庐，一向跟韩信交情不错。项王死后，他就逃亡投奔了韩信。汉王很记恨钟离眜，听说他在楚国，就下令叫楚国捉拿钟离眜。那时韩信刚回到封国，到所属的县邑去巡视时，进进出出都严陈兵卫。汉王六年，有人上书，说是楚王韩信造反。汉高帝采用了陈平的计策，天子要到各国诸侯封地内去巡视，南方有个云梦泽，派使臣通知各诸侯到陈地相会，告诉他们说："我要到云梦地区去游玩。"其实暗地里要捉拿韩信，可是韩信一点儿也不晓得内情。高祖将要抵达楚国边境时，韩信觉得不对，要发兵造反，但是自己觉得是无罪的，想要亲自去见高祖，又怕被捉去。就有人劝说韩信道："您把钟离眜杀了，带着他的头去见皇上，皇上一定很高兴，那就没祸患了！"韩信就约了钟离眜来，商议公事，钟离眜说道："汉王之所以不来攻打楚国，因为有我钟离眜在您这儿，如果要把我杀了，自动去讨好刘邦，我今天死了，您也会紧跟着送命的。"于是就破口大骂韩信道："你不是一个讲仁义道德的君子！"终于拔剑自刎了。韩信提着钟离眜的人头，到陈地去朝见高祖。皇上叫武士们把韩信捆绑起来，装载在后面一辆车上。韩信说道："果真像人家说的：狡黠的兔子死了，会捉兔子的猎狗也就要被烹杀啦！高飞的鸟射完了，那张良弓也就收起来了！敌人被消灭了，谋臣也就被杀了！如今天下太平了，我难道真该被烹杀了吗？"皇上说道："有人告你谋反！"于是用刑具把韩信锁缚起来。到达洛阳，赦免了韩信的罪，封他为淮阴侯。

【原文】

信知汉王畏恶其能，常称病不朝从。信由此日夜怨望，居常鞅鞅，羞与绛、灌等列。信尝过樊将军哙，哙跪拜送迎，言称臣，曰："大王乃肯临臣！"信出门，笑曰："生乃与哙等为伍！"上常从容与信言诸将能不，各有差。上问曰："如我能将几何？"信曰："陛下不过能将十万。"上曰："于君何如？"曰："臣多多而益善耳。"上笑曰："多多益善，何为为我禽？"信曰："陛下不能将兵，而善将将，此乃信之所以为陛下禽也。且陛下所谓天授，非人力也。"

【译文】

韩信知道汉王对自己的才能又怕又恨，常常借口生病不上朝，也不随从出行。韩信从此以后，早晚心中都十分怨恨，平日家居，闷闷不乐，常常为跟周勃、灌婴之类的人地位相等而感到羞耻。韩信有一次去拜访将军樊哙，樊哙卑躬屈膝，恭迎恭送，口称臣子，说道："大王竟肯幸临臣家，真是臣的光荣！"韩信走出了门，笑道："我这一辈子，竟然和樊哙这些人处在同一地位！"皇上曾经和韩信闲聊时谈论到将领们的本领，彼此各有不同，高低不一。皇上问道："像我的才能，能带多少兵？"韩信回道："陛下最多不超过十万人！"皇上问道："带兵的事对你来说怎样呢？"说："臣是兵越多越好。"皇上笑道："既然是越多越好，为什么还会被我捉住呢？"韩信说道："陛下您不善于带兵，但却擅长于驾驭将领。这就是韩信之所以被陛下捉住的原因。而且陛下这种才能是天生的，不是人力可以做到的！"

【原文】

陈豨拜为巨鹿守，辞于淮阴侯。淮阴侯挈其手，辟左右与之步于庭，仰天叹曰："子可与言乎？欲与子有言也。"豨曰："唯将军令之。"淮阴侯曰："公之所居，天下精兵处也；而公，陛下之信幸臣也。人言公之畔，陛下必不信；再至，陛下乃疑矣；三至，必怒而自将。吾为公从中起，天下可图也。"陈豨素知其能也，信之，曰："谨奉教！"汉十年，陈豨果反。上自将而往，信病不从。阴使人至豨所，曰："弟举兵，吾从此助公。"信乃谋与家臣夜诈诏赦诸官徒奴，欲发以袭吕后、太子。部署已定，待豨报。其舍人得罪于信，信囚，欲杀之。舍人弟上变，告信欲反状于吕后。吕后欲召，恐其党不就，乃与萧相国谋，诈令人从上所来，言豨已得死，列侯群臣皆贺。国相绐信曰："虽疾，强入贺。"信入，吕后使武士缚信，斩之长乐钟室。信方斩，曰："吾悔不用蒯通之计，乃为儿女子所诈，岂非天哉！"遂夷信三族。

【译文】

陈豨被封为巨鹿郡的郡守，到淮阴侯那儿去辞行，淮阴侯拉着他的手，支开左右侍候的人，跟他在院子里闲谈，仰天长叹了一声，说道："您可以跟我谈些知心话吗？我有些话想和您谈谈！"陈豨说道："一切听将军的吩咐！"淮阴侯说道："您现在去镇守的地方，是天下精兵聚集的地方；而且，您又是皇上的亲信宠幸的臣子。如果有人说你造反了，皇上一定不会相信；再有人来告你造反，皇上就会起疑心了；第三批的人来告你造反，皇上一定会恼羞成怒，一定亲自带兵去平息你。我和你互为内应，从京城里起兵，天下大事便可成功了。"陈豨一向知道韩信是能用兵带将的，相信他的计谋，说："一定遵奉您的指示！"汉王十年，陈豨果真造反了。皇上亲自带兵前去平乱，韩信假称有病，不随高帝出征。暗地里派人到陈豨那里送信说："只管发兵打仗，我会从这儿帮助您！"韩信就和家将们策划，黑夜里假传圣旨，释放那些被没入官里的许多囚徒和罚劳役的犯人，想要领着这批人来偷袭吕后和太子刘盈。一切部署妥当了，就等候陈豨方面的消息。韩信家的门客，由于得罪了韩信，被韩信关押起来想要杀掉。那个门客的弟弟就向吕后上书告发，吕后接到密报，想召来韩信，又怕韩信的党羽太多，一下子不能制服，就找了萧相国来商议。派一个人冒充是从皇上那儿来的，说是陈豨已经被高帝捉住杀了，所有在朝的列侯，群臣都要向吕后朝贺。萧相国欺骗韩信道："您虽然生病，也勉强一下，进宫去向吕后道个贺。"韩信来到后宫，吕后预先埋伏的武士，立刻把韩信绑了起来，就在长乐宫的悬钟室中，把韩信杀了。韩信临斩的时候，说道："我后悔没有采纳蒯通的计谋，现在竟被妇人小子所骗，这岂不是天意吗？"于是诛杀了韩信的父、母、妻三族所有的人口。

【原文】

高祖已从豨军来，至，见信死，且喜且怜之，问："信死亦何言？"吕后曰："信言恨不用蒯通计。"高祖曰："是齐辩士也。"乃诏齐捕蒯通。蒯通至，上曰："若教淮阴侯反乎？"对曰："然，臣固教之，竖子不用臣之策，故令自夷于此。如彼竖子用臣之计，陛下安得而夷之乎！"上怒曰："亨之。"通曰："嗟乎，冤哉亨也！"上曰："若教韩信反，何冤？"对曰："秦之纲绝而维弛，山东大扰，异姓并起，英俊乌集。秦失其鹿，天下共逐之，于是高材疾足者先得焉。蹠之狗吠尧，尧非不仁，狗因吠非其主。当是时，臣唯独知韩信，非知陛下也。且天下锐精持锋欲为陛下所为者甚众，顾力不能耳，又可尽亨之邪？"高帝曰："置之。"乃释通之罪。

【译文】

高祖平定了陈豨，班师回朝，到达京城，见韩信已经被杀了，心中又高兴又怜悯，问道："韩信临死的时候，又说了些什么话？"吕后说道："韩信说，后悔当初没能采纳蒯通的计策。"高祖说道："蒯通，是齐国一位有名的辩士啊！"于是下诏命给齐国缉拿蒯通，很快蒯通被捉来了，皇上说道："是你教唆淮阴侯造反，是吗？"蒯通回答说："是的！本来我就是要教唆他造反的，可是这小子不听从我的计策，所以才落了个今天的下场，夷灭了三族；如果那小子听了我的话，陛下您又如何能杀得了他呢？"皇上生气道："把他给我丢到锅里烹了！"蒯通道："啊呀，您烹了我那可是冤枉呀！"皇上问道："你挑唆韩信谋反，烹了你还有什么冤枉的？"蒯通回说："当秦王朝的法度败坏，政权解体时，太行山以东地区纷纷揭竿而起，各国诸豪杰并起，有志之士都像群鸦般聚集在一起，秦王失去了他的君位，天下的人共同追逐秦朝已失去的帝位；于是才能高人一等的，行动迅捷的人，先得到了帝位。盗跖所养的狗，见到了古之贤君尧就狂吠，并不因为尧不仁。而是因为尧不是它的主人！在那个时候，臣心目中只有韩信一个，根本不知道您陛下；而且普天之下，时时让自己磨砺精炼，保持锋锐状态，想要做陛下您所

西汉鎏金铜马　铜马通高62厘米，长76厘米。1981年出土于陕西兴平县茂陵一号无名冢。

做事业的人很多，都想当皇帝，只是，他们的能力不足！难道您又能把他们全部烹杀了吗？"高帝下令道："放了他吧！"于是就赦免了蒯通的罪。

【原文】

太史公曰：吾如淮阴，淮阴人为余言，韩信虽为布衣时，其志与众异。其母死，贫无以葬，然乃行营高敞地，令其旁可置万家。余视其母冢，良然。假令韩信学道谦让，不伐己功，不矜其能，则庶几哉，于汉家勋可以比周、召、太公之徒，后世血食矣。不务出此，而天下已集，乃谋畔逆，夷灭宗族，不亦宜乎！

【译文】

太史公说道：我到淮阴去，那里的人对我说：韩信还是个平民的时候，就显现出他的志向、抱负就和一般人不同。他的母亲死了，穷得没有钱来安葬，然而他却到处去寻求又高又宽敞的坟地，要让那坟地旁边可以安顿一万家。我去看了他母亲的坟地，果真像人们所说的。假如韩信学一些圣贤的谦让之道，不夸耀自己的功劳，不矜夸自己的才能，那他对汉家的功勋，真可以与周公、召公、姜太公这些人比美了，子子孙孙，都可以一直享受高官厚禄，获得祭祀；不朝这方面去努力，而在天下已经安定时，反来阴谋叛乱，杀了他的全家，也真不为过！

扁鹊列传

【原文】

扁鹊者，勃海郡郑人也，姓秦氏，名越人，少时为人舍长。舍客长桑君过，扁鹊独奇之，常谨遇之。长桑君亦知扁鹊非常人也。出入十余年，乃呼扁鹊私坐，闲与语曰："我有禁方，年老，欲传与公，公毋泄！"扁鹊曰："敬诺。"乃出其怀中药予扁鹊："饮是以上池之水，三十日当知物矣。"乃悉取其禁方书尽与扁鹊。忽然不见，殆非人也。扁鹊以其言饮药三十日，视见垣一方人。以此视病，尽见五藏症结，特以诊脉为名耳。为医，或在齐，或在赵。在赵者名扁鹊。

【译文】

扁鹊是勃海郡郑县人,姓秦,名越人。年轻时,他做过一家客馆的掌柜。有个名叫长桑君的客人常去他那住宿,只有扁鹊看他很有风度,气质不凡,非常敬重他。长桑君也知道扁鹊不是等闲之辈。十多年来,他常在这家客馆投宿。有一天,他叫扁鹊私下坐谈,很神秘地说:"我有秘方,但我年岁已高,想把它传给你,你千万别告诉别人。"扁鹊说:"我一定保守秘密。"于是他把药拿给扁鹊说:"喝这个药,要用未落地的雨水送服,三十天以后你就可以洞察事物了。"讲完之后,他把秘方书都交给了扁鹊。转眼人就不见了,扁鹊怀疑他不是凡人。扁鹊遵照他的嘱咐,服药三十天,果然可以看见隔墙那边的人。扁鹊依靠这一本领给人看病,可以清楚地看出五脏症结所在,但表面上还以号脉为诊。他曾在赵国行医,有时也到齐国。在赵国的时候改名叫扁鹊。

扁鹊 (前407－前310),名秦越人,勃海莫人(今河北任邱),春秋战国时代名医。

【原文】

当晋昭公时,诸大夫强而公族弱,赵简子为大夫。专国事。简子疾,五日不知人,大夫皆惧,于是召扁鹊。扁鹊入视病,出,董安于问扁鹊,扁鹊曰:"血脉治也,而何怪!昔秦穆公尝如此,七日而寤。寤之日,告公孙支与子舆曰:'我之帝所甚乐。吾所以久者,适有所学也。帝告我:晋国且大乱,五世不安。其后将霸,未老而死。霸者之子且令而国男女无别。'公孙支书而藏之,秦策于是出。夫献公之乱,文公之霸,而襄公败秦师于殽而归纵淫,此子之所闻。今主君之病与之同,不出三日必间,间必有言也。"

【译文】

晋昭公的时候,诸大夫的势力强盛而周王世的势力弱小,赵简子是晋国大夫,掌握了国家大权。赵简子生病,昏迷五天不省人事,大夫们都很害怕,于是把扁鹊召去。扁鹊诊完病出来,大夫董安于急着询问病情如何,扁鹊说:"血脉正常,你们不必大惊小怪!从前秦穆公也有过这样的情形,昏迷了七天才醒过来。醒来的当天，他告诉公孙支和子舆两位大夫说：'我去天宫玩得开心极了。我之所以去那么久，是因为要受天帝教导。天帝告诉我说：晋国将要大乱，经过五代的动荡不安，大乱后有人将成为霸主，但维持不了多久。霸主的儿子将使你的国家男女淫乱。'公孙支把这话记下并加以收藏，后来被记录下的这些话都应验。那晋献公的内乱，晋文公的称霸，以及晋襄公在殽山打败秦军回朝以后纵情淫乱，这些事情都是你知道的。现在君主的病情和秦穆公的相同，不过三天就一定会好转，痊愈之后一定会有话说的。"

【原文】

居二日半，简子寤，语诸大夫曰："我之帝所甚乐，与百神游于钧天；广乐九奏万舞，不类三代之乐，其声动心。有一熊欲援我，帝命我射之，中熊，熊死。有罴来，我又射之，中罴，罴死。帝甚喜，赐我二笥，皆有副。吾见儿在帝侧，帝属我一翟犬，曰：'及而子之壮也以赐之。'帝告我：'晋国且世衰，七世而亡。嬴姓将大败周人于范魁之西，而亦不能有也。'"董安于受言，书而藏之。以扁鹊言告简子，简子赐扁鹊田四万亩。

【译文】

二天半后，赵简子醒了，告诉诸大夫说："我到天宫那儿很快乐，与百神在天上游玩，听各种乐器齐奏美妙的音乐，观看各种舞蹈，那种舞乐与三代的不同，乐声动人心弦。有一只熊要抓我，天帝命令我开弓射杀，我把熊射死了。有一只罴走来，我又把罴射死了。天帝很高兴，赏赐我两个笥，都附有首饰。我看见一个孩子在天帝身边服侍着，天帝交给我一只翟犬嘱咐我说：'等到你的儿子长大成人，把翟犬赏给他。'天帝告诉我：'晋国的国势将一代一代衰落下去，七代以后将灭亡。秦国人将在范魁的西方大败周人，但无法占领那块地方。'"董安于把这话记下收藏起来。并把扁鹊所言如实禀告赵简子，于是赵简子赏赐扁鹊四万亩田地。

【原文】

其后扁鹊过虢。虢太子死，扁鹊至虢宫门下，问中庶子喜方者曰："太子何病，国中治穰过于众事？"中庶子曰："太子病血气不时，交错而不得泄，暴发于外，则为中害。精神不能止邪气，邪气畜积而不得泄，是以阳缓而阴急，故暴蹶而死。"扁鹊曰："其死何如时？"曰："鸡鸣至今。"曰："收乎？"曰："未也，其死未能半日也。""言臣齐勃海秦越人也，家在于郑，未尝得望精光侍谒于前也。闻太子不幸而死，臣能生之。"中庶子曰："先生得无诞之乎？何以言太子可生也！臣闻上古之时，医有俞跗，治病不以汤液醴洒，镵石、挢引、案扤、毒熨，一拨见病之应，因五脏之输，乃割皮解肌，诀脉结筋，搦髓脑，揲荒爪幕，湔浣肠胃，漱涤五脏，练精易形。先生之方能若是，则太子可生也；不能若是而欲生之，曾不可以告咳婴之儿！"终日，扁鹊仰天叹曰："夫子之为方也，若以管窥天，以郄视文；越人之为方也，不待切脉、望色、听声、写形，言病之所在。闻病之阳，论得其阴；闻病之阴，论得其阳。病应见于大表，不出千里，决者至众，不可曲止也。子以吾言为不诚，试入诊太子，当闻其耳鸣而鼻张，循其两股以至于阴，当尚温也。"

【译文】

此后扁鹊行医到虢国。虢国的太子病死，扁鹊来到虢国王宫门前，询问一位爱好方术的中庶子说："太子到底得了什么病？都城里的人都不好好干活，都在祈福啊？"中庶子回答说："太子的病是血气运行不顺，阴阳错乱，郁结不通，突然发作，损伤了内脏，正气抵不住邪气，邪气积聚体内不能宣泄，因此阳跻脉驰缓而阴跻脉拘急，所以突然昏死过去。"扁鹊问："太子什么时候死的？"中庶子回答说："天刚亮的时候。"扁鹊又问："收殓了吗？"答说："还没有，他死还不到半天。""请转告虢君说，我是齐国勃海地方的秦越人，老家住在郑县，没有仰望过君王，也没机会侍奉效劳，今天听说虢太子不幸死去，我能把他救活。"中庶子说："先生该不会哄骗我吧？你怎么保证让太子死而复生呢？我曾听说上古时候，有位医生叫俞跗的，治病不用汤剂、酒剂，而是用砭石调理经气，用伸引手足、按摩肢体疏通血脉，用药物热熨，一进行诊疗就可发现病情之所在。按照人体五脏的穴位，然后切开表皮，剖开肌肉，疏通经络，扎住筋腱，按

虢季子组卣　西周晚期，通高33厘米，宽21.4厘米，重5.8千克。

持髓脑，清洁肠胃，洗涤五脏，培练精气，改换形体。先生的医术能如此神妙，那么太子可望复活；不然的话，想要救活太子，根本就是信口雌黄。"扁鹊抬头叹息说："你说的方法，好比用竹管看天空，从隙缝窥见一斑。以秦越人的医术，不必等到给病人切脉，一看病人的气色神情，二听病人的声音，三察病人的体态，就能说出病症。我诊病看病人的形容，体表就能查知五脏，以里知表，闻阴知阳，闻阳知阴。一个人体内有病会反应在外表上，据此我可推断千里远的病人的吉凶。方法很多，不能在一个角度上看问题。你不相信我的话，试着让我诊太子的病，他应当有耳鸣，而且鼻翼在动，顺着他的两腿一直到阴部应当还有体温。"

【原文】

中庶子闻扁鹊言，目眩然而不瞚，舌挢然而不下，乃以扁鹊言入报虢君。虢君闻之，大惊，出见扁鹊于中阙，曰："窃闻高义之日久矣，然未尝得拜谒于前也。先生过小国，幸而举之，偏国寡臣幸甚！有先生则活，无先生则弃捐填沟壑，长终而不得反。"言未卒，因嘘唏服臆，魂精泄横，流涕长潸，忽忽承睫，悲不能自止，容貌变更。扁鹊曰："若太子病，所谓'尸蹶'者也。夫以阳入阴中，动胃缠缘，中经维络，别下于三焦、膀胱，是以阳脉下遂，阴脉上争，会气闭而不通，阴上而阳内行，下内鼓而不起，上外绝而不为使，上有绝阳之路，下有破阴之纽，破阴绝阳，色废脉乱，故形静如死状。太子未死也。夫以阳入阴支兰藏者生，以阴入阳支兰藏者死。凡此数事，皆五藏蹶中之时暴作也。良工取之，拙者疑殆。"

【译文】

中庶子听完扁鹊的话，两眼发直，翘着舌头，一下子讲不出话来，随后将扁鹊的话报告给虢君。虢君听了之后大为惊讶，亲自来到门前迎接扁鹊，说："我早就听到有关你行医济世的事迹了，可是没能去拜见你。这次先生经过我们小国，能得到你的帮助，那真是偏国寡臣的荣幸。有先生在此，我的儿有救了；没有先生的话，他就将被抛弃在沟中，永远死去而不能复生。"他的话还没说完，就泣不成声，抽咽不能自禁，神情恍惚，泪流满面，悲伤得难以自制，容貌都改变了。扁鹊说:"像太子的病,就是一般说的'假死症'。那是因为阳气迸入阴脉,脉气缠绕,鼓动肠胃,经脉受损,脉络受阻,分别向下注入三焦、膀胱而不能上升。因为阳气下坠不升,阴气上升不降,两气会聚,闭塞不通。阴气复迫上,进入胸膈,宗气反聚,血凝结在心下,于是阳气退下内行,热归于阴股。阳气徒然于下内鼓动而不能升,阳气与上外隔绝,不能引导阴气。在上有隔绝阳气的络脉,在下有逼迫阴气的筋纽,正由于这样阳气断绝,使得人的面色改变,气血紊乱,所以人失去知觉,好像死去一样。其实太子并没有死。照理来说,阳入阴而阻滞不通的可望复生;由阴入阳而阻滞不畅的马上便会死去,无法医治。凡是这些情况,都是五脏失调,脏气厥失时暴发而成的。医术高明的医生能够治愈这种疾病,医术低劣的医生便束手无策。"

【原文】

扁鹊乃使弟子子阳厉针砥石,以取外三阳五会。有间,太子苏。乃使子豹为五分之熨,以八减之齐和煮之,以更熨两胁下。太子起坐。更适阴阳,但服汤二旬而复故。故天下尽以扁鹊能生死人。扁鹊曰:"越人非能生死人也,此自当生者,越人能使之起耳。"

【译文】

扁鹊于是叫他的学生子阳把针石磨锐,用来刺三阳五穴。不久,太子苏醒过来。扁鹊又叫他的学生子豹准备原方一半的熨药,用八减之方的药物混合煎煮,交换的灸熨两胁下面。等太子能坐起来后,再进一步调和阴阳。仅仅服了二十天汤剂身体就康复了。因此天下的人都认为扁鹊能够起死回生。扁鹊说:"我不能使人起死回生,这是他本身并没死,我只不过使他恢复罢了。"

【原文】

扁鹊过齐,齐桓侯客之。入朝见,曰:"君有疾在腠理,不治将深。"桓侯曰:"寡人无疾。"扁鹊出,桓侯谓左右曰:"医之好利也,欲以不疾者为功。"后五日,扁鹊复见,曰:"君有疾在血脉,不治恐深。"桓侯曰："寡人无疾。"扁鹊出，桓侯不悦。后五日，扁鹊复见，曰："君有疾在肠胃间，不治将深。"桓侯不应。扁鹊出，桓侯不悦。后五日，扁鹊复见，望见桓侯而退走。桓侯使人问其故，扁鹊曰："疾之居腠理也，汤熨之所及也；在血脉，针石之所及也；其在肠胃，酒醪之所及也；其在骨髓，虽司命无奈之何。今在骨髓，臣是以无请也。"后五日，桓侯体病，使人召扁鹊，扁鹊已逃去。桓侯遂死。

【译文】

扁鹊行医来到齐国，齐桓侯把他奉若上宾。他去朝廷拜见齐桓侯，说："你有病潜伏在皮肉之间，不加紧治疗病情会加剧。"桓侯说："我没有病。"扁鹊退出宫门，桓侯对左右大臣说："当医生的人好利，想在没病的人身上做文章以求功利。"过了五天，扁鹊再见桓侯，说："你有病已深入血脉，不治疗恐怕会深入体内。"齐桓侯说："我没有病。"扁鹊出去以后，桓侯很不高兴。又过了五天，扁鹊再见桓侯，说："你的病潜伏在肠胃里，不治疗将还会加深。"桓侯还不予理睬。扁鹊出去后，齐桓侯更加不高兴。又过了五天，扁鹊又去，看见齐桓侯转身就走了。桓侯派人来问他为什么跑。扁鹊说："在皮肉的小病，用汤剂、针灸就可以治好；病入血脉，用针、石可以治好；在肠胃，酒方可以治好；如果病入骨髓，就是掌管生命的天神也无能为力，现在齐君的病已达骨髓，我已无能为力了。"经过五天，齐桓侯果然生病，派人去召请扁鹊，但是他已经逃离齐国。齐桓侯最终因病而死。

【原文】

使圣人预知微，能使良医得蚤从事，则疾可已，身可活也。人之所病，病疾多；而医之所病，病道少。故病有六不治：骄恣不论于理，一不治也；轻身重财，二不治也；衣食不能适，三不治也；阴阳并，藏气不定，四不治也；形羸不能服药，五不治也；信巫不信医，六不治也。有此一者，则重难治也。

【译文】

假如智能极高的人，预先知道还没有任何症兆的疾病，能让高明的医生趁早治疗，那么疾病就可治好，恢复健康。人们担心很多疾病，医生却担忧治疗的方法有限。所以说疾病有六种情形不好医治：为人骄傲任性，不讲道理，此为一不治；不看重自己的身体，却去拼命追求财富的，此为二不治；不知适时增减衣服，吃东西没有节制，此为三不治；阴阳相争，五脏失调，功能殆尽，此为四不治；形体极度瘦弱，不能服药的，此为五不治；迷信巫术而不相信医术的，此为六不治。有以上六种情形中的一种，就很难医治了。

【原文】

扁鹊名闻天下。过邯郸，闻贵妇人，即为带下医；过雒阳，闻周人爱老人，即为耳目痹医；来入咸阳，闻秦人爱小儿，即为小儿医。随俗为变。秦太医令李醯自知伎不如扁鹊也，使人刺杀之。至今天下言脉者，由扁鹊也。

【译文】

扁鹊享誉天下。他来到邯郸，听说当地妇女地位高，就专医妇科病。到洛阳，听说当地人敬爱老人，就专为老人医治耳目及风湿病症。到咸阳，听说秦国人怜爱小孩，就专门医治小儿的疾病。他随各地方民俗的需要来设置科别。秦国的太医令李醯，自知医术不如扁鹊，就暗中派人杀害了扁鹊。时至今日，天下谈论脉道的医生，都遵循扁鹊的医疗理论和治疗方法。

【原文】

太史公曰：女无美恶，居宫见妒；士无贤不肖，入朝见疑。故扁鹊以其伎见殃，仓公乃匿迹自隐而当刑。缇萦通尺牍，父得以后宁。故老子曰"美好者不祥之器"，岂谓扁鹊等邪？若仓公者，可谓近之矣。

【译文】

太史公说：女人无论美丑，到了宫中就被人嫉妒；士人不论贤与不贤，进了朝廷就遭人猜疑。所以，扁鹊因为医术高明而遇害，仓公因为隐藏形迹被判刑。

缇萦的上书感动了文帝,她的父亲才得以保全性命。所以老子说的:"美好的都是不祥之物",难道说的就是扁鹊这类人吗?用这话形容仓公,实在贴切之至。

魏其武安侯列传

【原文】

魏其侯窦婴者,孝文后从兄子也。父世观津人。喜宾客。孝文时,婴为吴相,病免。孝景初即位,为詹事。

梁孝王者,孝景弟也,其母窦太后爱之。梁孝王朝,因昆弟燕饮。是时上未立太子,酒酣,从容言曰:"千秋之后传梁王。"太后驩。窦婴引卮酒进上,曰:"天下者,高祖天下,父子相传,此汉之约也,上何以得擅传梁王!"太后由此憎窦婴。窦婴亦薄其官,因病免。太后除窦婴门籍,不得入朝请。

【译文】

魏其侯窦婴,是孝文皇后堂兄的儿子,到他父辈为止,家里世世代代都是观津人。窦婴喜欢结交宾客。孝文皇帝时,窦婴曾任吴国丞相,因病免职。孝景皇帝刚即位,就任命窦婴为詹事。

梁孝王是孝景皇帝的弟弟,他的母亲窦太后非常宠爱他。有一回,梁孝王入朝,孝景皇帝和兄弟们一起饮酒,这时皇上还没有立太子,大家酒兴正浓时,孝景皇帝很随便地说:"我死了以后把帝位传给梁王。"窦太后听了很高兴。这时窦婴端起一杯酒,献给皇上,说:"天下是高祖开创的天下,皇位应当父子相传,这本是汉代的规矩,皇上怎么能擅自将帝位传给梁王呢?"太后因此憎恨窦婴,窦婴也看不起詹事这官职,就借口有病辞职。太后于是废除窦婴出入宫门的名籍,不准他进宫参加春秋两季的朝会。

【原文】

孝景三年,吴楚反,上察宗室诸窦毋如窦婴贤,乃召婴。婴入见,固辞谢病不足任。太后亦惭。于是上曰:

"天下方有急，王孙宁可以让邪？"乃拜婴为大将军，赐金千斤。婴乃言袁盎、栾布诸名将贤士在家者进之。所赐金，陈之廊庑下，军吏过，辄令财取为用，金无入家者。窦婴守荥阳，监齐、赵兵。七国兵已尽破，封婴为魏其侯。诸游士宾客争归魏其侯。孝景时每朝议大事，条侯、魏其侯，诸列侯莫敢与亢礼。

【译文】

孝景皇帝三年，吴楚等国起兵叛变，这时皇帝经过慎重考虑，觉得刘姓宗室或窦姓当中没有人像窦婴一样贤能，于是召见窦婴。窦婴进见，但他坚决推辞，推托说自己有病，不能胜任。太后也为以前的事感到惭愧。皇上就说："现在天下正有急难，您怎么可以推辞呢？"于是任窦婴为大将军，赏赐他黄金千斤。这时袁盎、栾布等名将、贤士都退职在家闲居，窦婴就把他们推荐给景帝，希望景帝起用他们。窦婴把皇帝赐给他的金子都摆在走廊里，有下属军官来拜见他，他就让他们酌量拿些去用，没有把皇帝所赐的金子带回家。窦婴镇守荥阳，监督齐、赵两路军队。等平定了七国叛乱，皇上封窦婴为魏其侯，许多游士和宾客都争着投奔魏其侯。孝景皇帝每次上朝和群臣商议大事，所有列侯都不敢和条侯、魏其侯平起平坐。

【原文】

孝景四年，立栗太子，使魏其侯为太子傅。孝景七年，栗太子废，魏其数争不能得。魏其谢病，屏居蓝田南山之下数月，诸宾客辩士说之，莫能来。梁人高遂乃说魏其曰："能富贵将军者，上也；能亲将军者，太后也。今将军傅太子，太子废而不能争；争不能得，又弗能死。自引谢病，拥赵女，屏间处而不朝。相提而论，是自明扬主上之过。有如两宫螫将军，则妻子毋类矣。"魏其侯然之，乃遂起，朝请如故。

桃侯免相，窦太后数言魏其侯。孝景帝曰："太后岂以为臣有爱，不相魏其？魏其者，沾沾自喜耳。多易，难以为相持重。"遂不用，用建陵侯卫绾为丞相。

【译文】

孝景皇帝四年，立栗太子，任命魏其侯为太傅。孝景皇帝七年，栗太子被废掉，尽管魏其侯多次为栗太子力争太子位但无济于事。魏其侯就借口有病，在蓝田南山下隐居了好几个月，许多宾士说客劝他出山，也没能劝动他。梁国人高遂就对魏其侯说："能使您富贵的是皇上，能使您成为朝廷亲信的是太后。现在您作为太子的老师，太子被废掉您无法力争，争辩无效又不能以身殉职，您借口有病引退，拥着歌姬美女，隐居在南山过清闲日子，不肯入京朝见。将您前后的言行作以比较，您显然是要暴露皇帝的过失，假如皇上和太后都恼怒您而加害于您，那您的妻子儿女全家人谁也活不了。"魏其侯认为他说有道理，便出山任职，仍像原来一样上朝觐见皇帝。

当桃侯刘舍被免去丞相之职时，窦太后多次推荐魏其侯当丞相，孝景皇帝说："太后难道以为我吝惜相位，不肯让魏其侯当丞相？魏其侯这个人，骄傲自满，做事轻率随便，难当丞相重任。"终没有任用他，而是任命建陵侯卫绾做丞相。

汉景帝刘启　汉文帝刘恒长子，在位16年，卒于景帝后三年（前141），终年48岁，谥号"孝景皇帝"。

【原文】

武安侯田蚡者，孝景后同母弟也，生长陵。魏其已为大将军后，方盛，蚡为诸郎，未贵，往来侍酒魏其，跪起如子姓。及孝景晚节，蚡益贵幸，为太中大夫。蚡辩有口，学《槃盂》诸书，王太后贤之。孝景崩，即日太子立，称制，所镇抚多有田蚡宾客计筴。蚡弟田胜。皆以太后弟，孝景后三年封蚡为武安侯，胜为周阳侯。

【译文】

武安侯田蚡，是孝景皇后同母异父的弟弟，出生在长陵。魏其侯当大将军，正声名显赫的时候，田蚡只是个郎官，还没有显贵，经常出入窦婴府中，陪从窦婴饮酒，时跪时起，像是窦家的晚辈一样。到了孝景皇帝晚年，田蚡越来越显贵，做了太中大夫。田蚡能言善辩，读过《槃盂》之类的古书，太后认为他有才能。孝景皇帝逝世，当天太子即位，由太后摄政，太后所采取的镇压、安抚的措施，大多是田蚡的宾客策划的。田蚡和他的弟弟田胜，两人都是太后的弟弟，在景帝后元三年，田蚡被封为武安侯，田胜被封为周阳侯。

【原文】

　　武安侯新欲用事为相，卑下宾客，进名士家居者贵之，欲以倾魏其诸将相。建元元年，丞相绾病免，上议置丞相、太尉。籍福说武安侯曰："魏其贵久矣，天下士素归之。今将军初兴，未如魏其，即上以将军为丞相，必让魏其。魏其为丞相，将军必为太尉。太尉、丞相尊等耳，又有让贤名。"武安侯乃微言太后风上，于是乃以魏其侯为丞相，武安侯为太尉。籍福贺魏其侯，因吊曰："君侯资性喜善疾恶，方今善人誉君侯，故至丞相；然君侯且疾恶，恶人众，亦且毁君侯。君侯能兼容，则幸久；不能，今以毁去矣。"魏其不听。

【译文】

　　田蚡想当丞相，所以对他的门客谦恭自下，并且引荐门客中虽有声望却闲居在家的那些人出来做官，想借此压倒窦婴等将相的势力。建元元年，丞相卫绾因病被免职，皇上商议要重新任命丞相和太尉。籍福劝武安侯说："魏其侯显贵的时间很长了，天下人才一向归附他；将军您刚开始显贵，比不上魏其侯。如果皇上有意任用将军为丞相，将军一定要让给魏其侯，魏其侯当了丞相，将军一定会担任太尉。太尉和丞相的尊贵程度是一样的，您又得了让贤的美名。"武安侯接受籍福的建议便委婉地告诉太后，请太后向皇上暗示，于是皇上任命魏其侯为丞相，武安侯为太尉。籍福向魏其侯祝贺，顺便规劝他说："您的性情是喜欢好人，痛恨坏人，如今好人称赞您，所以您能当了丞相。但是您憎恨坏人，坏人多了，也会谤毁您的。如果您能兼容他们，那么您就能长久保持相位，否则，马上就会受到毁谤而离职。"魏其侯没有听从他的话。

【原文】

　　魏其、武安俱好儒术，推毂赵绾为御史大夫，王臧为郎中令。迎鲁申公，欲设明堂，令列侯就国，除关，以礼为服制，以兴太平。举適诸窦宗室毋节行者，除其属籍。时诸外家为列侯，列侯多尚公主，皆不欲就国，以故毁日至窦太后。太后好黄老之言，而魏其、武安、赵绾、王臧等务隆推儒术，贬道家言，是以窦太后滋不说魏其等。及建元二年，御史大夫赵绾请无奏事东宫。窦太后大怒，乃罢逐赵绾、王臧等，而免丞相、太尉，以柏至侯许昌为丞相，武强侯庄青翟为御史大夫。魏其、武安由此以侯家居。

【译文】

　　魏其侯和武安侯都喜欢儒家学说，因此推举赵绾为御史大夫，王臧做郎中令。把鲁国的申培接来，准备设立明堂，让诸侯回到他们各自的封国，废除关禁，按照古礼制定各种服饰制度，以此实现太平政治。并且检举窦家和皇室品行不端的子孙，一经查出，一律开除他们的族籍。这些列侯，大多娶了公主做妻子，都不想回到封地去，因此毁谤窦婴的话天天传到太后那里。窦太后喜欢黄老学说，可是魏其、武安、赵绾、王臧等人却推尊儒术，贬低道家的学说，因上窦太后对魏其侯等人越来越不满。到了建元二年，御史大夫赵绾请求皇上不必对太后奏事，窦太后大怒，便罢免驱逐赵绾、王臧等人，并且罢免了丞相和太尉。另外任命柏至侯许昌为丞相，武强侯庄青翟为御史大夫。从此以后，魏其和武安只能以列侯的身份闲居在家。

【原文】

　　武安侯虽不任职，以王太后故，亲幸，数言事，多效，天下吏士趋势利者，皆去魏其归武安。武安日益横。建元六年，窦太后崩，丞相昌、御史大夫青翟坐丧事不办，免。以武安侯蚡为丞相，以大司农韩安国为御史大夫。天下士郡诸侯愈益附武安。

【译文】

　　武安侯虽然不担任官职，但因为王太后的原因，皇上依然宠爱并信任他，他屡次建议政事，大都被采纳而且效果显著，天下趋炎附势的官吏和士人，都离开魏其侯，投奔武安侯，武安侯越来越骄横。建元六年，窦太后去世，丞相许昌、御史大夫庄青翟因为没办好丧事被免官。皇上任用武安侯田蚡为丞相，大司农韩安国为御史大夫。于是天下的士人、郡守和诸侯王，更加依附武安侯了。

【原文】

　　武安者，貌侵，生贵甚。又以为诸侯王多长，上初即位，富于春秋，蚡以肺腑为京师相，非痛折节以礼诎之，天下不肃。当是时，丞相入奏事，坐语移日，所言皆听。荐人或起家至二千石，权移主上。上乃曰："君除吏已尽未？吾亦欲除吏。"尝请考工地益宅，上怒曰："君何不遂取武库！"是后乃退。尝召客饮，坐其兄盖侯南乡，自坐东乡，以为汉相尊，不可以兄故私桡。武安由此滋骄，治宅甲诸第。田园极膏腴，而市买郡县器物相属于道。前堂罗钟鼓，立曲旃；后房妇女以百数。诸侯奉金玉狗马玩好，不可胜数。

【译文】

　　武安侯身材矮小且相貌丑陋，可出生尊贵。他认为当时的诸侯王年纪都比较大。皇帝刚刚即位，年纪又小，他自己以皇亲国戚的身份关系，官至丞相，如果不狠狠杀一下诸侯的锐气，用礼制使他们屈服，天下人很难会被管得伏伏帖帖。那时，丞相进宫奏事，一坐就是大半天，皇上对他言听计从。他推荐的人，有的一下子由平民提到两千石的职位，他把大权从皇帝那移到自己手中。以至于皇上对他说："你要任命的人任命完了没有？我也想委任几个官呢！"他曾向皇上请求把考工室的官地划给他扩建私宅，皇上大怒，对他说："你怎么不把我的武器装备库也要去呢？"从这以后，他才收敛了一些。有一回，他请客人喝酒，让他的兄弟长盖侯向南坐，他自己朝东坐，认为自己是汉朝的丞相，不能因为兄弟长的关系，就降低自己的身份。此后，武安侯更骄横，他的住宅极其豪华，超过了所有贵族的府第。他的田地庄园非常肥沃。他派到郡县收购名贵器物的人，在大路上络绎不绝。厅堂摆设着钟鼓，竖立着大旗；后院的妻妾数以百计。诸侯奉送给他的珍宝、狗马及古玩陈设等，数不胜数。

【原文】

　　魏其失窦太后，益疏不用，无势，诸客稍稍自引而怠傲，唯灌将军独不失故。魏其日默默不得志，而独厚遇灌将军。

【译文】

　　魏其侯失去了窦太后，更加被皇上疏远，不被重用，无权无势，宾客们渐渐离开他，甚至对他傲慢无礼，唯独灌夫还像以前一样敬重他。魏其侯每天心中闷闷不乐，只是特别善待灌夫。

【原文】

灌将军夫者，颍阴人也。夫父张孟，尝为颍阴侯婴舍人，得幸，因进之至二千石，故蒙灌氏姓为灌孟。吴楚反时，颍阴侯灌何为将军，属太尉，请灌孟为校尉。夫以千人与父俱。灌孟年老，颍阴侯强请之，郁郁不得意，故战常陷坚，遂死吴军中。军法，父子俱从军，有死事，得与丧归。灌夫不肯随丧归，奋曰："愿取吴王若将军头，以报父之仇。"于是灌夫被甲持戟，募军中壮士所善愿从者数十人。及出壁门，莫敢前。独二人及从奴十数骑驰入吴军，至吴将麾下，所杀伤数十人。不得前，复驰还，走入汉壁，皆亡其奴，独与一骑归。夫身中大创十余，适有万金良药，故得无死。夫创少瘳，又复请将军曰："吾益知吴壁中曲折，请复往。"将军壮义之，恐亡夫，乃言太尉，太尉乃固止之。吴已破，灌夫以此名闻天下。

【译文】

灌夫将军是颍阴人，他的父亲张孟，曾经是颍阴侯灌婴的家臣，很受灌婴宠信，因而灌婴推举他做了两千石禄秩的官，所以改姓灌，改名灌孟。吴、楚等国反叛时，颍阴侯灌何担任将军，隶属太尉，灌何向太尉举荐灌孟做校尉。灌夫也带了一千人跟他父亲同行。当时灌孟年纪很大了，是由于颍阴侯硬要举荐他，太尉才勉强答应让灌孟做校尉，因此灌孟郁郁不得志，每次作战时，常故意往敌军的坚强阵地冲，最终战死在吴国军营。当时军法规定：凡是父子都从军的，一人作战牺牲，生者可以护送遗体还乡。但灌夫不愿意送父亲的灵柩还乡，他慷慨激昂地说："我愿意斩取吴王或吴国将军的头，来替我父亲报仇。"于是灌夫披上战甲，拿起戈戟，召集了军中平时同他要好又愿意跟随他的几十名壮士，等出了营门，都不敢再前进，只有两人和分到他部下服役的囚犯和骑兵迅速冲入吴军,一直杀到吴军的将旗下,杀死杀伤几十个敌人。因为无法再前进,便退回到汉军营地,他带出去的人几乎都战死了,只有他和一个骑兵活着归来。灌夫身受十多处重伤,恰好有名贵药材,所以才没死。灌夫的伤势稍好,又向将军请战说:"我现在更加了解了吴军营垒的底细,请准许我再去进攻。"将军很钦佩灌夫的勇气,但担心灌夫战死。就向太尉报告,太尉便坚决阻止他去。等到打败了吴军,灌夫也闻名天下了。

【原文】

颍阴侯言之上,上以夫为中郎将。数月,坐法去。后家居长安,长安中诸公莫弗称之。孝景时,至代相。孝景崩,今上初即位,以为淮阳天下交,劲兵处,故徙夫为淮阳太守。建元元年,入为太仆。二年,夫与长乐卫尉窦甫饮,轻重不得,夫醉,搏甫。甫,窦太后昆弟也。上恐太后诛夫,徙为燕相。数岁,坐法去官,家居长安。

【译文】

颍阴侯向皇上称赞灌夫的品行、事迹,皇上就任命灌夫为中郎将。几个月后,因为犯法丢了官。后来灌夫住在长安,长安的显贵没有不称赞他的。孝景帝时,灌夫做了代国丞相。孝景皇帝逝世,当今皇上刚即位,认为淮阳郡是天下交通枢纽,必须有精锐部队镇守,因此调任灌夫为淮阳太守,建元元年,召灌夫入京任太仆。建元二年,灌夫与长乐宫卫尉窦甫一起喝酒,发生争执,灌夫喝醉了,就出手打了窦甫。窦甫是窦太后的兄弟,皇上怕太后杀灌夫,就把他调为燕国丞相。几年以后,他又因为犯法丢了官,闲居在长安家中。

【原文】

灌夫为人刚直使酒,不好面谀。贵戚诸有势在己之右,不欲加礼,必陵之;诸士在己之左,愈贫贱,尤益敬,与钧。稠人广众,荐宠下辈。士亦以此多之。

夫不喜文学,好任侠,已然诺。诸所与交通,无非豪桀大猾。家累数千万,食客日数十百人。陂池田园,宗族宾客为权利,横于颍川。颍川儿乃歌之曰:"颍水清,灌氏宁;颍水浊,灌氏族。"

【译文】

　　灌夫为人刚直,好发酒疯,不喜欢当面奉承人。凡是皇亲国戚或地位权势比他高的人,不但不尊敬他们,反而一定要侮辱他们;一般士人地位在他之下的,越是贫贱,灌夫对他们越恭敬,同他们平等相待。在大庭广众之下,灌夫推荐夸奖下辈,因此,一般士人都很称赞他。

　　灌夫不喜欢舞文弄墨,喜欢仗义行侠,答应别人的事一定做到。那些和他交往的人,都是些豪杰或大奸贼。他家中资财有几千万,每天的食客少则数十,多则上百。他在田园中筑池蓄水,以兴灌溉。灌夫的宗族宾客争权夺利,在颍川一带横行霸道、胡作非为。所以颍川童谣唱道:"颍水澄清,灌家安宁;颍水浑浊,灌家灭族。"

【原文】

　　灌夫家居虽富,然失势,卿相侍中宾客益衰。及魏其侯失势,亦欲倚灌夫引绳批根生平慕之后弃之者。灌夫亦倚魏其而通列侯宗室为名高。两人相为引重,其游如父子然,相得驩甚,无厌,恨相知晚也。

【译文】

　　灌夫虽然家里很有钱,但是因为失去了权势,于是达官贵人和宾客都逐渐同他疏远了。等到魏其侯失势,也想依靠灌夫去治治那些趋炎附势的人,而灌夫也想借助魏其侯的关系,去交结列侯和宗室,提高自己名望,所以两人互相援引依靠,形同父子。两人特别投机,没什么隔阂,只是相知恨晚。

【原文】

　　灌夫有服,过丞相。丞相从容曰:"吾欲与仲孺过魏其侯,会仲孺有服。"灌夫曰:"将军乃肯幸临况魏其侯,夫安敢以服为解! 请语魏其侯帐具,将军旦日蚤临。"武安许诺。灌夫具语魏其侯如所谓武安侯。魏其与其夫人益市牛酒,夜洒扫,早帐具至旦。平明,令门下候伺。至日中,丞相不来。魏其谓灌夫曰:"丞相岂忘之哉?"灌夫不怿,曰:"夫以服请,宜往。"乃驾,自往迎丞相。丞相特前戏许灌夫,殊无意往。及夫至门,丞相尚卧。于是夫入见,曰:"将军昨日幸许过魏其,魏其夫妻治具，自旦至今，未敢尝食。"武安鄂谢曰："吾昨日醉，忽忘与仲孺言。"乃驾往，又徐行，灌夫愈益怒。及饮酒酣，夫起舞属丞相，丞相不起，夫从坐上语侵之。魏其乃扶灌夫去，谢丞相。丞相卒饮至夜，极驩而去。

【译文】

灌夫在服丧期间去拜访丞相田蚡，丞相随口说："我想和你一同去拜访魏其侯，却赶上你正在服丧。"灌夫说："将军如果肯光顾魏其侯，我怎么敢因为服丧而推辞呢？请允许我转告魏其侯，让他准备酒食，希望您明天早点光临。"武安侯答应了。灌夫就把他与武安侯相约的详情告诉了魏其侯。魏其侯和他的夫人买了许多肉酒，连夜打扫卫生，准备酒食，一直忙到天亮。天刚亮，就吩咐人去门口等候，但是等到中午，丞相还没来，魏其侯对灌夫说："丞相该不会把这事忘了吧？"灌夫很不高兴，说："我不顾丧服在身和他相约，他应该来才对。"于是就驾了车，亲自去迎接丞相。丞相前一天不过随口应承了灌夫一句，其实根本没打算去赴宴。等到灌夫去找他时，丞相还在睡觉。灌夫进去见他，说："将军昨天答应去拜访魏其侯，魏其侯夫妇准备了酒食，从早晨到现在，都没敢吃一点东西！"武安侯惊讶地向灌夫道歉说："我昨天喝醉了，忘记了和你说的话。"于是驾车前往，但路上又驱车慢行，灌夫更加恼火。喝酒到兴起时，灌夫起舞，接着邀请丞相，丞相竟没有起身，灌夫就在席间讥讽挖苦丞相。魏其侯便把灌夫扶走了，向丞相道歉。丞相一直喝到天黑，才尽兴而归。

【原文】

丞相尝使籍福请魏其城南田。魏其大望曰："老仆虽弃，将军虽贵，宁可以势夺乎！"不许。灌夫闻，怒，骂籍福。籍福恶两人有郄，乃谩自好谢丞相曰："魏其老且死，易忍，且待之。"已而武安闻魏其、灌夫实怒不予田，亦怒曰："魏其子尝杀人，蚡活之。蚡事魏其无所不可，何爱数顷田？且灌夫何与也？吾不敢复求田。"武安由此大怨灌夫、魏其。

元光四年春，丞相言灌夫家在颍川，横甚，民苦之。请案。上曰："此丞相事，何请。"灌夫亦持丞相阴事，为奸利，受淮南王金与语言。宾客居间，遂止，俱解。

【译文】

有一回，丞相派籍福去和魏其侯商量把城南的田地让给他，魏其侯非常怨恨地说："我虽然被革除了官职，将军虽然显贵，难道就可以仗势抢夺我的田地吗？"没有答应。灌夫听了，也很生气，大骂籍福。籍福怕两人闹僵，就编谎话骗丞相说："魏其侯快老死了，再忍些日子，姑且等一等吧！"不久，武安侯听说魏其侯和灌夫实际上是发怒不肯把田给他，也发怒说："魏其侯的儿子曾犯了杀人罪，是我救了他。我服侍魏其侯没有什么事不给他办的，为什么他竟舍不得这几顷田地？况且和灌夫有什么相干！难道我就不敢再要这块地了？"从此以后，武安侯非常痛恨魏其侯和灌夫。

元光四年春，丞相对皇上说灌夫家在颍川极其骄横，百姓受他们的气，苦不堪言，请求皇上查办。皇帝说："这是丞相职责范围内的事，何必请求我呢！"灌夫也抓住了丞相的短处，丞相以非法手段谋利，收受淮南王的金钱，以及丞相与淮南王的有关谈话。灌夫以此来要挟丞相。宾客从中调停劝解，双方才停止互相攻讦，彼此和解。

【原文】

夏，丞相取燕王女为夫人，有太后诏，召列侯宗室皆往贺。魏其侯过灌夫，欲与俱。夫谢曰："夫数以酒失得过丞相，丞相今者又与夫有郤。"魏其曰："事已解。"强与俱。饮酒酣，武安起为寿，坐皆避席伏。已魏其侯为寿，独故人避席耳，余半膝席。灌夫不悦。起行酒，至武安，武安膝席曰："不能满觞。"夫怒，因嘻笑曰："将军贵人也，属之！"时武安不肯。行酒次至临汝侯，临汝侯方与程不识耳语，又不避席。夫无所发怒，乃骂临汝侯曰："生平毁程不识不直一钱，今日长者为寿，乃效女儿呫嗫耳语！"武安谓灌夫曰："程李俱东西宫卫尉，今众辱程将军，仲孺独不为李将军地乎？"灌夫曰："今日斩头陷匈，何知程、李乎！"坐乃起更衣，稍稍去。魏其侯去，麾灌夫出。武安遂怒曰："此吾骄灌夫罪。"乃令骑留灌夫。灌夫欲出不得。籍福起为谢，案灌夫项令谢。夫愈怒。不肯谢。武安乃麾骑缚夫置传舍，召长史曰："今日召宗室，有诏。"劾灌夫骂坐不敬，系居室。遂按其前事，遣吏分曹逐捕诸灌氏支属，皆得弃市罪。魏其侯大媿，为资使宾客请，莫能解。武安吏皆为耳目，诸灌氏皆亡匿，夫系，遂不得告言武安阴事。

【译文】

　　那年夏天，丞相娶燕王的女儿做夫人，太后下诏令，要列侯及宗室都去道喜。魏其侯去拜访灌夫，想邀他一起去，灌夫推辞说："我屡次醉酒失礼惹恼丞相，况且丞相近来又跟我有怨。"魏其侯说："这事已经和解了。"于是硬把灌夫拉了去。酒兴正浓时，武安侯起身向大家敬酒，所有的座上宾客都离开席位，趴在地上。过了一会儿，魏其侯起身敬酒，只有那些老朋友离开了席位，余下多半的人只是跪在席上。灌夫心中不痛快。他也起身离位，依次敬酒，敬到武安侯时，武安侯跪在席上，说："不能喝满杯。"灌夫很生气，就嘻笑着说："你是贵人，还是喝一杯吧！"但是武安侯还是不肯干杯。轮到临汝侯，临汝侯正跟程不识说悄悄话，也没离开席位。灌夫一肚子火正没处发，骂临汝侯说："平时你把程不识说得一钱不值，现在长辈向你敬酒，你却像女孩子一样同程不识咬耳朵。"武安侯对灌夫说："程、李都是东西两宫卫尉，现在你当众侮辱程不识，就不替李将军留点面子么？"灌夫说："今天砍我的头，穿我的胸，我都不在乎，我还管什么程将军，什么李将军？"座上的客人见势不妙，便起身借口上厕所，陆续散了。魏其侯也起身离去，并挥手示意灌夫快走。武安侯于是大发雷霆说："这都是我放任灌夫无礼的过错。"就命令骑士扣押灌夫，灌夫想走也走不了了。籍福赶紧起来替灌夫赔礼，并按着灌夫的脖子，要他低头谢罪。灌夫更加生气，不肯道歉，武安侯就命令骑士们把灌夫捆起来，丢到驿馆里，并把长史找来，对他说："今天宴请宗室，是奉太后诏令。"于是弹劾灌夫，说他辱骂宾客，侮辱诏令，犯了"不敬"罪，把他关在内牢。同时追查灌夫以前不法行为，派遣差吏分头追捕灌家各支的族人，一律将其判处死刑，要将其砍头示众。魏其侯非常惭愧，派宾客向丞相求情，终究不能使灌夫获释。武安侯的属官都是些耳目，灌家人都分头逃窜、躲藏，灌夫自己又被拘禁，也就不可能告发武安侯暗中所做的坏事了。

【原文】

魏其锐身为救灌夫。夫人谏魏其曰:"灌将军得罪丞相,与太后家忤,宁可救邪?"魏其侯曰:"侯自我得之,自我捐之,无所恨。且终不令灌仲孺独死,婴独生"。乃匿其家,窃出上书。立召入,具言灌夫醉饱事,不足诛。上然之,赐魏其食,曰:"东朝廷辩之。"

【译文】

魏其侯为救灌夫,不惜铤而走险,他的夫人劝他说:"灌将军得罪了丞相,跟太后家的人作对,难道能救得了吗?"魏其侯说:"侯爵是我自己挣来的,如今我舍弃爵位,也没有什么可遗憾的。况且我总不能让灌夫一个人去死,而我独活着。"于是瞒着家里人,偷偷地出来上书给皇帝。皇帝立即召他进宫,魏其侯就把灌夫酗酒闹事的情况详细说了,认为这不足以定死罪。皇上赞同他的看法,留魏其侯在宫里吃饭,对他说:"你到东宫当着太后的面把这件事解释清楚吧!"

【原文】

魏其之东朝,盛推灌夫之善,言其醉饱得过,乃丞相以他事诬罪之。武安又盛毁灌夫所为横恣,罪逆不道。魏其度不可奈何,因言丞相短。武安曰:"天下幸而安乐无事,蚡得为肺腑,所好音乐狗马田宅。蚡所爱倡优巧匠之属,不知魏其、灌夫日夜招聚天下豪桀壮士与论议,腹诽而心谤,不仰视天而俯画地,辟倪两宫间,幸天下有变,而欲有大功。臣乃不知魏其等所为。"于是上问朝臣:"两人孰是?"御史大夫韩安国曰:"魏其言灌夫父死事,身荷戟驰入不测之吴军,身被数十创,名冠三军,此天下壮士。非有大恶,争杯酒,不足引他过以诛也。魏其言是也。丞相亦言灌夫通奸猾,侵细民,家累巨万,横恣颍川,凌轹宗室,侵犯骨肉,此所谓'枝大于本,胫大于股,不折必披',丞相言亦是。唯明主裁之!"主爵都尉汲黯是魏其。内史郑当时是魏其,后不敢坚对。余皆莫敢对。上怒内史曰:"公平生数言魏其、武安长短，今日廷论，局趣效辕下驹，吾并斩若属矣。"即罢起入，上食太后。太后亦已使人候伺，具以告太后。太后怒，不食，曰："今我在也，而人皆藉吾弟，令我百岁后，皆鱼肉之矣。且帝宁能为石人邪！此特帝在，即录录，设百岁后，是属宁有可信者乎？"上谢曰："俱宗室外家，故廷辩之。不然，此一狱吏所决耳。"是时郎中令石建为上分别言两人事。

【译文】

魏其侯到了东宫，极力称赞灌夫的长处，说他只是酒后失言，丞相却用别的罪名来陷害灌夫。武安侯也极力诋毁灌夫，说他所作所为骄横放纵，所犯的罪大逆不道。魏其侯估计这么做没什么效果，就揭发丞相的过失。武安侯说："幸而天下太平无事，我才能成为皇上的心腹重臣，我只不过喜欢音乐、狗马和田宅而已。我所喜欢的也不过是乐工演员、巧匠这类人，不像魏其侯和灌夫他们，招集天下豪杰壮士，日夜议论国家大事，胸怀不满，不是仰观天文，就是下俯地貌，窥视两宫，希望天下有什么变故，好让他们干一番事业，我却不知道魏其侯他们想要干些什么。"于是皇上问大臣："他们两人谁对？"御史大夫韩安国说："魏其侯说灌夫的父亲为国捐躯，他手持着戈戟杀进吴国军中，重伤几十处，在部队里数一数二，是天下少见的勇士，如果不是有大罪，仅仅因为酒后引起口舌，是不值得援引其他罪状来判处死刑的。魏其侯的话是对的。丞相说灌夫勾结豪强恶霸，欺压平民，家财数亿，横行颍川，凌辱宗室，侵犯皇亲国戚，这是所谓：'树枝比树干大，小腿比大腿粗，不把它折断它自己一定也会断离主干。'丞相说得也有道理。只能请英明的皇上自己裁决。"主爵都尉汲黯认为魏其侯说得对，内史郑当时也认为魏其侯说得对，但是后来却又不敢坚持。其他人都不敢回答。皇上斥责内史："你平时多次议论魏其侯和武安侯两人的优劣，可如今在朝堂上公开议论，却畏首畏尾像那驾在车辕下面的马一样，我把你们这班人都杀了。"说完皇帝罢朝，起身回宫，伺候太后进餐。太后早已派人探听消息，派去的人把经过详细告诉了太后。太后生气，不吃饭，对皇上说："如今我还活着，别人就作践我的兄弟；假如我死了，还不都像宰鱼一样宰割我的兄弟。况且你怎么像石头人一样坐视不理呢？现在幸亏你还活着，这班大臣只知道随声附和；假设你死了，这班人还值得信任吗？"皇上道歉说："魏其侯和武安侯都是外戚，所以才在朝廷上进行辩论。要不然的话，只要一个狱吏就可以处理。"这时郎中令石建私下把魏其侯和武安侯的事分别向皇上说了。

【原文】

武安已罢朝，出止车门，召韩御史大夫载，怒曰："与长孺共一老秃翁，何为首鼠两端？"韩御史良久谓丞相曰："君何不自喜？夫魏其毁君，君当免冠解印绶归，曰：'臣以肺腑幸得待罪，固非其任，魏其言皆是。'如此，上必多君有让，不废君。魏其必内愧，杜门龁舌自杀。今人毁君，君亦毁人，譬如贾竖女子争言，何其无大体也！"武安谢罪曰："争时急，不知出此。"

【译文】

武安侯退朝以后，出了停车门，招呼韩御史大夫和他坐一辆车，生气地说："我们联手对付一个秃老头子，你怎么还畏首畏尾，不敢表态呢？"韩御史一直没说话，过了好半天，才对丞相说："您怎么这样不自重？魏其侯诋毁您，您就应当摘下官帽，解下相印，把它归还给天子，说：'我作为皇帝的心腹亲人，有幸能当丞相，本来是不胜任的，魏其侯说的话是对的。'这样一来，皇帝一定会赞赏您谦虚的美德，不会免除您的相位。魏其侯见您如此谦让，皇帝又同情您，就会闭门咬舌自杀。现在别人骂您，您也骂别人，好像商人、女人吵架一样，怎么这样不识大体呢！"武安侯谢罪说："在朝堂上和他理论时我太性急了，没有想到应该这么做。"

【原文】

于是上使御史簿责魏其所言灌夫，颇不雠，欺谩。劾系都司空。孝景时，魏其常受遗诏，曰："事有不便，以便宜论上。"及系，灌夫罪至族，事日急，诸公莫敢复明言于上。魏其乃使昆弟子上书言之，幸得复召见。书奏上，而案尚书大行无遗诏。诏书独藏魏其家，家丞封。乃劾魏其矫先帝诏，罪当弃市。五年十月，悉论灌夫及家属。魏其良久乃闻，闻即恚，病痱，不食欲死。或闻上无意杀魏其，魏其复食，治病。议定不死矣，乃有蜚语为恶言闻上，故以十二月晦论弃市渭城。

【译文】

后来皇帝又派御史追查复审灌夫的案卷，核对魏其侯说的话，发现有很多与事实不符的地方，魏其侯有欺骗皇帝的罪。于是魏其侯被御史弹劾，拘禁在都司空衙门的监狱。孝景皇帝临终时，魏其侯曾经得到一份遗诏，那诏书上写着："假如有什么不方便，您有权直接上奏皇上。"等到魏其侯被拘禁，灌夫又可能被判处灭族的大罪，事态一天比一天紧迫，朝臣中没人敢向皇上提起这件事。魏其侯只好让他的侄子上书皇上，说明自己有先帝遗诏，希望能再被召见。奏书呈上去了，但是查核宫内档案，没有景帝的这份遗诏，只有魏其侯家藏有这份遗诏，是由魏其侯的管家盖印加封的。于是又以伪造先帝遗诏的罪名弹劾魏其侯，魏其侯应该斩首示众。元光五年十月，灌夫和他的家属被全部处决。魏其侯过了许久才听到这个消息。他听到消息后，非常气愤，患了中风的大病。他不肯吃东西，想要寻死。后来，得知皇上并没有杀他的意思，这才恢复饮食，治病。朝廷已经决定不处死魏其侯了。但这时竟然又有诋毁魏其侯的流言传播，这些流言让皇帝听到了，因此就在当年十二月三十日，判处魏其侯在渭城斩首示众。

【原文】

其春，武安侯病，专呼服谢罪。使巫视鬼者视之，见魏其、灌夫共守，欲杀之。竟死。子恬嗣。元朔三年，武安侯坐衣襜褕入宫，不敬。

淮南王安谋反觉，治。王前朝，武安侯为太尉，时迎王至霸上，谓王曰："上未有太子，大王最贤，高祖孙，即宫车晏驾，非大王立，当谁哉！"淮南王大喜，厚遗金财物。上自魏其时不直武安，特为太后故耳。及闻淮南王金事，上曰："使武安侯在者，族矣。"

【译文】

这年春天，武安侯病了，一个劲地嚷，说自己有罪。请了能看见鬼的巫师给他看病，巫师看见魏其侯和灌夫守着武安侯，要杀他。武安侯终于死了。由他的儿子田恬继承爵位，元朔三年，武安侯田恬因为没穿朝服进宫，犯了大不敬的罪，被废除封爵。

　　淮南王谋反的事被发觉，皇上对此事严查深究，淮南王早年进京朝见，当时武安侯担任太尉，到灞上迎接淮南王，对他说："皇帝还没有太子，您最英明，又是高祖的孙子，如果皇上驾崩，您不继承皇位，还有谁能继承帝位呢！"淮南王听了非常高兴，送给武安侯许多的金钱财物。皇帝自魏其侯的事件起，就认为武安侯不对，只是碍着太后的情面没处置他，等听到接受淮南王送金的事，就说："假使武安侯还在的话，一定要将他灭族。"

【原文】

　　太史公曰：魏其、武安皆以外戚重，灌夫用一时决筴而名显。魏其之举以吴楚，武安之贵在日月之际。然魏其诚不知时变，灌夫无术而不逊，两人相翼，乃成祸乱。武安负贵而好权，杯酒责望，陷彼两贤。呜呼哀哉！迁怒及人，命亦不延。众庶不载，竟被恶言。呜呼哀哉！祸所从来矣！

【译文】

　　太史公说：魏其侯和武安侯都是凭借外戚的关系而被重用的，灌夫则是偶然因为冒险而声名显赫。魏其侯被重用，是由于平定吴楚七国之乱；武安侯显贵，是乘皇帝刚即位，太后掌权的大好时机。然而魏其侯太不识时务，灌夫没有学识又不谦逊，两人气味相投，互相袒护，终于酿成了这场祸乱。武安侯仗着显贵的地位，喜欢玩弄权术；竟然因为一杯酒对人求全责备，陷害两位贤人。唉！真是可悲啊！因为迁怒于人，结果连自己都活不长。颍川的百姓不拥戴武安侯，使他落了骂名。唉！真是可悲啊！由此可知灾祸的根源啊！

李将军列传

【原文】

　　李将军广者，陇西成纪人也。其先曰李信，秦时为将，逐得燕太子丹者也。故槐里，徙成纪。广家世世受射。孝文帝十四年，匈奴大入萧关，而广以良家子从军击胡，用善骑射，杀首虏多，为汉中郎。广从弟李蔡亦为郎，皆为武骑常侍，秩八百石。尝从行，有所冲陷折关及格猛兽，而文帝曰："惜乎，子不遇时！如令子当高帝时，万户侯岂足道哉！"

【译文】

李广将军，陇西郡成纪县人。他的先祖叫李信，是秦朝的将军，就是追获燕太子丹的那个人。他们老家在槐里，后来才迁到成纪。李家世代传袭箭术。汉文帝十四年，匈奴兵大举入侵萧关，李广就以良家子弟的身份参军入伍，抵抗匈奴。因为他善于骑马、射箭，杀死、俘虏了很多敌人，被封为中郎。李广堂弟李蔡也被封为中郎，他们都担任武骑常侍，禄秩八百石。李广曾经陪同文帝出行，冲锋陷阵、抵御敌军、和猛兽搏斗。文帝就说："可惜啊！你生不逢时，如果你生在高祖时代，封个万户侯也不算什么。"

李广（？－前119），陇西成纪（今甘肃静宁南）人，西汉著名军事家。镇守边郡使匈奴不敢犯多年，被称为"飞将军"。前119年，随卫青出征匈奴，兵败，引颈自刎。

【原文】

及孝景初立，广为陇西都尉，徙为骑郎将。吴楚军时，广为骁骑都尉，从太尉亚夫击吴楚军，取旗，显功名昌邑下。以梁王授广将军印，还，赏不行。徙为上谷太守，匈奴日以合战。典属国公孙昆邪为上泣曰："李广才气，天下无双，自负其能，数与虏敌战，恐亡之。"于是乃徙为上郡太守。后广转为边郡太守，徙上郡。尝为陇西、北地、雁门、代郡、云中太守，皆以力战为名。

【译文】

等到汉景帝即位，李广被任命为陇西都尉，后调任为骑郎将。吴、楚七国叛乱的时候，李广担任骁骑都尉，跟随太尉周亚夫攻打吴楚叛军。在昌邑城夺下敌人的军旗，功名显著。但因为梁孝王私自授与李广将军印，封他为将军，所以回朝以后，李广没有得到朝廷的封赏。调任李广做上谷太守，匈奴兵每天都来和他交战。典属国公孙昆邪向皇帝哭着说："李广颇有帅才，举世无双，他靠着自己本领高强，常常和敌人拼杀，恐怕总有一天会战死杀场。"于是景

史记·列传

二一五

帝就改封他为上郡太守。后来李广历任各边郡太守，后又改任上郡。他曾经做过陇西、北地、雁门、代郡、云中各郡的太守，都以和匈奴奋力作战出名。

【原文】

匈奴大入上郡，天子使中贵人从广勒习兵击匈奴。中贵人将骑数十纵，见匈奴三人，与战。三人还射，伤中贵人，杀其骑且尽。中贵人走广。广曰："是必射雕者也。"广乃遂从百骑往驰三人。三人亡马步行，行数十里。广令其骑张左右翼，而广身自射彼三人者，杀其二人，生得一人，果匈奴射雕者也。已缚之上马，望匈奴有数千骑，见广，以为诱骑，皆惊，上山陈。广之百骑皆大恐，欲驰还走。广曰："吾去大军数十里，今如此以百骑走，匈奴追射我立尽。今我留，匈奴必以我为大军之诱，必不敢击我。"广令诸骑曰："前！"前未到匈奴陈二里所，止，令曰："皆下马解鞍！"其骑曰："虏多且近，即有急，奈何？"广曰："彼虏以我为走，今皆解鞍以示不走，用坚其意。"于是胡骑遂不敢击。有白马将出护其兵，李广上马与十余骑犇射杀胡白马将，而复还至其骑中，解鞍，令士皆纵马卧。是时会暮，胡兵终怪之，不敢击。夜半时，胡兵亦以为汉有伏军于旁欲夜取之，胡皆引兵而去。平旦，李广乃归其大军。大军不知广所之，故弗从。

【译文】

匈奴大举入侵上郡，景帝派一个宦官跟随李广学习带兵，抗拒匈奴。宦官带领了几十名骑兵，碰到三个匈奴人，就和他们交战，这三人转身放箭，射伤了宦官，还把宦官手下的骑兵杀得所剩无几，宦官急忙逃到李广那里。李广说："这一定是匈奴的射雕手！"于是李广就带了一百名骑兵，去追赶这三个人。这三个人没骑马，徒步行走。走了几十里，李广追上了他们，命令骑兵左右散开，从两边包抄，他亲自射杀那三个人，射死二人，活捉一人，果然是匈奴的射雕手。刚把那人捆上马，就望见远处有几千个匈奴骑兵，匈奴兵一见李广，以为是引诱他们的骑兵，大吃一惊，立刻上山摆好阵势。李广的一百名骑兵，也十分害怕，都想掉转马头往营地跑，李广说："我们离大部队有几十里远，如果我们一百多人就这样往回跑，匈奴兵追来用箭射杀，我们很快就会被杀光。如果大家留下来不走，匈奴兵一定会认为我们是为后面的大部队作先锋来引他们上钩的，肯定不敢来攻击我们。"李广命令骑兵说："前进。"走到距匈奴阵地约二里的地方，停了下来。李广又下令说："大家都下马，把马鞍卸下来。"他手下的骑兵说："敌人那么多，又离得那么近，万一有紧急情况，怎么办？"李广说："那些匈奴兵，以为我们会逃走，现在大家都卸下马鞍，表明我们不会撤，使他们确信我们是引诱他们的骑兵。"这样一来，匈奴骑兵果真不敢来攻击他们。有一名骑白马的匈奴将领，出阵来监护他的士兵。李广骑上马，带着十几个骑兵，奔过去，射死了那个骑白马的匈奴将领。然后又回到一百人的骑兵队伍里，卸下马鞍，他命令士兵都放开马匹，躺在地上。这时刚好天色已晚，匈奴兵始终觉得他们可疑，不敢来进攻。到了半夜，匈奴兵认为汉朝有大军埋伏在附近，要趁夜袭击他们，所以就撤兵回营了。第二天清晨，李广才回到他的大本营，大本营的将士不知道李广的去向，所以也没去接应李广。

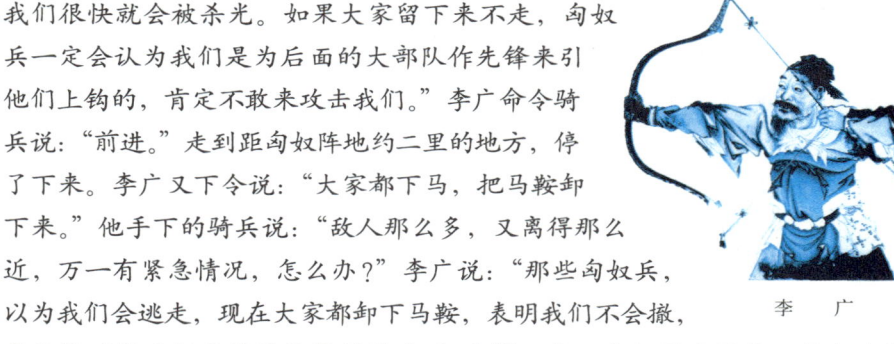

【原文】

居久之，孝景崩，武帝立，左右以为广名将也，于是广以上郡太守为未央卫尉，而程不识亦为长乐卫尉。程不识故与李广俱以边太守将军屯，及出击胡，而广行无部伍行陈，就善水草屯，舍止，人人自便，不击刁斗以自卫，莫府省约文书籍事，然亦远斥候，未尝遇害。程不识正部曲行伍营陈、击刁斗，士吏治军簿至明，军不得休息，然亦未尝遇害。不识曰："李广军极简易，然虏卒犯之，无以禁也；而其士卒亦佚乐，咸乐为之死。我军虽烦扰，然虏亦不得犯我。"是时汉边郡李广、程不识皆为名将，然匈奴畏李广之略，士卒亦多乐从李广而苦程不识。程不识孝景时以数直谏为太中大夫，为人廉，谨于法。

【译文】

过了很长时间，汉景帝驾崩，汉武帝即位。武帝身边的近臣，都认为李广是名将才，可以重用，于是李广就从上郡太守调任未央宫的卫尉，程不识也被任命为长乐宫的卫尉。程不识从前和李广都担任边郡太守，而且都统领军队驻防边境。他们出兵攻打匈奴时，李广行军没有严格的编制和行列阵势，靠近水草丰备之处驻扎，士兵都感到便利。晚上也不巡更放哨，军部简化一切公文簿册，但也在远处布置岗哨侦察，从没遇到过危险。程不识对部队编制、行列阵势的要求十分严格。晚上敲更巡视，军中文吏处理公文簿册彻夜不眠，军队也得不到休息，但也没有遇到危险。程不识说："李广治军不严格，敌人如果突然袭击他，他就没法招架了。可是他的士兵活得很舒服、很快乐，大都愿意为他去拼命杀敌。我的军队虽然军务繁忙，将士得不到很好的休息，但是敌人也不能侵犯我们。"当时，汉朝边界各郡，李广、程不识都是名将。但匈奴害怕李广的计谋战略，士兵们大都愿意跟随李广，而嫌程不识太严厉。程不识在汉景帝的时候，因为多次直言进谏，被任命为太中大夫。他为人清廉，严谨守法。

【原文】

　　后汉以马邑城诱单于，使大军伏马邑旁谷。而广为骁骑将军，领属护军将军。是时单于觉之，去，汉军皆无功。其后四岁，广以卫尉为将军，出雁门击匈奴。匈奴兵多，破败广军，生得广。单于素闻广贤，令曰："得李广必生致之。"胡骑得广，广时伤病，置广两马间，络而盛卧广。行十余里，广详死，睨其旁有一胡儿骑善马，广暂腾而上胡儿马，因推堕儿，取其弓，鞭马南驰数十里，复得其余军，因引而入塞。匈奴捕者骑数百追之，广行取胡儿弓，射杀追骑，以故得脱。于是至汉，汉下广吏。吏当广所失亡多，为虏所生得，当斩，赎为庶人。

【译文】

　　后来，汉朝用马邑城来引诱单于，派大军埋伏在马邑附近的山谷里，任命李广为骁骑将军，由护军将军韩安国统领。当时，单于识破了汉的诱兵之计，就逃走了。所以汉军都没有战功。四年以后，李广从卫尉调任为将军，率领军队

出雁门关讨伐匈奴。匈奴兵多，李广兵败被俘。单于早就听说李广是不可多得的将才，因此下令说："一定要活捉李广回来。"匈奴骑兵捉了李广，当时李广受了伤。匈奴兵就把李广放在两匹马中间，让他躺在用绳子结成的网里。走了十多里，李广装死，斜眼瞧见他旁边一个匈奴少年骑着一匹好马，李广突然纵身一跃，跨上匈奴少年的马，顺势把匈奴少年推下马去，抢了他的弓箭，他快马加鞭，跑出几十里，又遇到他的残余部队，就率领着他们进入边塞。匈奴发动好几百名骑兵追捕李广。李广边跑边拿起匈奴少年的弓箭，射杀追赶他的匈奴骑兵，这样才得以逃脱。等李广回到京师长安，汉朝廷把李广交付刑部审讯，长官认为李广损失、伤亡士兵太多，他本人又曾被匈奴俘虏，应当斩首。李广用钱赎了罪，被贬为平民。

【原文】

　　顷之，家居数岁。广家与故颍阴侯孙屏野居蓝田南山中射猎。尝夜从一骑出，从人田间饮。还至霸陵亭，霸陵尉醉，呵止广。广骑曰："故李将军。"尉曰："今将军尚不得夜行，何乃故也！"止广宿亭下。居无何，匈奴入杀辽西太守，败韩将军，后韩将军徙右北平。于是天子乃召拜广为右北平太守。广即请霸陵尉与俱，至军而斩之。

　　广居右北平，匈奴闻之，号曰"汉之飞将军"，避之，数岁不敢入右北平。

　　广出猎，见草中石，以为虎而射之，中石没镞。视之，石也，因复更射之，终不能复入石矣。广所居郡闻有虎，尝自射之。及居右北平射虎，虎腾伤广，广亦竟射杀之。

【译文】

　　转眼之间，李广闲居在家待了几年，他家和前任颍阴侯灌婴的孙子灌强，一起隐居田野，在蓝田南山中打猎。一天晚上，李广带了一个随从外出，跟别人在乡间一起喝酒。回家时路过霸陵亭，霸陵县尉喝醉了，大声喝斥，禁止李广通行，李广的随从说："这是前任李将军。"县尉说："就是现任将军也不行，何况是前任将军呢！"于是扣留李广，让李广住在驿亭里。过了不久，匈奴入侵，杀了辽西太守，打败了韩将军，韩将军后来调到右北平。于是皇上就召见李广，任命他为右北平太守。李广随即请求准许霸陵县尉同他一道赴伍。到了军中，就把县尉杀了。

李广镇守右北平，匈奴知道了，称他为"汉朝的飞将军"。都躲开他，好几年不敢入侵右北平。

李广出去打猎，看到草丛中一块石头，以为是老虎，一箭射去，射中石头，把整个箭头都射到石头里了。走近一看，原来是块石头。接着又连射几箭，可怎么也射不进石头里去了。李广所在的郡听说有老虎出现，就亲自去射杀。等到驻守右北平，有一次射杀老虎时，老虎跳起来，扑伤了李广，但李广最终还是射死了老虎。

李广射石

【原文】

广廉，得赏赐辄分其麾下，饮食与士共之。终广之身，为二千石四十余年，家无余财，终不言家产事。广为人长，猿臂，其善射亦天性也，虽其子孙他人学者，莫能及广。广讷口少言，与人居则画地为军陈，射阔狭以饮。专以射为戏，竟死。广之将兵，乏绝之处，见水，士卒不尽饮，广不近水。士卒不尽食，广不尝食。宽缓不苛，士以此爱乐为用。其射，见敌急，非在数十步之内，度不中不发，发即应弦而倒。用此，其将兵数困辱，其射猛兽亦为所伤云。

【译文】

李广为人清廉，只要一得到朝廷赏赐，立刻就分赏给他的部下，和士兵一起吃喝。李广这一辈子，做年俸两千石的官做了四十多年，家里没有多余的财物，始终不谈购置家产的事。李广身材高大，手臂像猿猴一样又长又灵活。他善于射箭，也是一种天赋，即使他的子孙和别人都跟他学习射箭技术，但都比不上李广。李广口才笨拙，平常很少说话。和人在一起时，就在地上指兵划阵，和别人比射箭，输了的罚喝酒。专门拿射箭做消遣，一直到死都是这样。李广带领的军队，赶上缺水断粮，找到了水，有一个士兵没喝到，李广就滴水不沾，有一个士兵没吃着，李广就粒米不进。对待士兵十分宽厚，从不苛求士兵，所以士兵都爱戴他，乐意为他效命。他射箭，看见敌人逼近，如果不是在几十步之内，没把握就不射。只要他一放箭，弓弦一响敌人就应声倒毙。所以他带兵出征，多次受到敌人的围困和侮辱。他射猛兽也常常被猛兽扑伤。

【原文】

居顷之,石建卒,于是上召广代建为郎中令。元朔六年,广复为后将军,从大将军军出定襄击匈奴。诸将多中首虏率,以功为侯者,而广军无功。后二岁,广以郎中令将四千骑出右北平,博望侯张骞将万骑与广俱,异道。行可数百里,匈奴左贤王将四万骑围广,广军士皆恐,广乃使其子敢往驰之。敢独与数十骑驰,直贯胡骑,出其左右而还,告广曰:"胡虏易与耳。"军士乃安。广为圜陈外向,胡急击之,矢下如雨。汉兵死者过半,汉矢且尽。广乃令士持满毋发,而广身自以大黄射其裨将,杀数人,胡虏益解。会日暮,吏士皆无人色,而广意气自如,益治军。军中自是服其勇也。明日,复力战,而博望侯军亦至,匈奴军乃解去。汉军罢,弗能追。是时广军几没,罢归。汉法,博望侯留迟后期,当死,赎为庶人。广军功自如,无赏。

【译文】

没过多久,郎中令石建死。于是皇上召见李广,让他接替石建做郎中令。元朔六年,李广被任命为后将军,跟大将军卫青一起,从定襄出兵征伐匈奴。和李广一起出征的将领们,大多数因为斩杀敌人的首级多,按照军中的律令,因军功封了侯。只有李广的部队徒劳无功。三年以后,李广以郎中令的身份率领四千骑兵从右北平出发,博望侯张骞也带领一万名骑兵,和李广一起出征。两支军队兵分两路。刚走出几百里路,匈奴左贤王带领了四万名骑兵将李广包围。李广的士兵都非常害怕,李广就派他的儿子李敢带骑兵快速突围。李敢一个人带了几十名骑兵前去,直穿匈奴的包围圈,从他们左右两翼突围,回来报告李广说:"匈奴兵很容易对付。"军中士兵这才安下心来。李广命令所有士兵围成一个大圈,大家都面向外。匈奴兵加紧攻击,箭如雨下。汉兵死伤大半,箭眼看就射完了。李广就命令士兵把弓拉满,不要射。他亲自拿着大黄弩弓,射死了好几个匈奴的副将,匈奴兵才渐渐减少进攻。这时,刚好天色已晚,官兵都吓得面无人色,但李广神态自若,十分镇定地指挥军队。军中官兵从此都非常钦佩他的勇敢。第二天，又继续奋力作战。这时博望侯张骞的军队也到了，于是匈奴撤走包围李广的部队。汉军都很疲惫，所以没法追击。这时，李广几乎全军覆没。收兵回朝，根据汉朝法令，博望侯张骞耽误了行程，误了军期，应当处死。张骞用钱赎了死罪，被贬为平民。李广功过相抵，没有赏赐。

【原文】

初，广之从弟李蔡与广俱事孝文帝。景帝时，蔡积功劳至二千石。孝武帝时，至代相。以元朔五年为轻车将军，从大将军击右贤王，有功中率，封为乐安侯。元狩二年中，代公孙弘为丞相。蔡为人在下中，名声出广下甚远，然广不得爵邑，官不过九卿，而蔡为列侯，位至三公。诸广之军吏及士卒或取封侯。广尝与望气王朔燕语，曰："自汉击匈奴而广未尝不在其中，而诸部校尉以下，才能不及中人，然以击胡军功取侯者数十人，而广不为后人，然无尺寸之功以得封邑者，何也？岂吾相不当侯邪？且固命也？"朔曰："将军自念，岂尝有所恨乎？"广曰："吾尝为陇西守，羌尝反，吾诱而降，降者八百余人，吾诈而同日杀之。至今大恨独此耳。"朔曰："祸莫大于杀已降，此乃将军所以不得侯者也。"

【译文】

当初，李广的堂弟李蔡和李广一起侍奉汉文帝，景帝时，李蔡累积功劳，已经做了二千石级的官。武帝当政的时候，他竟做了代国丞相。元朔五年被任命为轻车将军，因为跟随大将军卫青攻打匈奴右贤王有功，按军中的律令，被封为乐安侯。元狩二年中，他取代公孙弘做了丞相。李蔡人品不好，名声远远比不上李广。但李广没有得到爵位和封邑，官职没超过九卿。而李蔡却被封为列侯，官职达到三公。李广部下的那些军官和士兵们，也有被封侯的。李广曾经和星象家王朔闲谈说："自从汉朝攻打匈奴以来，我李广没有一次不参战。我的部将中，校尉以下的军官，他们的才能不及中等，但是由于攻打匈奴有功而被封侯的，有几十人。我李广的才能并不比别人差，可是竟没一点儿能被封侯的军功。这是为什么呢？难道是我的命里不应该封侯！还是命里注定的呢？"王朔说："将军自己回想一下，难道没做过什么对不起自己良心，抱恨终生的事吗："李广说："我曾经做过陇西太守，羌族反叛，我引诱他们投降。但那投降的八百多个羌人,我设计在一天之中把他们都杀了。直到现在,最大遗憾,就只有这一件事。"王朔说:"没有比杀死已经投降的人更严重的罪过了,这就是将军所以不能封侯的原因呀!"

【原文】

后二岁,大将军、骠骑将军大出击匈奴,广数自请行。天子以为老,弗许;良久乃许之,以为前将军。是岁,元狩四年也。

广既从大将军青击匈奴,既出塞,青捕虏知单于所居,乃自以精兵走之,而令广并于右将军军,出东道。东道少回远,而大军行水草少,其势不屯行。广自请曰:"臣部为前将军,今大将军乃徙令臣出东道,且臣结发而与匈奴战,今乃一得当单于,臣愿居前,先死单于。"大将军青亦阴受上诫,以为李广老,数奇,毋令当单于,恐不得所欲。而是时公孙敖新失侯,为中将军从大将军,大将军亦欲使敖与俱当单于,故徙前将军广。广时知之,固自辞于大将军。大将军不听,令长史封书与广之莫府,曰:"急诣部,如书。"广不谢大将军而起行,意甚愠怒而就部,引兵与右将军食其合军出东道。军亡导,或失道,后大将军。大将军与单于接战,单于遁走,弗能得而还。南绝幕,遇前将军、右将军。广已见大将军,还入军。大将军使长史持糒醪遗广,因问广、食其失道状,青欲上书报天子军曲折。广未对,大将军使长史急责广之幕府对簿。广曰:"诸校尉无罪,乃我自失道。吾今自上簿。"

【译文】

二年以后,大将军卫青和骠骑将军霍去病率军大举征讨匈奴。李广多次请求让自己随行,皇上认为他年纪太大,没答应。过了很久,才准许他随行出征,任命他为前将军。这一年,是元狩四年。

李广随着大将军卫青出征攻打匈奴,出了边塞,卫青捉了一匈奴兵,得知单于住的地方,他就自己率领精锐部队去追赶单于,却命令李广和右将军各自率领自己的部队联手从东路出击。东路稍微有些远，而且水源、草料又稀少，这种情况下，大军既不能屯兵不动，又不能并队行进。李广向卫青请求说："我是前将军，现在大将军却让我改从东路进军。我从年轻时就开始和匈奴作战，直到今天，才得到一次和单于对敌的机会，我愿意担任前锋，先同单于决一死战。"大将军卫青曾暗中被皇上告诫，李广年龄太大，命运又不好，不要让他和单于作战。否则，恐怕达不到预期的目的。而这时公孙敖刚刚失掉了侯爵，他担任中将军，跟随着大将军出征。大将军想要让公孙敖和他一起和单于对阵，所以调开前将军李广。李广当时也知道内情，所以坚决不同意。大将军不听，命令长史写了一道公文，送到李广的幕府，又说："大将军命你按照公文上的命令，赶快率兵到右将军的部队去。"李广没有向大将军辞行，就动身出发。十分窝火，带兵来到右将军的营部，和右将军赵食其的军队合并后，从东路出发。因为没有向导，所以有时迷了路，落在大将军后面。大将军和单于交战，单于逃走了，只好无功而返。大将军向南方度过了沙漠，才碰见将军和右将军。李广见了大将军以后，回到自己军中。大将军派长史给李广送去酒食。顺便问一下李广、赵食其二人迷路的情况。卫青要上书皇上报告详细的情况。李广没有回答，大将军的长史急切地催促李广的幕僚到大将军那里去受审。李广说："校尉们都没有罪，是我自己迷了路，我现在亲自去接受审讯。"

【原文】

　　至莫府，广谓其麾下曰："广结发与匈奴大小七十余战，今幸从大将军出接单于兵，而大将军又徙广部行回远，而又迷失道，岂非天哉！且广年六十余矣，终不能复对刀笔之吏。"遂引刀自刭。广军士大夫一军皆哭。百姓闻之，知与不知，无老壮，皆为垂涕。而右将军独下吏，当死，赎为庶人。

【译文】

　　回到幕府，李广对他的部下说："我长大后就和匈奴作战，经历的大小战斗有七十多次。如今有幸能跟随大将军出征，又能直接和单于的军队对阵。但是大将军却把我的部队调开，让我走迂回远路，偏偏又迷了路，这难道不是天意吗？况且我已经六十多岁了，终究不能再受那些刀笔吏的侮辱了！"于是拔刀自杀，李广部下的将士们全都哭了。百姓听到李广自杀的消息，无论是认识他的还是不认识他的，不论年老的还是年幼的，无不为之落泪。因此只有右将军赵食其一个被移送给法官处理，判处死刑，赵食其用钱赎罪，降为平民。

【原文】

广子三人，曰当户、椒、敢，为郎。天子与韩嫣戏，嫣少不逊，当户击嫣，嫣走。于是天子以为勇。当户早死，拜椒为代郡太守，皆先广死。当户有遗腹子名陵。广死军时，敢从骠骑将军。广死明年，李蔡以丞相坐侵孝景园壖地，当下吏治，蔡亦自杀，不对狱，国除。李敢以校尉从骠骑将军击胡左贤王，力战，夺左贤王鼓旗，斩首多，赐爵关内侯，食邑二百户，代广为郎中令。顷之，怨大将军青之恨其父，乃击伤大将军，大将军匿讳之。居无何，敢从上雍，至甘泉宫猎。骠骑将军去病与青有亲，射杀敢。去病时方贵幸，上讳云鹿触杀之。居岁余，去病死。而敢有女为太子中人，爱幸。敢男禹有宠于太子，然好利，李氏陵迟衰微矣。

【译文】

李广有三个儿子，名叫李当户、李椒、李敢，都是郎官。一次皇上和韩嫣做游戏，韩嫣对天子稍微有点不礼貌，李当户就要打韩嫣，韩嫣跑了。因此皇上认为他很勇敢。李当户很早就去世了，皇上任命李椒为代郡太守，李当户、李椒死得都比李广早。李当户有个遗腹子，名叫李陵。李广在军中自杀时，李敢正跟随骠骑将军。李广死的第二年，李蔡身为丞相，却侵夺了汉景帝陵园前空地，本该交给法吏查办，李蔡却自杀了，因为和狱吏对质，他的侯爵封邑被废除。李敢任校尉，跟随骠骑将军攻打匈奴左贤王，他作战勇敢，不遗余力，夺得左贤王的战鼓和官旗，斩杀了很多敌兵，武帝赐给他关内侯的爵位，食邑两百户，让他接替李广做郎中令。过了不久，李敢因为忌恨大将军卫青使他父亲含恨而死，所以把大将军打伤了。大将军隐瞒了这件事。没有多久，李敢跟随皇上到雍县的甘泉宫打猎。骠骑将军霍去病和卫青是至亲，把李敢射死了。霍去病当时正显贵受皇上宠信，所以皇上就隐瞒真相，说李敢是被鹿撞死的。一年多后，霍去病也死了。李敢有个女儿，是太子的侍妾，受到太子宠爱。李敢的儿子李禹，受到太子的宠幸，但他贪得无厌。李氏家族的声望也就逐渐衰落了。

【原文】

李陵既壮，选为建章监，监诸骑。善射，爱士卒。天子以为李氏世将，而使将八百骑。尝深入匈奴二千余里，过居延视地形，无所见虏而还。拜为骑都尉，将丹阳楚人五千人，教射酒泉、张掖以屯卫胡。

【译文】

李陵壮年以后，根据自己的才能被提拔为建章监，监管各部骑兵。他擅长射箭，爱护手下士兵。皇上认为李家世代为将，因此让李陵率领八百名骑兵。李陵曾经带兵深入匈奴地域两千多里，过了居延海，视察地形，没有遇见敌人就回来了。后来又被任命为骑都尉，统领丹阳境内楚兵五千人，在酒泉、张掖一带教楚兵射箭，以防备匈奴。

【原文】

数岁，天汉二年秋，贰师将军李广利将三万骑击匈奴右贤王于祁连天山，而使陵将其射士步兵五千人出居延北可千余里，欲以分匈奴兵，毋令专走贰师也。陵既至期还，而单于以兵八万围击陵军。陵军五千人，兵矢既尽，士死者过半，而所杀伤匈奴亦万余人。且引且战，连斗八日，还，未到居延百余里，匈奴遮狭绝道，陵食乏而救兵不到，虏急击，招降陵。陵曰："无面目报陛下。"遂降匈奴。其兵尽没，余亡散得归汉者四百余人。

【译文】

几年后，正是天汉二年秋天，贰师将军李广利带领三万骑兵，在祁连天山攻打匈奴右贤王。派李陵带领步兵、射手五千人跟随李广利出征，从居延海出发，去了大约有一千里，想以此来分散匈奴的兵力，不要让匈奴兵集中攻击贰师将军，李陵到了约定的时期要回兵，途中被单于用八万士兵包围。李陵的五千名士兵，箭射光了，战死大半，但是他们也杀死、杀伤匈奴兵一万多人。他们边打边撤，连续奋战了八天，回到离居延一百多里的地方，匈奴兵拦住狭窄的山谷，截断了他们的归路。李陵缺乏粮食，而救兵又迟迟不到。敌人一面加紧攻击，一面劝李陵投降。李陵说："我没有脸再回去见皇上了！"于是就投降了匈奴。他的军队几乎全部覆没，只有四百多人逃回汉朝。

【原文】

单于既得陵，素闻其家声，及战又壮，乃以其女妻陵而贵之。汉闻，族陵母妻子。自是之后，李氏名败，而陇西之士居门下者皆用为耻焉。

【译文】

单于得到李陵，平常就听到他家的名声，又看到他临战勇敢，于是单于就把他的女儿嫁给李陵，使他有尊贵的地位。汉朝得知此事，就把李陵的母亲、妻子、儿子都杀了。从此以后，李家的声名败坏，陇西一带的士人，曾在李氏门下做过宾客的，都为这件事感到耻辱。

【原文】

太史公曰：《传》曰"其身正，不令而行；其身不正，虽令不从"。其李将军之谓也？余睹李将军悛悛如鄙人，口不能道辞。及死之日，天下知与不知，皆为尽哀。彼其忠实心诚信于士大夫也？谚曰"桃李不言，下自成蹊"。此言虽小，可以谕大也。

【译文】

太史公说：《论语》上说："做大官的人，本身行为端正，即使不下命令，人们也遵照奉行，如果本身胡作非为，行为不检，即使下命令，人们也不会听从他。"这是在说李将军吧？我看到的李将军，诚恳质朴，就像个乡下人，不善言辞。在他死的那天，天下无论认识他的或不认识他的，都为他的死感到难过。他那忠实的品行，真能感动那些士大夫吗？俗语说："桃树、李树不会自我吹嘘，树下却被人们踩出了一条路！"这话虽浅，但却蕴含了一个大道理。

史记·列传

卫将军骠骑列传

【原文】

　　大将军卫青者，平阳人也。其父郑季，为吏，给事平阳侯家，与侯妾卫媪通，生青。青同母兄卫长子，而姊卫子夫自平阳公主家得幸天子，故冒姓为卫氏。字仲卿。长子更字长君。长君母号为卫媪。媪长女卫孺，次女少儿，次女即子夫。后子夫男弟步广皆冒卫氏。

　　青为侯家人，少时归其父，其父使牧羊。先母之子皆奴畜之，不以为兄弟数。青尝从入至甘泉居室，有一钳徒相青曰："贵人也，官至封侯。"青笑曰："人奴之生，得毋笞骂即足矣，安得封侯事乎！"

【译文】

　　大将军卫青是平阳人，他的父亲郑季是县里的一个小官，被派到平阳侯家当差，和平阳侯的侍妾卫媪私通，生下了卫青。卫青的同母哥叫卫长子，而姐姐卫子夫在平阳公主家得到天子的宠幸，所以谎称自己姓卫，字仲卿。卫长子又改字长君。长君的母亲叫作卫媪。卫媪的长女叫卫孺，次女叫少儿，三女就是子夫。后来子夫的弟弟步广也谎称自己姓卫。

　　卫青做平阳侯的家人，小时候回到他父亲身边，他的父亲让他放羊，那些嫡母所生的儿子，都视他为奴仆，不把他作兄弟对待。卫青曾经跟人去过甘泉宫的居室，有一位颈上戴着铁枷的囚徒，给他看相，说："你是位贵人，官至封侯。"卫青笑着说："一个奴婢生的儿子，能够不挨打受骂就满足了，哪里谈得上什么封侯呢！"

卫青 （？－前106），字仲卿，河东平阳（今山西省临汾市）人，汉武帝时期军事家。

【原文】

　　青壮，为侯家骑，从平阳主。建元二年春，青姊子夫得入宫幸上。皇后，堂邑大长公主女也，无子，妒。

大长公主闻卫子夫幸，有身，妒之，乃使人捕青。青时给事建章，未知名。大长公主执囚青，欲杀之。其友骑郎公孙敖与壮士往篡取之，以故得不死。上闻，乃召青为建章监，侍中。及同母昆弟贵，赏赐数日间累千金。孺为太仆公孙贺妻。少儿故与陈掌通，上召贵掌。公孙敖由此益贵。子夫为夫人。青为大中大夫。

【译文】

卫青长大后，充任平阳侯的家骑，随从平阳公主。建元二年的春天，他的姐姐子夫入宫受到皇上宠幸。陈皇后是堂邑大长公主的女儿，没有儿子，妒忌成性。大长公主听说卫子夫受到皇上的宠幸且怀有身孕，妒忌她，于是派人去抓卫青。卫青当时在建章宫当差，还没有名气。大长公主抓到卫青，把他关押起来，想要杀掉他。卫青的朋友骑郎公孙敖，和几位壮士去把他劫夺出来，使他保全性命。皇上知道这件事，于是任命他做建章监侍中。到了他的同母兄弟显贵，皇上几天内就赏他们千金。卫孺嫁给太仆公孙贺为妻。少儿原来和陈掌有交情，皇上召来陈掌，让他做官。公孙敖因此更加显贵。卫子夫被封为夫人，卫青做太中大夫。

【原文】

元光五年，青为车骑将军，击匈奴，出上谷；太仆公孙贺为轻车将军，出云中；大中大夫公孙敖为骑将军，出代郡；卫尉李广为骁骑将军，出雁门：军各万骑。青至龙城，斩首虏数百。骑将军敖亡七千骑，卫尉李广为虏所得，得脱归，皆当斩，赎为庶人。贺亦无功。

【译文】

元光五年，卫青拜官车骑将军，从上谷出兵去攻打匈奴。太仆公孙贺为轻车将军，出云中；太中大夫公孙敖为骑将军，出代郡；卫尉李广为骁骑将军，出雁门；每人各带一万骑兵。卫青率军到达龙城，斩获敌军数百人。骑将军公孙敖损失七千骑兵，卫尉李广被匈奴活捉，幸而逃归。他们两人按律应判死刑，皆赎罪为平民。公孙贺也无功而返。

【原文】

　　元朔元年春，卫夫人有男，立为皇后。其秋，青为车骑将军，出雁门，三万骑击匈奴，斩首虏数千人。明年，匈奴入杀辽西太守，虏略渔阳二千余人，败韩将军军。汉令将军李息击之，出代；令车骑将军青出云中以西至高阙。遂略河南地，至于陇西，捕首虏数千，畜数十万，走白羊、楼烦王。遂以河南地为朔方郡。以三千八百户封青为长平侯。青校尉苏建有功，以千一百户封建为平陵侯。使建筑朔方城。青校尉张次公有功，封为岸头侯。天子曰："匈奴逆天理，乱人伦，暴长虐老，以盗窃为务，行诈诸蛮夷，造谋藉兵，数为边害，故兴师遣将，以征厥罪。《诗》不云乎，'薄伐猃狁，至于太原'；'出车彭彭'，'城彼朔方'。今车骑将军青度西河至高阙，获首虏二千三百级，车辎畜产毕收为卤，已封为列侯，遂西定河南地，按榆谿旧塞，绝梓领，梁北河，讨蒲泥，破符离，斩轻锐之卒，捕伏听者三千七十一级，执讯获丑，驱马牛羊百有余万，全甲兵而还，益封青三千户。"其明年，匈奴入杀代郡太守友，入略雁门千余人。其明年，匈奴大入代、定襄、上郡，杀略汉数千人。

【译文】

　　元朔元年春天，卫夫人生了儿子，被立为皇后。这年秋天，卫青为车骑将军，率领三万骑兵出雁门攻击匈奴，歼灭数千名敌人。次年，匈奴侵入边境杀辽西太守，掳掠渔阳百姓两千余人，打败了韩安国将军的部队。朝廷命令李息将军从代郡出关去攻击匈奴，又命令车骑将军卫青从云中向西进兵，到达高阙。卫青于是夺取了河南的土地，直到陇西，捕获几千名敌人、几十万头牲口，逐走白羊和楼烦王。朝廷就把河南的土地设置朔方郡，并以三千八百户封卫青为长平侯。卫青部下校尉苏建有功，用一千一百户封苏建为平陵侯，并命苏建筑朔方城。卫青部下校尉张次公有功，封他为岸头侯。天子说："匈奴违背天理、悖乱人伦，侵凌尊长，虐待老人，以强盗偷窃为事，要阴谋欺骗各少数民族部落，借助武力优势，屡次侵扰边境；因此朝廷兴兵遣将，以惩罚他们。《诗经》上不是这么说吗：'讨伐狎狁，一直追击到太原。''出动战车，到那遥远的北方筑城。'现在车骑将军卫青渡过西河，到达高阙，斩获敌人二千三百名，把它的粮秣、器械、牲口悉数缴获为战利品，他已被封为列侯，于是卫青率军西进平定沔南，巡行榆溪古要塞，越过梓领，架桥北河上，攻打蒲泥，击败符离，斩杀敌人精锐的士卒和捕获敌人的侦察兵共三千零七十一人。又根据俘虏交待的信息去敌军所在地俘获一大批敌人，驱赶着一百余万马牛羊，凯旋。为此加封卫青食邑三千户。"次年，匈奴入塞杀代郡太守恭友，又侵入雁门，掳掠一千余人。第三年，匈奴大举侵入代郡、定襄、上郡，杀掠汉朝军民数千人。

【原文】

其明年，元朔之五年春，汉令车骑将军青将三万骑，出高阙；卫尉苏建为游击将军，左内史李沮为强弩将军，太仆公孙贺为骑将军，代相李蔡为轻车将军，皆领属车骑将军，俱出朔方；大行李息、岸头侯张次公为将军，出右北平：咸击匈奴。匈奴右贤王当卫青等兵，以为汉兵不能至此，饮醉。汉兵夜至，围右贤王，右贤王惊，夜逃，独与其爱妾一人壮骑数百驰，溃围北去。汉轻骑校尉郭成等逐数百里，不及。得右贤裨王十余人，众男女万五千余人，畜数千百万，于是引兵而还。至塞，天子使使者持大将军印，即军中拜车骑将军青为大将军，诸将皆以兵属大将军，大将军立号而归。天子曰："大将军青躬率戎士，师大捷，获匈奴王十有余人。益封青六千户。"而封青子伉为宜春侯，青子不疑为阴安侯，青子登为发干侯。青固谢曰："臣幸得待罪行间，赖陛下神灵，军大捷，皆诸校尉力战之功也。陛下幸已益封臣青。臣青子在襁褓中，未有勤劳，上幸列地封为三侯，非臣待罪行间所以劝士力战之意也。伉等三人何敢受封！"天子曰："我非忘诸校尉功也，今固且图之。"乃诏御史曰："护军都尉公孙敖三从大将军击匈奴，常护军，傅校获王，以千五百户封敖为合骑侯。都尉韩说从大将军出窳浑，至匈奴右贤王庭，为麾下搏战获王，以千三百户封说为龙额侯。骑将军公孙贺从大将军获王，以千三百户封贺为南㵞侯。轻车将军李蔡再从大将军获王，以千六百户封蔡为乐安侯。校尉李朔，校尉赵不虞，校尉公孙戎奴，各三从大将军获王，以千三百户封朔为涉轵侯，以千三百户封不虞为随成侯，以千三百户封戎奴为从平侯。将军李沮、李息及校尉豆如意有功，赐爵关内侯，食邑各三百户。"其秋，匈奴入代，杀都尉朱英。

【译文】

第四年，即元朔五年的春天，朝廷命令车骑将军卫青率领三万骑兵从高阙出发，卫尉苏建任游击将军、左内史李沮任强弩将军、太仆公孙贺任骑将军、代相李蔡任轻车将军，都受车骑将军的统辖，皆出朔方。大行人李息，岸头侯张次公皆为将军，出右北平。他们一齐攻击匈奴。匈奴的右贤王正对着卫青等人的部队，以为汉兵不能到达这里，喝醉了酒。汉兵趁夜赶到，围攻右贤王，右贤王大惊，乘夜逃走，只带着他的一个爱妾、数百精骑突出重围向北逃去。汉朝的轻骑校尉郭成等追出数百里，没有追上，但却俘掳右贤王的小王十余人、右贤王管辖的部众一万五千余人和大量牲畜。于是卫青率兵回到塞上。天子派遣使臣捧着大将军印，在军中任命车骑将军卫青为大将军，诸将所统率的部队都由大将军掌管，大将军建立名号，然后班师回朝。天子说："大将军卫青亲临杀场，我军大胜，俘获匈奴小王十余人，加封卫青食邑六千户。"同时封卫青子伉为宜春侯，不疑为阴安侯，登为发干侯。卫青再三地推辞说："微臣有幸能担任军中要职，仰赖陛下的神灵，我军得以大胜，这都是诸位校尉同心同德、奋勇杀敌的结果。陛下已经赐恩加封微臣，微臣之子年幼无功，而蒙陛下列土封为三侯，这不利于我做将军，勉励士卒奋力作战的啊！伉等兄弟三人，岂敢接受封爵。"天子说："我并非忘记了各位校尉的功劳，现在就要封赏他们。"于是命令御史说："护军都尉公孙敖，三次随从大将军出击匈奴，常常接应诸军，各军因有接应而俘获匈奴王，以一千五百户封敖为合骑侯。都尉韩说随从大将军出窳浑，直达匈奴右贤王的王庭，逼近敌人奋力搏杀，俘获匈奴小王，以一千三百户封说为龙额侯。骑将军公孙贺追随大将军而俘获匈奴王，以一千三百户封贺为南㵞侯。轻车将军李蔡两次追随大将军而俘获匈奴王，以一千六百户封蔡为乐安侯。校尉李朔、校尉赵不虞、校尉公孙戎奴,各三次追随大将军而俘获匈奴王,以一千三百户封朔为涉轵侯,以一千三百户封不虞为随成侯,以一千三百户封戎奴为从平侯。将军李沮、李息及校尉豆如意击杀匈奴有功,赐爵关内侯,食邑各三百户。"这年秋天,匈奴入侵代郡,杀死都尉朱英。

【原文】

其明年春,大将军青出定襄。合骑侯敖为中将军,太仆贺为左将军,翕侯赵信为前将军,卫尉苏建为右将军,郎中令李广为后将军,左内史李沮为强弩将军,咸属大将军,斩首数千级而还。月余,悉复出定襄击匈奴,斩首虏万余人。右将军建、前将军信并军三千余骑,独逢单于兵,与战一日余,汉兵且尽。前将军故胡人,降为翕侯,见急,匈奴诱之,遂将其余骑可八百犇降单于。右将军苏建尽亡其军,独以身得亡去,自归大将军。大将军问其罪正闳、长史安、议郎周霸等:"建当云何?"霸曰:"自大将军出,未尝斩裨将。今建弃军,可斩以明将军之威。"闳、安曰"不然。兵法'小敌之坚,大敌之禽也'。今建以数千当单于数万,力战一日余,士尽,不敢有二心,自归。自归而斩之,是示后无反意也。不当斩"。大将军曰:"青幸得以肺腑待罪行间,不患无威,而霸说我以明威,甚失臣意。且使臣职虽当斩将,以臣之尊宠而不敢自擅专诛于境外,而具归天子,天子自裁之,于是以见为人臣不敢专权,不亦可乎?"军吏皆曰"善"。遂囚建诣行在所。入塞罢兵。

【译文】

第二年的春天,大将军卫青从定襄出发,合骑侯公孙敖为中将军、太仆公孙贺为左将军、翕侯赵信为前将军、卫尉苏建为右将军、郎中令李广为后将军、左内史李沮为强弩将军,都归大将军节制,斩杀几千敌人凯旋。一个多月后,全部再出定襄攻击匈奴斩获敌人一万多人。右将军苏建、前将军赵信,两军合计有骑兵三千多人,单独和单于的太军相遇,交战一天多,汉兵死伤殆尽。前将军赵信原是胡人,投降汉朝被封为翕侯,他看到情况紧急,匈奴又来引诱他,

天狮玉辟邪　高5.4厘米，长7厘米，宽4.6厘米。以白玉雕成，雄踞地面，狮头高仰，作怒吼震天之状，表现出极强的威严和震慑力。

于是他率领所剩下的约八百骑兵，向单于投降。右将军苏建全军覆没，只身逃归大将军，大将军和军正闳、长史安和议郎周霸等商议该如何处置苏建。周霸说："自从大将军出塞以来，未曾杀过副将。现在苏建抛弃他所属的军队，可以将他斩首以树立大将军的威严。"闳和安说："不对。兵法上说两军对敌，人数少的部队即使拼死力作战，最终也要被强敌所灭。现在苏建以数千之兵抵挡单于数万之众围攻，力战一天多，士卒损失殆尽，不投降匈奴而独自归来。他独自归来却把他斩首，这好像在告诉后人，一旦兵败，就不要回来。所以不能处死苏建。"大将军说："我卫青有幸能凭借着皇亲的身分担任军中要职，我不需忧虑没有威信。周霸劝我树立威信，就大失人臣应有的本分。况且假使人臣之职有权斩杀部将，但位高受宠的大臣却不能自作主张，把部将斩杀于国境之外，而应把他送到天子面前，让天子亲自去裁夺。由此表明做人臣的不敢专权恣纵，这么做不是很好吗？"他属官都说："好。"于是把苏建囚禁起来，送到皇帝的行在所，而领军入塞休养。

【原文】

　　是岁也，大将军姊子霍去病年十八，幸，为天子侍中。善骑射，再从大将军，受诏与壮士，为剽姚校尉，与轻勇骑八百直弃大军数百里赴利，斩捕首虏过当。于是天子曰："剽姚校尉去病斩首虏二千二十八级，及相国、当户，斩单于大父行藉若侯产，生捕季父罗姑比，再冠军，以千六百户封去病为冠军侯。上谷太守郝贤四从大将军，捕斩首虏二千余人，以千一百户封贤为众利侯。"是岁，失两将军军，亡翕侯，军功不多，故大将军不益封。右将军建至，天子不诛，赦其罪，赎为庶人。

【译文】

　　那一年，大将军外甥霍去病十八岁，受恩担任天子的侍中。他擅长骑马射箭，两次跟随大将军出征，奉皇帝的诏命，配给他精壮的士兵，命他担任剽姚校尉。他带领轻捷而勇猛的八百名骑兵，一直把大军抛在数百里之后去争取战功，斩获大量匈奴兵。于是天子说："剽姚校尉霍去病，斩获敌人二千二十八名，其中包括相国、当户的官员，同时也杀死了单于的祖父辈籍若侯产，活捉单于的叔父罗姑比,两次勇冠全军,以一千六百户封去病为冠军侯。上谷太守郝贤,四次随从大将国出征,斩获敌人二千余名,以一千一百户封贤为众利侯。"那一年,汉朝损失了两名将军的部队,翕侯赵信逃走了,军功不多,所以大将军不增加封邑。右将军苏建回到朝廷,天子赦免了他的死罪,让他赎罪为平民。

【原文】

大将军既还,赐千金。是时王夫人方幸于上,宁乘说大将军曰:"将军所以功未甚多,身食万户,三子皆为侯者,徒以皇后故也。今王夫人幸而宗族未富贵,愿将军奉所赐千金为王夫人亲寿。"大将军乃以五百金为寿。天子闻之,问大将军,大将军以实言,上乃拜宁乘为东海都尉。

张骞从大将军,以尝使大夏,留匈奴中久,导军,知善水草处,军得以无饥渴,因前使绝国功,封骞博望侯。

【译文】

大将军回朝之后,皇上赐给他千金。那时王夫人正受到皇上的宠爱。宁乘向大将军进言说:"将军之所以能以微薄的军功而享受万户俸禄、三个儿子也都被封为列侯,只是因为您是皇后的亲戚。目前王夫人受宠,而她家没什么财产,希望将军把皇上所赐的千金拿出来献给王夫人的双亲作寿礼。"大将军于是拿出五百金去祝寿。天子知道这件事,询问大将军,大将军就把宁乘的建议一五一十地转述给皇上,皇上于是任命宁乘为东海都尉。

张骞随从大将军出征,因为他曾经出使大夏国,在匈奴住了很长时间,所以他作为军队的向导,知道水草丰美的地方,汉军一路上供给充足。又因为他以前奉使边远异国有功,封他为博望侯。

霍去病 (前140-前117)西汉名将。河东平阳(今山西临汾)人,善骑射。元朔六年(前123),被汉武帝任为票姚校尉,受封冠军侯。元狩二年(前121)任骠骑将军。后升任大司马,与卫青同掌兵权。元狩六年(前117)病卒。

【原文】

冠军侯去病既侯三岁,元狩二年春,以冠军侯去病为骠骑将军,将万骑出陇西,有功。天子曰:"骠骑将军率戎士逾乌盭，讨遬濮，涉狐奴，历五王国，辎重人众慑慴者弗取，冀获单于子。转战六日，过焉支山千有余里，合短兵，杀折兰王，斩卢胡王，诛全甲，执浑邪王子及相国、都尉，首虏八千余级，收休屠祭天金人。益封去病二千户。"

【译文】

冠军侯霍去病封侯三年之后，元狩二年春天，朝廷任命冠军侯霍去病为骠骑将军，率领一万骑兵从陇西出塞，立有战功。天子说："骠骑将军率领战士逾越乌盭山，讨伐遬濮，渡过狐奴水，历经五个匈奴的王国，凡是投降的，不要他们的财物，不掠夺他们辖区的百姓，希望能捕捉单于的儿子，转战六天，越过焉支山有一千余里，短兵相接，杀死折兰王，砍下了卢胡王的头，诛戮全甲国，擒获浑邪王的儿子和他们的相国、都尉，斩杀敌人八千余人，缴获休屠王祭天用的金人。皇上加封霍去病食邑二千户。"

【原文】

其夏，骠骑将军与合骑侯敖俱出北地，异道；博望侯张骞、郎中令李广俱出右北平：异道，皆击匈奴。郎中令将四千骑先至，博望侯将万骑在后至。匈奴左贤王将数万骑围郎中令，郎中令与战二日，死者过半，所杀亦过当。博望侯至，匈奴兵引去。博望侯坐行留，当斩，赎为庶人。而骠骑将军出北地，已遂深入，与合骑侯失道，不相得，骠骑将军踰居延至祁连山，捕首虏甚多。天子曰："骠骑将军踰居延，遂过小月氏，攻祁连山，得酋涂王，以众降者二千五百人，斩首虏三万二百级，获五王，五王母，单于阏氏、王子五十九人，相国、将军、当户、都尉六十三人，师大率减什三，益封去病五千户。赐校尉从至小月氏爵左庶长。鹰击司马破奴再从骠骑将军斩遬濮王，捕稽沮王，千骑将得王、王母各一人，王子以下四十一人，捕虏三千三百三十人，前行捕虏千四百人，以千五百户封破奴为从骠侯。校尉句王高不识，从骠骑将军捕呼于屠王王子以下十一人，捕虏千七百六十八人，以千一百户封不识为宜冠侯。校尉仆多有功，封为煇渠侯。合骑侯敖坐行留不与骠骑会，当斩，赎为庶人。诸宿将所将士马兵亦不如骠骑，骠骑所将常选，然亦敢深入，常与壮骑先其大军，军亦有天幸，未尝困绝也。然而诸宿将常坐留落不遇。由此骠骑日以亲贵，比大将军。

【译文】

那年夏天，骠骑将军和合骑侯公孙敖兵分两路一起由北地出塞。博望侯张骞、郎中令李广都从右北平出塞，行军路线各自不同。他们的目的都在攻击匈奴。郎中令李广率领四千骑兵先出发，博望侯张骞率领一万骑兵随后。匈奴的左贤王率领数万骑兵围攻郎中令，李广和他作战两天，伤亡过半，但杀敌数目远远超过伤亡数目。博望侯随后赶来，左贤王就引兵离去。博望侯因逗留延误军机的罪应当处斩，他用米粟赎罪，被免为平民。而骠骑将军霍去病由北地出塞，已经深入匈奴领地，因合骑侯公孙敖走错了路，两军无法会合。骠骑将军越过居延海，直达祁连山，俘获大量敌人。天子说："骠骑将军越居延海，经过小月氏，攻打祁连山，获酋涂王，敌人投降的有二千五百人，斩杀三万二百敌人，擒获匈奴王五名，王母五人，单于的阏氏和王子五十九人，相国、将军、当户、都尉等官员六十三人，匈奴的军队大抵减少十分之三。加封霍去病食邑五千户，赐随从霍去病到小月氏的校尉左庶长的爵位。鹰击司马破奴两次随从骠骑将军，斩获遬濮王，俘掳稽沮王；千骑将擒获匈奴王、王母各一人，王子以下四十一人，斩获敌人三千三百三十人；前行斩获敌人一千四百人。以一千五百户封破奴为从骠侯。校尉句王高不识随从骠骑将军获呼于屠王和王子以下十一人，斩获敌人一千七百六十八人，以一千一百户封不识为宜冠侯。校尉仆多颇有战功，封煇渠侯。"合骑侯公孙敖因为延误军机，不能与骠骑将军会合，罪当处斩，他纳米粟赎罪为平民。各位老将的部下人员配置、马匹和武器装备都不如骠骑将军，骠骑将军的部下是经过挑选的；但他敢于深入敌境，常常和一些壮健的骑兵做先锋，他的军队都很幸运，没有碰到困穷的绝境。可是诸老将常犯延误军机这样的错误。从此骠骑将军愈来愈被皇上宠幸，其亲贵与大将军差不多。

【原文】

其秋，单于怒浑邪王居西方数为汉所破，亡数万人，以骠骑之兵也。单于怒，欲召诛浑邪王。浑邪王与休屠王等谋欲降汉，使人先要边。是时大行李息将城河上，得浑邪王使，即驰传以闻。天子闻之，于是恐其以诈降而袭边，乃令骠骑将军将兵往迎之。骠骑既渡河，与浑邪王众相望。浑邪王裨将见汉军而多欲不降者，颇遁去。骠骑乃驰入与浑邪王相见，斩其欲亡者八千人，遂独遣浑邪王乘传先诣行在所，尽将其众渡河，降者数万，号称十万。既至长安，天子所以赏赐者数十巨万。封浑邪王万户，为漯阴侯。封其裨王呼毒尼为下摩侯，鹰庇为煇渠侯，禽梨为河綦侯，大当户铜离为常乐侯。于是天子嘉骠骑之功曰："骠骑将军去病率师攻匈奴西域王浑邪，王及厥众萌咸相犇，率以军粮接食，并将控弦万有余人，诛獟駻，获首虏八千余级，降异国之王三十二人，战士不离伤，十万之众咸怀集服，仍与之劳，爰及河塞，庶几无患，幸既永绥矣。以千七百户益封骠骑将军。"减陇西、北地、上群戍卒之半，以宽天下之繇。

居顷之，乃分徙降者边五郡故塞外，而皆在河南，因其故俗，为属国。其明年，匈奴入右北平、定襄，杀略汉千余人。

【译文】

那年秋天，匈奴单于怨恨浑邪王在西方屡次被汉朝骠骑将军的军队所击败，死亡数万人。单于发怒，要处死浑邪王，浑邪王和休屠王等商量，想要投降汉朝，派人先到边境联系。那时李息率领军队在黄河岸上筑城，得到浑邪王的使者，就立即驰报朝廷。天子听到这件事，因为恐怕他们藉口投降而袭击边疆，所以派骠骑将军率军前去迎接。骠骑将军渡过黄河之后，和浑邪王的部队遥遥相望。浑邪王的副将看到汉军，大多不愿意投降，纷纷逃遁而去。骠骑将军就飞马冲入浑邪王阵中，和浑邪王相见，斩杀要逃亡的人共八千名，结果只命浑邪王乘车，先去晋见天子。他命令手下的军队尽数渡过黄河，匈奴投降的有数万人，号称十万人。他们回到长安后，天子赏赐他们的财物有数十万之多。

封浑邪王食邑一万户,为漯阴侯,封浑邪王的小王呼毒尼为下摩侯,鹰庇为煇渠侯,禽梨为河綮侯,大当户铜离为常乐侯。于是天子称扬骠骑将军的功劳说:"骠骑将军霍去病率领军队攻击匈奴,西域的浑邪王和他的部属百姓竞相来投奔他,以军粮来接济。骠骑将军同时率领万名弓箭兵诛杀那些强悍不服的叛军,斩杀八千多敌人,降服敌国之王三十二人,而我们未损失一兵一卒,匈奴十万大军就诚心归附我们汉朝。由于骠骑将军的功劳使得河北诸郡和塞外诸地,几乎没有边患,幸得永久安定。以一千七百户加封骠骑将军。"于是将陇西、北地、上郡的防军减半,以减轻天下百姓的徭役负担。

过了不久,汉朝把归降的人分别迁到边疆的五郡的塞外之地,而且都在河南,不改变当地的风俗而作为汉朝的属国。次年,匈奴入侵右北平、定襄,杀掠汉民千余人。

【原文】

其明年,天子与诸将议曰:"翕侯赵信为单于画计,常以为汉兵不能度幕轻留,今大发士卒,其势必得所欲。"是岁元狩四年也。

元狩四年春,上令大将军青、骠骑将军去病将各五万骑,步兵转者踵军数十万,而敢力战深入之士皆属骠骑。骠骑始为出定襄,当单于。捕虏言单于东,乃更令骠骑出代郡,令大将军出定襄。郎中令为前将军,太仆为左将军,主爵赵食其为右将军,平阳侯襄为后将军,皆属大将军。兵即度幕,人马凡五万骑,与骠骑等咸击匈奴单于。赵信为单于谋曰:"汉兵既度幕,人马罢,匈奴可坐收虏耳。"乃悉远北其辎重,皆以精兵待幕北。而适值大将军军出塞千余里,见单于兵陈而待,于是大将军令武刚车自环为营,而纵五千骑往当匈奴。匈奴亦纵可万骑。会日且入,大风起,沙砾击面,两军不相见,汉益纵左右翼绕单于。单于视汉兵多,而士马尚强,战而匈奴不利,薄莫,单于遂乘六骡,壮骑可数百,直冒汉围西北驰去。时已昏,汉、匈奴相纷挐,杀伤大当。汉军左校捕虏言单于未昏而去,汉军因发轻骑夜追之,大将军军因随其后。匈奴兵亦散走。迟明,行二百余里,不得单于,颇捕斩首虏万余级,遂至窴颜山赵信城,得匈奴积粟食军。军留一日而还,悉烧其城余粟以归。

【译文】

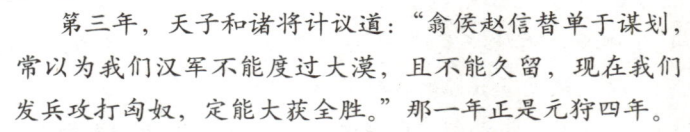

第三年,天子和诸将计议道:"翕侯赵信替单于谋划,常以为我们汉军不能度过大漠,且不能久留,现在我们发兵攻打匈奴,定能大获全胜。"那一年正是元狩四年。

元狩四年的春天,皇上命令大将军卫青、骠骑将军霍去病各率领五万骑兵,跟在大军之后的步兵和运辎重的后勤人员有数十万人。其中敢拼命死战深入敌境的勇士都隶属骠骑将军。骠骑将军起初想从定襄出塞目标直指单于。后来捕得敌人说单于在东面,因此皇上命令骠骑将军从代郡出塞,大将军从定襄出塞,郎中令为前将军,太仆为左将军,主爵都尉赵食其为右将军,平阳侯曹襄为后将军,都隶属大将军统辖。汉兵随即越过沙漠,共五万人马,和骠骑将军等都一起向匈奴单于发起进攻。赵信替单于谋划道:"汉兵进入大漠后,人马已经困倦,我们要打败他们实在太容易了。"于是把他们的军事装备和粮秣全部运到遥远的北方,而把他们全部的精兵部署在漠北。正好碰上大将军的军队出塞千余里,看到单于的军队列阵等待。于是大将军命令用武刚车围成营垒,而派出五千骑兵去抵挡匈奴,匈奴也派出大约一万骑兵出来。恰巧太阳将要西沉,大风扬沙迎面扑来,两军彼此都看不见。汉兵更纵左右两翼的军队围攻单于,单于看到汉兵众多,而且人强马壮,怕对匈奴不利,趁着黄昏,单于乘着六匹骡马和带领健壮的骑兵约数百名直冲汉兵的包围,往西北飞驰而去。那时天色已经昏黄,汉兵和匈奴互相搏斗,双方各损失一定人马,未分胜负。汉军左校捕获的俘虏说单于在天未黑时已经逃走。汉军因此派出轻装的骑兵乘夜追赶,大将军的部队跟随在后,匈奴兵亦四散逃走。直到天明,汉军追赶二百余里,没有追到,但斩杀了敌人万余人。于是到达窴颜山的赵信城,获得匈奴储积的米粟供汉军食用。军队停留一天后班师,把赵信城的粮草全烧光才回来。

【原文】

　　大将军之与单于会也，而前将军广、右将军食其军别从东道，或失道，后击单于。大将军引还过幕南，乃得前将军、右将军。大将军欲使使归报，令长史簿责前将军广，广自杀。右将军至，下吏，赎为庶人。大将军军入塞，凡斩捕首虏万九千级。

　　是时匈奴众失单于十余日，右谷蠡王闻之，自立为单于。单于后得其众，右王乃去单于之号。

【译文】

　　大将军和单于会战的时候，前将军李广、右将军赵食其另从东路进兵，因迷失道路，不能如期会和，攻打单于。大将军引兵回到沙漠之南，才碰到前将军和右将军。大将军要派遣使者将情况向皇帝报告，命令长史写了封言辞激烈的信谴责前将军李广，李广自杀了。右将军回朝后，命司法官加以审理，罪当斩首，赎罪为平民。大将军的军队进入边境，共斩杀敌人一万九千人。

　　那时匈奴部众有十多天不知单于去向，右谷蠡王得知这一消息，就自立为单于。单于后来又和他的部属会合，右谷蠡王才去掉单于的称号。

【原文】

　　骠骑将军亦将五万骑，车重与大将军军等，而无裨将。悉以李敢等为大校，当裨将，出代、右北平千余里，直左方兵，所斩捕功已多大将军。军既还，天子曰："骠骑将军去病率师，躬将所获荤粥之士，约轻赍，绝大幕，涉获章渠，以诛比车耆，转击左大将，斩获旗鼓。历涉离侯，济弓闾，获屯头王、韩王等三人，将军、相国、当户、都尉八十三人，封狼居胥山，禅于姑衍，登临翰海。执卤获丑七万有四百四十三级，师率减什三，取食于敌，逴行殊远而粮不绝。以五千八百户益封骠骑将军。"右北平太守路博德属骠骑将军，会与城，不失期，从至梼余山，斩首捕虏二千七百级，以千六百户封博德为符离侯。北地都尉邢山从骠骑将军获王，以千二百户封山为义阳侯。故归义因淳王复陆支、楼专王伊即轩皆从骠骑将军有功，以千三百户封复陆支为壮侯，以千八百户封伊即靬为众利侯。从骠侯破奴、昌武侯安稽从骠骑有功，益封各三百户。校尉敢得旗鼓，为关内侯，食邑二百户。校尉自为爵大庶长。军吏卒为官，赏赐甚多。而大将军不得益封，军吏卒皆无封侯者。

【译文】

骠骑将军也率领五万骑兵，享有和大将军一样的军备，可是没有副将军。于是用李敢等人为大校，权充副将之任，出代郡、右北平一千余里，遇到左贤王的军队，斩获很多，其战功超过大将军。军队回来后，天子说："骠骑将军霍去病领兵，亲自率领所俘获的匈奴勇士，以轻装横越大漠，涉水获章渠，诛杀比车耆王，转而攻击左大将双，获其旗鼓。又逾越离侯山，渡过弓闾水，捕获屯头王和韩王等三人，将军、相国、当户、都尉八十三人，在狼居胥山上祭天，在姑衍山上祭地，登高山以眺望大沙漠。抓住敌人而问知敌之所在，从而俘获其众七万四百四十三人，敌军大概损失了十分之三的兵力。军需供应取自敌人，所以深入敌境而军粮不匮乏。以五千八百户加封骠骑将军。右北平太守路博德隶属骠骑将军，会师与城，没有延误军期，随从到梼余山，斩获二千七百人，以一千六百户封路博德为符离侯。北地都尉邢山随从骠骑将军俘获匈奴王，以一千二百户封邢山为义阳侯。原先降服的匈奴因淳王复陆支、楼专王伊即靬都随从骠骑将军有功，以一千三百户封复陆支为壮侯，以一千八百户封伊即靬为众利侯。从骠侯破奴、昌武侯安稽随从骠骑将军有功，各加封食邑三百户。校尉李敢夺得敌人旗鼓，封为关内侯，食邑二百户。校尉徐自为赐爵大庶长。"另外骠骑将军的幕僚和士兵当官和获得赏赐的很多。可是大将军没有封赏，他的部下也都没有封侯的。

【原文】

两军之出塞，塞阅，官及私马凡十四万匹。而复入塞者不满三万匹。乃益置大司马位，大将军、骠骑将军皆为大司马。定令，令骠骑将军秩禄与大将军等。自是之后，大将军青日退，而骠骑日益贵。举大将军故人门下多去，事骠骑，辄得官爵，唯任安不肯。

骠骑将军为人少言不泄，有气敢任。天子尝欲教之孙、吴兵法，对曰："顾方略何如耳，不至学古兵法。"天子为治第，令骠骑视之，对曰："匈奴未灭，无以家为也。"由此上益重爱之。然少而侍中，贵，不省士。其从军，天子为遣太官赍数十乘，既还，重车余弃粱肉，而士有饥者。其在塞外，卒乏粮，或不能自振，而骠骑尚穿域蹋鞠。事多此类。大将军为人仁善退让，以和柔自媚于上，然天下未有称也。

【译文】

卫、霍两军出塞时，在边塞上检阅官府和私家的马匹共十四万匹，而得以入塞的不满三万匹。朝廷于是又增设了大司马的职位，大将军、骠骑将军都任命为大司马。制定法令，骠骑将军与大将军享受同等官阶和待遇。从此以后，大将军的权势日益减退，而骠骑将军日益贵宠。大将军的老友和门客大多离开他而去投奔骠骑将军，他们往往因此获得官爵，只有任安始终陪在大将军身边不忍离去。

骠骑将军为人沉默寡言，为他人保守秘密，敢做敢当。天子曾经要教他孙吴兵法，他回答说："作战只看战略如何罢了，不必学习古代的兵法。"天子替他建造府第，要他去看看，他回答说："匈奴尚未消灭，无心考虑家事。"因此皇上更加尊宠他。但他年轻时就在皇帝身边，一旦富贵，不知如何去关心士卒。他率军出征时，天子派遣太官给他送去十车食物；他班师回朝时，将剩下的谷物和肉食丢弃，而士卒却有挨饿的。他在塞外时，士兵缺粮，有的人饿得站不起来；但是他却还建造蹋鞠的场地游戏。他行事大多如此。大将军卫青为人仁厚善良而谦和礼让，以宽和柔顺来讨取皇上的欢心，但天下人没有称扬他的。

【原文】

骠骑将军自四年军后三年，元狩六年而卒。天子悼之，发属国玄甲军，陈自长安至茂陵，为冢象祁连山。谥之，并武与广地曰景桓侯。子嬗代侯。嬗少，字子侯，上爱之，幸其壮而将之。居六岁，元封元年，嬗卒，谥哀侯。无子，绝，国除。

自骠骑将军死后，大将军长子宜春侯伉坐法失侯。后五岁，伉弟二人，阴安侯不疑及发干侯登皆坐酎金失侯。失侯后二岁，冠军侯国除。其后四年，大将军青卒，谥为烈侯。子伉代为长平侯。

自大将军围单于之后十四年而卒。竟不复击匈奴者，以汉马少，而方南诛两越，东伐朝鲜，击羌、西南夷，以故久不伐胡。

大将军以其得尚平阳长公主故，长平侯伉代侯。六岁，坐法失侯。

自卫氏兴，大将军青首封，其后枝属为五侯。凡二十四岁而五侯尽夺，卫氏无为侯者。

【译文】

骠骑将军在元狩四年领军出塞后的第三年，即元狩六年去世。天子深切悼念，派遣边疆五郡的铁甲军，列队从长安到茂陵，替他造的坟墓，看起来像连绵不断的祁连山。给他定谥号，因为他生平武勇，又有拓地之功，所以合并二层意思称为景桓侯。他的儿子嬗承袭侯爵。霍嬗年纪小，字子侯，皇上很喜爱他，希望他长大以后能命他为将。六年后，也就是元封元年，霍嬗去世，谥为哀侯，因无子嗣而废除其侯国。

骠骑将军去世后，大将军卫青的长子宜春侯卫伉因犯法而被夺去侯爵。过了五年，卫伉的两个弟弟，即阴安侯卫不疑和发干侯卫登，都因助祭金重量与成色不足而免除侯爵。他们兄弟失去侯爵后的第二年，冠军侯封国也被废除。又过了四年，大将军卫青去世，被谥为烈侯，他的儿子卫伉承袭为长平侯。

大将军围攻单于后，过了十四年去世。汉朝所以不再攻击匈奴的缘故，是因为汉朝的马匹少，而且正南讨两越，东伐朝鲜，同时攻打西羌和西南夷，因此长时间不出击匈奴。

大将军卫青因娶了平阳长公主，所以他的儿子卫伉得以继承侯爵的封邑。过了六年，卫伉因犯法而失去侯爵。

自从卫家兴起，大将军卫青首先被封，后来他的子孙有五人受封为爵。前后共二十四年，而五个侯爵被剥夺，卫家从此没有受封为侯的。

【原文】

太史公曰：苏建语余曰："吾尝责大将军至尊重，而天下之贤大夫毋称焉，愿将军观古名将所招选择贤者，勉之哉。大将军谢曰：'自魏其、武安之厚宾客，天子常切齿。彼亲附士大夫，招贤绌不肖者，人生之柄也。人臣奉法遵职而已，何与招士！'"骠骑亦放此意，其为将如此。

【译文】

太史公说：苏建告诉我说："我曾经责备大将军身居要职又极显贵，却不为天下的贤士大夫所称誉，希望大将军能效法古代那些名将招贤举能。大将军拒绝我的建议，说：'自从魏其侯窦婴、武安侯田蚡厚待宾客、广树私党以来，天子对这种行为恨之入骨。亲近安抚士大夫，招揽贤才，黜退不肖的人，那是人主的权力。我们做臣子的，只要奉公守法，尽职尽责就好，何必去招贤纳士！'"骠骑将军也效法大将军，不招揽贤士，他们为将的态度就是如此。

汲黯列传

【原文】

汲黯字长孺，濮阳人也。其先有宠于古之卫君。至黯七世，世为卿大夫。黯以父任，孝景时为太子洗马，以庄见惮。孝景帝崩，太子即位，黯为谒者。东越相攻，上使黯往视之。不至，至吴而还，报曰："越人相攻，固其俗然，不足以辱天子之使。"河内失火，延烧千余家，上使黯往视之。还报曰："家人失火，屋比延烧，不足忧也。臣过河南，河南贫人伤水旱万余家，或父子相食，臣谨以便宜，持节发河南仓粟以振贫民。臣请归节，伏矫制之罪。"上贤而释之。迁为荥阳令。黯耻为令，病归田里。上闻，乃召拜为中大夫。以数切谏，不得久留内，迁为东海太守。黯学黄老之言，治官理民，好清静，择丞史而任之。其治，责大指而已，不苛小。黯多病，卧闺阁内不出。岁余，东海大治，称之。上闻，召以为主爵都尉，列于九卿。治务在无为而已，弘大体，不拘文法。

【译文】

　　汲黯字长孺，濮阳县人。他一家世人受卫君的宠爱，到汲黯已经是第七代，这几代人不是为卿，就是做大夫，汲黯也因为他父亲的举荐，在孝景帝时做了太子洗马。因为他秉公办事，不苟言笑，大家都对他有所顾忌，不敢放肆无礼。孝景皇帝驾崩，太子刘彻即位，任命汲黯为"谒者"。有一年东越部族发生内乱，自相残杀，皇上派汲黯去调查此事，汲黯并没有到东越，只到会稽郡界就回来了，回来上书报告皇帝说："东越人勇猛好斗，聚众打架，这是他们的习俗，用不着天子派使者去调查过问，所以不到越地就回来了。"还有一次，河内郡发生火灾。火势蔓延，烧了一千多户人家，皇上派汲黯前去视察，他回来报告说："一户人家失火，因房屋离得很近，火势迅速蔓延，一烧就是一片，这只是个意外，用不着忧虑。倒是经过河南道的时候，发现河南人穷困潦倒，因连年遭受水、旱灾，一万多户人家，有的穷得父亲把孩子杀了吃。我看到了这种情形，怕他们饿死，就借这次出使的机会，自作主张，打开河南郡的粮仓救济饥民，现在我愿意主动辞职，甘心承担伪造圣旨的罪名，听候皇上发落。"皇上听了报告后，念其贤良不但赦免他的罪，还连连夸他做得对。并且提拔他为荥阳县令。但他认为这对他来说是大材小用，因为做县令官太小而不屑一顾，借口生病，请长假回了老家。武帝听到后，就任命他做二千石的官。但因为他几次直言劝谏，使得皇上很难堪，因此不敢长久把他留在身边，就把他外调为东海郡的太守。汲黯擅长黄老学说和哲学，不论朝廷大事或民间小事，都以"无为"为本，不喜欢繁文缛节。他选择自己喜欢的大小官吏，把郡中的事务交给他们处理，以此治理郡政，只注重大的方面从不苛求细节。汲黯体弱多病，常常卧病在家，但过了一年多，东海郡就被治理得井井有条，远近闻名。皇上听到后，马上把他调回宫廷，任命他为主爵都尉，他还是以"无为"为治，弘扬大的礼数，不拘束于那些规章法令的限制。

汉代酒器彩绘陶壶

【原文】

　　黯为人性倨，少礼，面折，不能容人之过。合己者善待之，不合己者不能忍见，士亦以此不附焉。然好学，游侠。任气节，内行修洁，好直谏，数犯主之颜色，常慕傅伯、袁盎之为人也。善灌夫、郑当时及宗正刘弃。亦以数直谏，不得久居位。

当是时，太后弟武安侯蚡为丞相，中二千石来拜谒，蚡不为礼。然黯见蚡未尝拜，常揖之。天子方招文学儒者，上曰吾欲云云，黯对曰："陛下内多欲而外施仁义，奈何欲效唐虞之治乎！"上默然，怒，变色而罢朝。公卿皆为黯惧。上退，谓左右曰："甚矣，汲黯之戆也！"群臣或数黯，黯曰："天子置公卿辅弼之臣，宁令从谀承意，陷主于不义乎？且已在其位，纵爱身，奈辱朝廷何！"

【译文】

汲黯这个人秉性高傲，不太注重礼节，经常当面给人难堪，不能容忍他人的过失。与自己谈得来，志同道合的，就善待他们；跟他合不来的，他见都不见，因此，许多有识之士都不跟他来往。汲黯喜欢学习好交游任侠，他注意培养自己的良好品格，私居时品行整饬，廉洁。他直言进谏，曾多次冒犯主上，常美慕梁孝王的大将傅伯、孝文帝时的袁盎刚正不阿。跟直率的灌夫、仗义的郑当时，以及品行优秀的刘弃最要好。这些人也都是因直言进谏，不能够长久当官。

就在汲黯做京官的时候，太后的弟弟武安侯田蚡做丞相。朝廷中间年俸二千石的官员来拜见他，田傲慢无礼，可是汲黯来见田蚡，却只拱手而不曾行拜礼。天子这时正招募一些信奉孔子学说的儒生，据说皇上要施仁行义，学习尧舜治国之道。汲黯却说："陛下物欲横流，只装出一副要行仁施义的样子，难道能效仿尧舜的治国之道吗？"皇上无言以对，却满脸怒色，愤然退朝。公卿们看到这种情形，都为汲黯捏了一把汗，皇上回宫后，对他左右的人说："汲黯耿直得太过分了。"有的大臣责怪汲黯，汲黯却理直气壮地说："皇上设立那么多辅佐他的大臣，难道是要他们阿谀奉承迎合皇上的口味，而不分是非得失，蒙蔽主上，让主人蒙受不仁不义的骂名吗？况且你我已身居公卿之位，纵然保住了自己，那又怎么能让朝廷蒙上羞辱呢！"

【原文】

黯多病，病且满三月，上赏赐告者数，终不愈。最后病，庄助为请告。上曰："汲黯何如人哉？"助曰："使黯任职居官，无以逾人。然至其辅少主，守城深坚，招之不来，麾之不去，虽自谓贲、育亦不能夺之矣。"上曰："然。古有社稷之臣，至于黯，近之矣。"

大将军青侍中，上踞厕而视之。丞相弘燕见，上或时不冠。至如黯见，上不冠不见也。上尝坐武帐中，黯前奏事，上不冠，望见黯，避帐中，使人可其奏。其见敬礼如此。

张汤方以更定律令为廷尉，黯数质责汤于上前，曰："公为正卿，上不能褒先帝之功业，下不能抑天下之邪心，安国富民，使囹圄空虚，二者无一焉。非苦就行，放析就功，何乃取高皇帝约束纷更之为？公以此无种矣。"黯时与汤议论，汤辩常在文深小苛，黯伉厉守高不能屈，忿发骂曰："天下谓刀笔吏不可以为公卿，果然。必汤也，令天下重足而立，侧目而视矣！"

【译文】

汲黯常生病，有时一病就是好几个月，皇上常常赐假让他休养，但他的病始终不见好转。最后一次发病时，庄助为他上书告假。皇上说："汲黯究竟是怎样的一个人？"庄助回答说："如果任命他做某部门的主管，他未必能超过其他的人，如果让他辅助少主，一定能守护已定的江山，但他不是招之即来，挥之即去的那种人，就是自称有像孟贲、夏育一样勇猛的人，也拿他无可奈何。"皇上说："是啊，汲黯近乎古人所谓与国家同呼吸共患难的社稷之臣。"

大将军卫青去拜见皇上，皇上就蹲在厕所里接见他；丞相公孙弘平日里去见皇帝，皇上有时连帽子都不戴。可是一旦汲黯求见，皇上不戴帽子是不出来接见的。一次皇帝坐在武帐中，汲黯去向皇上面奏公事，皇上没有戴帽子，远远看见是汲黯，赶紧躲到帷帐中，让侍臣接下他的报告批准他的奏章。由此可见他被皇上敬重到什么程度。

酷吏张汤因为修订刑律被任命为廷尉，汲黯曾多次在皇上面前质问张汤。他说："你是堂堂的国家大臣，对上，你不能发扬先帝的功业，对下，你又不能打消天下人为非作歹的念头。您既不能安国富民，又不能降低犯罪率，减少入牢服刑的人，却严酷苛刻，任意胡来，陷害人民，只图成就个人的事功。你借什么修改高祖制定的法律条文，你这样做将会断子绝孙的。"汲黯时常跟张汤争议辩论，张汤总引据法律条文，曲加解释，苛求小节。汲黯为人刚直，高谈阔论，坚持他的观点，绝不向张汤屈服。他看张汤

汉代龙凤玉佩

这样,很生气地骂他说:"人人都说不能让见识短浅、不识大体的小文书做国家大臣,这话果然如此。如今让张汤这种人来担当大任,将使天下之人不敢迈步,只有立正站好。也不敢拿正眼看人。"

【原文】

是时,汉方征匈奴,招怀四夷。黯务少事,乘上间,常言与胡和亲,无起兵。上方向儒术,尊公孙弘。及事益多,吏民巧弄。上分别文法,汤等数奏决谳以幸。而黯常毁儒,面触弘等徒怀诈饰智以阿人主取容,而刀笔吏专深文巧诋,陷人于罪,使不得反其真,以胜为功。上愈益贵弘、汤,弘、汤深心疾黯,惟天子亦不说也,欲诛之以事。弘为丞相,乃言上曰:"右内史界部中多贵人宗室,难治,非素重臣不能任,请徙黯为右内史。"为右内史数岁,官事不废。

【译文】

这时候,汉朝正大举征伐匈奴,同时招安规劝四方蛮夷向汉称臣。汲黯因崇尚黄老哲学,一向主张无为而治,于是乘机向武帝进言,提出与匈奴和亲,不要打仗。可是武帝当时崇尚儒术,特别尊敬讲述春秋的公孙弘。后来发生的事情特别多,官吏玩弄权术,人民常投机取巧。皇上只有拿新订的律令将他们分别治罪,酷吏张汤等多次上奏廷尉所定案件让皇上裁决,以此博得皇上的宠幸。汲黯却时常侮辱儒者,当面指斥公孙弘等:"廷尉一味心怀鬼胎,表面又曲意奉承主上,博取皇帝的欢心。那些刀笔吏片面解释条文,专用酷刑严法,陷害人民,使那些人蒙受不白之冤,无法洗清罪名,以此成就个人功业。"结果,皇上更加看重公孙弘、张汤他们。弘、汤二人十分痛恨汲黯,其实,就连天子也不喜欢他,常想借某件事情把他除掉。公孙弘做了宰相,于是借机对皇上进言说:"右内史所管辖的地方,住的都是些达官、贵人以及宗亲、皇室,很难治理,不是平时颇具声望的大臣根本无法治理,最好调汲黯去担任这一职务。"汲黯去做了几年,不但未出事,还政通人和。

汉代绿釉浮雕动物陶壶

【原文】

　　大将军青既益尊，姊为皇后，然黯与亢礼。人或说黯曰："自天子欲群臣下大将军，大将军尊重益贵，君不可以不拜。"黯曰："夫以大将军有揖客，反不重邪？"大将军闻，愈贤黯，数请问国家朝廷所疑，遇黯过于平生。

　　淮南王谋反，惮黯，曰："好直谏，守节死义，难惑以非。至如说丞相弘，如发蒙振落耳。"

　　天子既数征匈奴有功，黯之言益不用。

　　始黯列为九卿，而公孙弘、张汤为小吏。及弘、汤稍益贵，与黯同位，黯又非毁弘、汤等。已而弘至丞相，封为侯；汤至御史大夫；故黯时丞相史皆与黯同列，或尊用过之。黯褊心，不能无少望，见上，前言曰："陛下用群臣如积薪耳，后来者居上。"上默然。有间黯罢，上曰："人果不可以无学，观黯之言也日益甚。"

【译文】

　　大将军卫青因伐匈奴有功，声誉日增。他姐姐卫子夫又做了皇后，权势可想而知。可是汲黯见到他仍只作揖不行拜礼，照样与他平起平坐。有人规劝汲黯说："过去天子希望群臣都能敬重大将军，大将军的地位日益尊贵，你见了不可以不行拜礼。"汲黯说："凭大将军的尊贵而有人对他作长揖之礼，不显得他更尊贵吗？"卫青听到了这话，对汲黯更加尊重。曾多次向他请教有关国家朝廷的大事，对汲黯的亲切程度远远超过平常交往的人。

　　淮南王刘安谋反，他十分畏惧汲黯。他说："汲黯这人，喜欢直言上谏，坚守操节，而且能为正义而死，很难用不正当的理由迷惑他，至于他当面指斥丞相公孙弘，就像揭开布帘、摇振落叶一样轻松罢了？"

　　由于武帝多次征伐匈奴成功，对汲黯那套清静无为的黄老学说更不屑一顾。

　　当年汲黯位至九卿主爵都尉的时候，公孙弘、张汤还只是个小职员，后来，公孙弘、张汤步步高升，跟汲黯同级，汲黯戳穿他们的阴谋为难他们。不久，公孙弘升为丞相，张汤也做了御史大夫，位列三公，比汲黯地位还高，不仅如此，就是过去丞相府里的小职员，如今都被提拔到汲黯的官级，有的甚至超过了他。汲黯心胸狭窄，常有牢骚埋怨之辞，有次他对皇上说："陛下用人就像堆柴垛一样，后来的反而堆在上头。"皇上很不高兴没有回答，过了会儿，汲黯退了出去，皇上便说："人真的不能不学儒学，体察汲黯的言行，觉得他的言论一天不如一天了。"

【原文】

居无何，匈奴浑邪王率众来降，汉发车二万乘。县官无钱，从民贳马。民或匿马，马不具。上怒，欲斩长安令。黯曰："长安令无罪，独斩黯，民乃肯出马。且匈奴畔其主而降汉，汉徐以县次传之，何至令天下骚动，罢弊中国而以事夷狄之人乎！"上默然。及浑邪至，贾人与市者，坐当死者五百余人。黯请间，见高门，曰："夫匈奴攻当路塞，绝和亲，中国兴兵诛之，死伤者不可胜计，而费以巨万百数。臣愚以为陛下得胡人，皆以为奴婢以赐从军死事者家；所卤获，因予之，以谢天下之苦，塞百姓之心。今纵不能，浑邪率数万之众来降，虚府库赏赐，发良民侍养，譬若奉骄子。愚民安知市买长安中物而文吏绳以为阑出财物于边关乎？陛下纵不能得匈奴之资以谢天下，又以微文杀无知者五百余人，是所谓'庇其叶而伤其枝'者也，臣窃为陛下不取也。"上默然，不许，曰："吾久不闻汲黯之言，今又复妄发矣。"后数月，黯坐小法，会赦，免官。于是黯隐于田园。

【译文】

不久以后，匈奴的浑邪王率众来降。汉朝征调两万套车马去接运。但是国库支付不起这项预算，只好向老百姓赊借马匹，有的老百姓就把车马藏起来，这样便凑不齐马数。皇上动怒，要砍长安县令的头。汲黯说："长安县令无罪，不能杀，要杀就杀我汲黯好了（因为安排其管辖）。杀了我，老百姓才肯把马献出来。何况这些匈奴背叛他们的君主归降我们大汉，如果汉朝不通知各县，按顺序依次出车出马，运送他们。怎么会使天下不安，使我国元气大伤去事奉这些匈奴人呢？"皇上无言以对。等浑邪王来到长安，许多商人跟来降的匈奴人做生意，因此触犯法律被判死刑的竟有五百人。汲黯上书请见皇上，汲黯来到高门殿对皇上说："过去匈奴进攻我国边疆要塞，拒绝和亲，我们中国兴兵讨伐，死伤的人员不计其数，为此消耗的财物更数不胜数。愚臣认为：陛下俘虏来的匈奴人，应当把他们赐给烈士的家属当奴隶。所得到的财物，也应全部分给他们，来酬谢普天下劳苦的人民，以此安抚民心。现在虽然不能这样做，也不能因为浑邪王带领几万人来投降，就亏国库来赏赐他们，还要人民来侍候他们，把他们捧得像天之骄子一般！无知的百姓怎么知道向来降的人出售长安市上的货物是犯法的呢？法官又怎能随便就用偷运走私的罪名去处分他们呢？陛下你不能将匈奴的人员财物来酬谢天下人心，如今却用严刑峻法去杀五百多百姓。这正如人们所说，保护树叶而伤害了树枝。我私下认为陛下不该这么做。"皇上沉默片刻，没有接受他的规劝说："我很久没听汲黯说话，现在又开始胡言乱语了。"过了几个月，汲黯犯了点小法，正赶上皇帝下令大赦，只免了官职，于是汲黯便归隐田园了。

【原文】

居数年，会更五铢钱，民多盗铸钱，楚地尤甚。上以为淮阳，楚地之郊，乃召拜黯为淮阳太守。黯伏谢不受印，诏数强予，然后奉诏。诏召见黯，黯为上泣曰："臣自以为填沟壑，不复见陛下，不意陛下复收用之。臣常有狗马病，力不能任郡事，臣愿为中郎，出入禁闼，补过拾遗，臣之愿也。"上曰："君薄淮阳邪？吾今召君矣。顾淮阳吏民不相得，吾徒得君之重，卧而治之。"黯既辞行，过大行李息，曰："黯弃居郡，不得与朝廷议也。然御史大夫张汤智足以拒谏，诈足以饰非，务巧佞之语，辩数之辞，非肯正为天下言，专阿主意。主意所不欲，因而毁之；主意所欲，因而誉之。好兴事，舞文法，内怀诈以御主心，外挟贼吏以为威重。公列九卿，不早言之，公与之俱受其僇矣。"息畏汤，终不敢言。黯居郡如故治，淮阳政清。后张汤果败，上闻黯与息言，抵息罪。令黯以诸侯相秩居淮阳。七岁而卒。

卒后，上以黯故，官其弟汲仁至九卿，子汲偃至诸侯相。黯姑姊子司马安亦少与黯为太子洗马。安文深巧善宦，官四至九卿，以河南太守卒。昆弟以安故，同时至二千石者十人。濮阳段宏始事盖侯信，信任宏，宏亦再至九卿。然卫人仕者皆严惮汲黯，出其下。

【译文】

过了几年，正赶上朝廷改铸五铢钱。民间很多人私自铸钱，楚地私铸钱的最多。皇上认为淮阳是楚国的交通要道，就派人召汲黯，任命他为淮阳郡太守。汲黯脸朝下跪在地上辞谢，不肯接受官印，屡次下诏强迫他接受官印，他才勉强从命。皇上诏见汲黯，他流着泪对皇上说：我自以为就此老死山野，不能再见到陛下了，想不到陛下又重新起用我。我曾有狗马一类的病痛，恐怕不能胜任州郡太守一职，我愿做个中郎，能够随时出入宫禁小门，追随陛下左右，可以替您补救过失，或提示遗漏的事情。这样我就很知足了。"武帝说："你是否嫌淮阳令太小？我不久就会召你回朝，我现在之所以要你去，是因为淮阳地方官民不合，我只想借重你的威望，你就卧床治理政务都行。"汲黯不得已辞行上任，特地探望大行官李息，汲黯说："我现在离开朝堂到地方州郡去，不能参预朝政，但御史张汤这个人，他的聪明完全可以委婉拒绝别人的批评，他的诡计完全可以掩饰他的错误。他对上献媚取巧，对下强辞责备，绝对不会为天下人主持公道，专门迎合皇上的心意，如果皇上所不喜欢的，他就应声诋毁，如果是主上喜欢的，他就跟着叫好。他喜欢制造事端，搬弄法律条文，满脑子奸诈以迎合皇上，在朝廷外就控制一批贪官污吏，用他们逞权作威。你位列九卿，如不及趁早进言，那你将来会跟他一起受辱。"后李息因畏惧张汤，终究没有进言。汲黯在淮阳，像当年在东海郡、右内史那样治理。最终使淮阳郡政事清明。后来张汤果然因欺君之罪，一命呜呼。这时皇上也听到汲黯跟李息讲过的那段话，因李息没及时进言，判了李息的罪。同时让汲黯在淮阳享受诸侯王国相一级的待遇。七年后，汲黯病死。

汲黯死后，皇上因为汲黯的缘故，让他的弟弟汲仁做到九卿的官位。他儿子汲偃做到诸侯国的相。汲黯表姐的儿子司马安，年轻时跟汲黯做过太子洗马，司马安给百姓办案曲法奸巧，精于仕途，曾四次做到九卿之位，最后死在河南太守任上。他兄弟因司马安的关系，有十个人做了年俸二千石的官。濮阳籍人段宏，最初追随盖侯王信，王信任用段宏，段宏也做到九卿。然而濮阳同乡做官的人，都敬畏汲黯，对他甘拜下风。

游侠列传

【原文】

韩子曰："儒以文乱法，而侠以武犯禁。"二者皆讥，而学士多称于世云。至如以术取宰相卿大夫，辅翼其世主，功名俱著于春秋，固无可言者。及若季次、原宪，

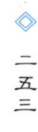

闾巷人也,读书怀独行君子之德,义不苟合当世,当世亦笑之。故季次、原宪终身空室蓬户,褐衣疏食不厌。死而已四百余年,而弟子志之不倦。今游侠,其行虽不轨于正义,然其言必信,其行必果,已诺必诚,不爱其躯,赴士之阨困。既已存亡死生矣,而不矜其能,羞伐其德,盖亦有足多者焉。

【译文】

韩非子说:"儒生搬弄法律条文败坏法治,侠士凭借武力触犯禁令。"这两种人虽然都被韩非子指责,但读书人常被世人赞美。像一些人以权术谋取宰相卿大夫的职位,辅佐君主,使自己名留千古,永载史册,本无可厚非。可是像季次、原宪,出身贫民,勤苦读书,胸怀独特的君子德操,抱道义不苟世俗,当世的人也嘲笑他们。所以季次、原宪终生居破屋蓬户,穿粗布衣服,连粗食都吃不饱,但是他们已故四百多年,弟子们还铭记他们的言行。当今游侠之士,他们的行为虽然不符合法律道德标准,但他们言必信,行必果,一诺千金,甘愿舍生取义,为他人排忧解难,虽然历经生死搏斗,既不炫耀自己能耐,也不好意思称赞自己的功德,大概也有许多值得赞美的地方吧。

【原文】

且缓急,人之所时有也。太史公曰:昔者虞舜窘于井廪,伊尹负于鼎俎,傅说匿于傅险,吕尚困于棘津,夷吾桎梏,百里饭牛,仲尼畏匡,菜色陈、蔡。此皆学士所谓有道仁人也,犹然遭此菑,况以中材而涉乱世之末流乎?其遇害何可胜道哉!

鄙人有言曰:"何知仁义,已飨其利者为有德。"故伯夷丑周,饿死首阳山,而文、武不以其故贬王;跖、蹻暴戾,其徒诵义无穷。由此观之,"窃钩者诛,窃国者侯,侯之门仁义存",非虚言也。

【译文】

危难之事,人生难免。太史公说:从前虞舜修粮仓、凿井都遇到困难,伊尹也拿过鼎俎做过厨夫,傅说躲在傅险当苦力,吕尚在棘津受困,管夷吾身陷囹圄,百里奚给人喂牛,孔子受困匡地,在陈、蔡两国挨饿。这些都是读书人所称道的杰出的仁人君子，他们尚且免不了遭受这样的灾害，更何况普通人处在极度衰微的乱世之中呢？他们遇到的困难怎么能说得完呢！

俗话说："管他仁义不仁义，能享受到利益的就是有德。"所以尽管伯夷认为周室兴兵伐纣是不道德的行为，不食周粟饿死在首阳山，而文王、武王也不因为伯夷饿死而损失他们的王者之风。盗跖、庄蹻虽说凶暴乖戾，然而他们的党徒却歌颂他们德义无穷。由此看来，庄子所说"偷窃很小的带钩要被诛杀，窃取国家政权的人反而可以赐爵封侯，诸侯门第所作所为，都合乎仁义"，这话一点儿不假。

姜子牙　姜姓，吕氏，名望，字子牙，号飞熊，也称吕尚，商朝末年人，其始祖四岳伯夷佐大禹治水有功而被封于吕地，因此得吕氏。中国古代杰出的韬略家、军事家与政治家。被尊为"百家宗师"。

【原文】

今拘学或拘咫尺之义，久孤于世，岂若卑论侪俗，与世沉浮而取荣名哉！而布衣之徒，设取予然诺，千里诵义，为死不顾世，此亦有所长，非苟而已也。故士穷窘而得委命，此岂非人之所谓贤豪间者邪？诚使乡曲之侠，予季次、原宪比权量力，效功于当世，不同日而论矣。要以功见言信，侠客之义又曷可少哉！

【译文】

现在有些读书人囿于片面的见闻，或拘泥于小义，与世隔绝，哪里比得上那些放低论调，迁就世俗，与世俗同流合污，猎取功名的人呢！平民游侠之辈，有他们自己的处世原则，言出必行，千里赴难，伸张正义，不顾虑世人的是非，杀身取义，这也就是他们的长处，并不是任意行事的人可以做到的。因此读书人遇到穷困窘迫就希望得到他们的救助，这难道不是一般人所称的圣贤豪杰一类的人吗？假使以乡间的游侠与季次、原宪比权力功业当然不可同日而语。如果讲求办事效率、诚信，侠客们的义举又怎么可以轻视呢？

【原文】

古布衣之侠，靡得而闻已。近世延陵、孟尝、春申、平原、信陵之徒，皆因王者亲属，藉于有土卿相之富厚，招天下贤者，显名诸侯，不可谓不贤者矣。比如顺风而呼，声非加疾，其执激也。至如闾巷之侠，修行砥名，

史记·列传

声施于天下，莫不称贤，是为难耳。然儒、墨皆排摈不载。自秦以前，匹夫之侠，湮灭不见，余甚恨之。以余所闻，汉兴有朱家、田仲、王公、剧孟、郭解之徒，虽时扞当世之文罔，然其私义廉絜退让，有足称者。名不虚立，士不虚附。至如朋党宗强比周，设财役贫，豪暴侵凌孤弱，恣欲自快，游侠亦丑之。余悲世俗不察其意，而猥以朱家、郭解等令与暴豪之徒同类而共笑之也。

【译文】

　　远古平民侠士，已不得而知。近代的延陵季札、孟尝君、春申君、平原君、信陵君这一类人，扬名于诸侯，凭借封土和卿相的厚富，招揽天下的人才，在诸侯当中声名显赫，不能说不是贤者。但这就像荀子所说的顺着风呼喊，声音并没有加大，听的人特别清楚，只不过借着风势罢了。至于那些市井中的侠士，修养自己的品行，磨砺自己的操守以提高声誉，名传天下，人们无不称赞他们的贤能，这才是特别难做到的！然而儒家、墨家都排斥摈弃他们，不记载他们，秦代以前平民行侠的事迹，无法考证，我感到特别遗憾。我所听到的，汉朝建立以来就有朱家、田仲、王公、剧孟、郭解等人，虽然时常触犯当代的法律，但是他们的行为符合道义，廉洁谦让的品格，有值得称赞的地方。声名不是凭空建立起来的，人们也不是凭空依附他们。至于那些结党营私，崇尚暴力，互相勾结，靠钱财来役使穷人的人，依仗豪门暴力欺凌孤弱，放任纵欲只图自己享乐的人，也是游侠之士所厌恶的。我悲叹世人没有看清事实，而仍把朱家、郭解等人和暴徒混为一谈，并耻笑他们。

【原文】

　　鲁朱家者，与高祖同时。鲁人皆以儒教，而朱家用侠闻。所藏活豪士以百数，其余庸人不可胜言。然终不伐其能，歆其德，诸所尝施，唯恐见之。振人不赡，先从贫贱始。家无余财，衣不完采，食不重味，乘不过軥牛。专趋人之急，甚己之私。既阴脱季布将军之阸，及布尊贵，终身不见也。自关以东，莫不延颈愿交焉。

【译文】

鲁国朱家这个人，和汉高祖同时，鲁国人大都推崇儒教，而朱家却以任侠出名，被他隐藏救活的知名人士有好几百，其他普通老百姓受他庇护的更多得说不清。但他从不自诩有多大本事，也不要别人感激他的恩德，甚至害怕遇见那些他救济过的人。赈济生活贫困的人家，先从最贫穷的开始。他自己家中没有多余的钱财，衣服旧得褪了色，吃饭从不超过两样菜，出门乘坐的是小牛车，一心救济别人的急难，把别人的事看得比自己的事还重。他曾经暗中救助季布将军，后来季布地位尊贵了，他却终身不愿再见季布。函谷关以东的人，没有不伸长脖子倾慕朱家，想认识他的。

【原文】

楚田仲以侠闻，喜剑，父事朱家，自以为行弗及。田仲已死，而雒阳有剧孟。周人以商贾为资，而剧孟以任侠显诸侯。吴楚反时，条侯为太尉，乘传车将至河南，得剧孟，喜曰："吴楚举大事而不求孟，吾知其无能为已矣。"天下骚动，宰相得之若得一敌国云。剧孟行大类朱家，而好博，多少年之戏。然剧孟母死，自远方送丧盖千乘。及剧孟死，家无余十金之财。而符离人王孟亦以侠称江淮之间。

是时济南瞷氏、陈周庸亦以豪闻，景帝闻之，使使尽诛此属。其后代诸白、梁韩无辟、阳翟薛兄、陕韩孺纷纷复出焉。

【译文】

楚国的田仲以行侠闻名天下，喜欢使剑，像服侍父辈那样服侍朱家，自认为行为比不上朱家。田仲死后，洛阳有个叫剧孟的侠客。洛阳人以经商闻名，而剧孟则以任侠而名震诸侯。吴、楚诸侯叛乱时，条侯周亚夫做太尉，乘驿车到洛阳，把剧孟请到军中，高兴地说："吴、楚诸侯举大事而不向您求助，我知道他们成不了大事。"当时天下动乱，太尉把剧孟看得像一个敌国那么重要。剧孟的行为像朱家，但喜欢六博戏，大多是些年轻人的游戏。剧孟母亲去世后，从

远方来送葬的车有上千辆。剧孟死后,家中所剩的财产不足十金。和剧孟同时的,有符离人王孟,在江淮一带以游侠闻名。

当时济南人瞯氏、陈国人周庸,也以豪侠闻名,景帝知道后,派遣使者把这些人都杀了。此后,代郡的白氏、梁国人韩无辟、阳翟人薛兄、陕县人韩孺等豪侠,又纷纷出现。

【原文】

郭解,轵人也,字翁伯,善相人者许负外孙也。解父以任侠,孝文时诛死。解为人短小精悍,不饮酒。少时阴贼、慨不快意,身所杀甚众。以躯借交报仇,藏命作奸剽攻不休,及铸钱掘冢,固不可胜数。适有天幸,窘急常得脱,若遇赦。及解年长,更折节为俭,以德报怨,厚施而薄望。然其自喜为侠益甚。既已振人之命,不矜其功,其阴贼著于心,卒发于睚眦如故云。而少年慕其行,亦辄为报仇,不使知也。解姊子负解之势,与人饮,使之嚼。非其任,强必灌之。人怒,拔刀刺杀解姊子,亡去。解姊怒曰:"以翁伯之义,人杀吾子,贼不得。"弃其尸于道,弗葬,欲以辱解。解使人微知贼处。贼窘自归,具以实告解。解曰:"公杀之固当,吾儿不直。"遂去其贼,罪其姊子,乃收而葬之。诸公闻之,皆多解之义,益附焉。

【译文】

郭解,轵县人,字翁伯,是当时著名的看相人许负的外孙。郭解的父亲因为行侠,在孝文帝时被杀。郭解身材矮小,但精明神勇,不喝酒。年轻时心狠手辣,感到不满意就杀人,被他杀害的人很多。不惜牺牲自己为朋友报仇,藏匿亡命之徒,犯法抢劫,私铸钱币,掘坟盗墓,诸如此类,不可胜数。但他运气好,常常能摆脱危急的形势,脱离险境,或是碰到赦免。郭解长大以后,开始注意自己的言行,不再作奸犯科,能以德报怨,厚待他人却不希望对方能报答他,并以仗义行侠而感到满足,救了别人的性命,而不夸耀自己功劳,但他生性凶残,遇到细微小事突然行凶的习性,仍旧和从前一样,少年们仰慕他的行为,常常替他报仇,不让他知道。郭解的外甥仗着郭解的势力,和人喝酒,逼人干杯,那人不胜酒量,也要强灌下去,那人一怒之下,拔刀把他杀死,逃走了。郭解的姐姐气愤地说:"我弟弟翁伯是那么讲义气,别人杀了我儿子,凶手捉不到。"于是把尸体放在大路旁,不埋葬,想让郭解难堪。郭解暗中派人察访。终于打听到了凶手的住处。凶手迫不得已就向郭解自首,把事情经过如实报告给郭解。郭解说"你杀他本来是应该,是我外甥无理",就把凶手放走了,归罪于姐姐的儿子,于是把外甥收尸埋葬了。大家听说这件事,都称赞郭解义气,更加依附他。

【原文】

解出入,人皆避之。有一人独箕倨视之,解遣人问其名姓。客欲杀之,解曰:"居邑屋至不见敬,是吾德不脩也,彼何罪!"乃阴属尉史曰:"是人,吾所急也,至践更时脱之。"每至践更,数过,吏弗求。怪之,问其故,乃解使脱之。箕踞者乃肉袒谢罪。少年闻之,愈益慕解之行。

雒阳人有相仇者,邑中贤豪居间者以十数,终不听。客乃见郭解。解夜见仇家,仇家曲听解。解乃谓仇家曰:"吾闻雒阳诸公在此间,多不听者。今子幸而听解,解奈何乃从他县夺人邑中贤大夫权乎!"乃夜去,不使人知,曰:"且无用,待我去,令雒阳豪居其间,乃听之。"

解执恭敬,不敢乘车入其县廷。之旁郡国,为人请求事,事可出,出之;不可者,各厌其意,然后乃敢尝酒食。诸公以故严重之,争为用。邑中少年及旁近县贤豪,夜半过门常十余车,请得解客舍养之。

及徙豪富茂陵也,解家贫,不中訾,吏恐,不敢不徙。卫将军为言"郭解家贫不中徙"。上曰:"布衣权至使将军为言,此其家不贫。"解家遂徙。诸公送者出千余万。轵人杨季主子为县掾,举徙解。解兄子断杨掾头。由此杨氏与郭氏为仇。

【译文】

郭解每次出入,人们都躲开他。只有一个人傲慢地蹲坐着看他,郭解派人问了他姓名，门客要杀他。郭解说："住在家乡不受人敬重，这是我的德行不好啊，他有什么罪呢？"于是暗中嘱托县尉说："这个人是我要特别关照的，轮到他服役的时候，请免他的差。"轮到这人服役时，有好多次，县吏都不找他，他感到奇怪，问是什么缘故，才知道郭解替他说了情。对郭解傲慢的人于是袒衣露体向郭解谢罪。那些少年听见这件事，更加仰慕郭解的为人。

洛阳有一对仇家，乡里贤人豪侠数十人从中调停，始终不能使二人化干戈为玉帛。有人就去找郭解帮忙。郭解连夜去见仇家，进行调解，仇家勉强听从郭解的劝告。郭解对仇家说："我听说洛阳许多人都帮你们调停过，你们都不听从，现在你们幸而听了我的劝告，我怎么可以从外地来侵夺别人乡里中贤豪的权力呢？"于是连夜走了，不让人知道，并且叮嘱仇家说："暂且装作我没劝好你们，等我走后，还是请洛阳的贤豪居中调解，听他们的吧！"

郭解平时谨守恭敬，从不敢坐车去县衙。到外郡去，为别人办事，事情可以解决的，就解决了；不能解决的，也都尽量使各方满意，然后自己才肯接受人家的酒食。所以大家都敬重他，争着为他效力，本地少年及邻县的贤豪，半夜到郭解家来探望的，常有十多辆车子，请求将逃亡到郭解家的门客带回去供养。

朝廷下令要把富家豪族迁到茂陵，郭解家因为贫穷，不合迁徙的标准，但因为他名气太大，官吏恐怕上面怪罪，不敢不迁he。卫青将军替郭解辩护说："郭解家贫，不合迁移的标准。"皇上说："一个普通老百姓能让将军替他说情，由此看来，他家里并不穷。"郭解家就这样被迁了。大家出资一千多万给郭解送行。轵县人杨季主的儿子在县里做官，是他提名迁徙郭解的，所以郭解侄子就砍了杨县使头。从此杨家和郭家就结了仇。

【原文】

解入关，关中贤豪知与不知，闻其声，争交驩解。解为人短小，不饮酒，出未尝有骑。已又杀杨季主。杨季主家上书，人又杀之阙下。上闻，乃下吏捕解。解亡，置其母家室夏阳，身至临晋。临晋籍少公素不知解，解冒，因求出关。籍少公已出解，解转入太原，所过辄告主人家。吏逐之，迹至籍少公。少公自杀，口绝。久之，乃得解。穷治所犯，为解所杀，皆在赦前。轵有儒生侍使者坐，客誉郭解，生曰："郭解专以奸犯公法，何谓贤！"解客闻，杀此生，断其舌。吏以此责解，解实不知杀者。杀者亦竟绝，莫知为谁。吏奏解无罪。御史大夫公孙弘议曰："解布衣为任侠行权，以睚眦杀人，解虽弗知，此罪甚于解杀之。当大逆无道。"遂族郭解翁伯。自是之后，为侠者极众，敖而无足数者。然关中长安樊仲子，槐里赵王孙，长陵高公子，西河郭公仲，太原卤公孺，临淮兒长卿，东阳田君孺，虽为侠而逡逡有退让君子之风。至若北道姚氏，西道诸杜，南道仇景，东道赵他、羽公子、南阳赵调之徒，此盗跖居民间者耳，曷足道哉！此乃乡者朱家之羞也。

【译文】

郭解迁徙入关，关中贤士豪侠，不论认识或不认识，听到他的声名，争相和他结为好友。郭解身材矮小，不喝酒，出门不乘车马，后来又杀了杨季主。杨季主家人上书皇上告发郭解，郭解的人马将告发者杀死在京师宫廷门下，皇上得知此事，就命令官吏拘捕郭解。郭解逃亡，把他母亲和家属安置在夏阳，自己逃到临晋，临晋的籍少公本和郭解素不相识，郭解冒称别人姓名，并请求籍少公放他出临晋关。籍少公放走了郭解，郭解辗转逃入太原，所过之处往往将实情告诉招待他的主人家。官吏追捕郭解，追踪到籍少公那里，少公自杀，追查线索的口供断了。过了很久才将郭解抓获。彻底追究他所犯的罪过，郭解杀人的事，都发生在大赦以前。一次，轵县有个儒生陪侍使者，听到在座客人赞美郭解，这个儒生就说："郭解专门作奸犯法，怎么称得上贤士呢？"郭解的门客听了，就杀了这个儒生，割断他的舌头，官吏因此责问郭解。郭解确实不知道是谁杀了人。始终也没查出凶手。审理此案的官吏上奏说郭解没有罪。御史大夫公孙弘说："郭解作为普通百姓，任侠，玩弄权势，因区区小事就要报仇杀人，郭解本人虽然对此一无所知，但这个罪比郭解杀人还要严重，判郭解大逆无道罪。"于是族灭郭解一家。从此以后，行侠的人虽然很多，但都傲慢无理，不值一提。惟独关中长安的樊仲子，槐里的赵王孙，长陵的高公子，西河的郭公仲，太原的卤公孺，临淮的倪长卿，东阳的田君孺，这些人虽然为侠，却谦虚退让有君子之风。至于像北方的姚氏，西方许多姓杜的，南方的仇景，东方的赵他、羽公子，南阳的赵调之流，简直就是民间的强盗，更不值得称道了！这都是过去侠士朱家那样的人引以为耻的。

【原文】

　　太史公曰：吾视郭解，状貌不及中人，言语不足采者。然天下无贤与不肖，知与不知，皆慕其声，言侠者皆引以为名。谚曰："人貌荣名，岂有既乎！"於戏，惜哉！

【译文】

　　太史公说：我看郭解，身材相貌不及普通人，言语也没有什么可取之处，但是，天下的人无论贤与不贤，知道或不知道他的，都仰慕他的声名，谈论游侠的都会提到他的名字。俗话说："人们崇尚名誉难道有尽头么！"唉！郭解之死，可惜呀！

滑 稽 列 传

【原文】

　　孔子曰："六艺于治一也。《礼》以节人，《乐》以发和，《书》以道事，《诗》以达意，《易》以神化，《春秋》以义。"太史公曰：天道恢恢，岂不大哉！谈言微中，亦可以解纷。

【译文】

　　孔子说："六经对于治理国家来说，作用是一样的。《礼》可以规范人的行为，《乐》可以使人团结、和谐融洽，《书》可以使人记述往事，引以为鉴，《诗》可以表达情感，《易》可用奇妙方法发现事物的变化，《春秋》可以使人通晓大义，知道哪些事该做，哪些事不该做。"太史公说："世上的道理及解决问题的办法很多，难道不伟大么！言谈如果稍稍切中事理，就能解决不少问题。"

【原文】

　　淳于髡者，齐之赘婿也。长不满七尺，滑稽多辩，数使诸侯，未尝屈辱。齐威王之时，喜隐，好为淫乐长夜之饮，沉湎不治，委政卿大夫。百官荒乱，诸侯并侵，国且危亡，在于旦暮，左右莫敢谏。淳于髡说之以隐曰："国中有大鸟，止王之庭，三年不蜚又不鸣，王知此鸟何也？"王曰："此鸟不飞则已，一飞冲天；不鸣则已，一鸣惊人。"于是乃朝诸县令长七十二人，赏一人，诛一人，奋兵而出。诸侯振惊，皆还齐侵地。威行三十六年。语在《田完世家》中。

【译文】

淳于髡是齐国的一个上门女婿，身高不到七尺。他说话对答如流，应变能力强，擅长辩论。他多次出使各诸侯国，没有受过屈辱。齐威王在位的时候，喜好讲隐语，又喜欢彻夜饮酒过度，沉湎在酒里，不理政事。把国家大事委托给卿大夫处理。朝中百官荒淫无度，政治腐败。诸侯各国都来侵略。国家危在旦夕。齐王身边大臣都不敢进谏。淳于髡用隐语劝他说："都城中有一只大鸟，停歇在您的庭院中。这只鸟三年来既不飞，也不叫。请问国王您知道这鸟是怎么回事吗？"齐威齐说："这只鸟不飞则已，一飞就会冲上云霄；不叫则已，一叫就会使人大吃一惊。"于是马上召见七十二个县长，奖赏一个，杀了一个，又整顿军队发兵御敌，各诸侯国十分震惊，都把他们侵占齐国的土地还给齐国。强大的齐国威行三十六年，这些话都记载在《田完世家》里。

【原文】

威王八年，楚大发兵加齐。齐王使淳于髡之赵请救兵，赍金百斤，车马十驷。淳于髡仰天大笑，冠缨索绝。王曰："先生少之乎？"髡曰："何敢！"王曰："笑，岂有说乎？"髡曰："今者臣从东方来，见道傍有禳田者，操一豚蹄，酒一盂，祝曰：'瓯窭满篝，污邪满车，五谷蕃熟，穰穰满家。'臣见其所持者狭而所欲者奢，故笑之。"于是齐威王乃益赍黄金千镒，白璧十双，车马百驷。髡辞而行，至赵，赵王与之精兵十万，革车千乘。楚闻之，夜引兵而去。

【译文】

齐威王八年，楚国大举进军攻打齐国。齐威王派淳于髡去赵国搬救兵。让他携带百斤黄金，十辆马车作礼物。淳于髡仰天大笑，把帽带子都笑断了。齐威王说："先生嫌带的少吗？"淳于髡说："怎么敢呢。"齐威王说："既不嫌少，那你为什么笑呢？"淳于髡说："今天我从东边来，看到在路旁有向土地神祈祷的农夫，供上一只猪蹄、一杯酒，祈祷说：'高处狭小的田地收获满筐，低洼平坦的田里收获满车；五谷丰登，米粮满仓。'我看见他供奉祭品那么少，而要祈求的东西又那么多，所以笑他。"于是齐威王把礼物增为黄金一千镒、白璧十对、马车百辆。淳于髡就告别齐威王来到赵国。赵王拨给他精兵十万，裹有皮革的战车一千辆。楚国闻讯，连夜撤兵。

【原文】

　　威王大说，置酒后宫，召髡赐之酒，问曰："先生能饮几何而醉？"对曰："臣饮一斗亦醉，一石亦醉。"威王曰："先生饮一斗而醉，恶能饮一石哉！其说可得闻乎？"髡曰："赐酒大王之前，执法在傍，御史在后，髡恐惧俯伏而饮，不过一斗径醉矣。若亲有严客，髡帣韝鞠䐱，侍酒于前，时赐余沥，奉觞上寿，数起，饮不过二斗径醉矣。若朋友交游，久不相见，卒然相睹，欢然道故，私情相语，饮可五六斗径醉矣。若乃州闾之会，男女杂坐，行酒稽留，六博投壶，相引为曹，握手无罚，目眙不禁，前有堕珥，后有遗簪，髡窃乐此，饮可八斗而醉二参。日暮酒阑，合尊促坐，男女同席，履舃交错，杯盘狼藉，堂上独灭，主人留髡而送客，罗襦襟解，微闻芗泽，当此之时，髡心最欢，能饮一石。故曰酒极则乱，乐极则悲，万事尽然。言不可极，极之而衰。"以讽谏焉。齐王曰："善。"乃罢长夜之饮，以髡为诸侯主客。宗室置酒，髡尝在侧。

　　其后百余年，楚有优孟。

【译文】

　　齐威王十分高兴，在后宫设酒宴，招待淳于髡，赐他饮酒。问他说："先生喝多少酒才醉呢？"淳于髡回答说："我喝一斗也醉，喝一石也醉。"齐威王说："先生喝一斗酒就醉了，怎么能喝一石呢？能把其中的道理说给我听听吗？"淳于髡说："大王当面赏酒给我喝，执法官站在旁边，御史站在后面，我心惊胆颤，低头伏地喝酒，喝不过一斗就醉了。假如父亲有贵客，我卷起衣袖，弯腰跪着，捧着酒杯，在席为大家服务，客人不时地把喝剩的酒赏给我喝，我也端着酒杯不时敬酒，几次下来，喝不到二斗就醉了。倘若是老朋友久未蒙面，突然相遇，高高兴兴地回忆往事，彼此说点体己话，喝上五六斗就醉了。如果是乡里聚会，男女杂坐，不紧不慢，轮流互相敬酒，又玩六博、赛投壶，呼朋唤友，握手言欢，不受处罚，眉目传情无禁忌，面前有坠下的耳环，后面有掉落的簪子，我发自内心地高兴，大概喝上八斗酒也只二三分醉意。太阳落山了，酒也喝完了，将酒杯剩下的酒合在一起，男女促膝而坐，脚挨着脚，杯盘零乱不堪，堂上的灯烛也灭了，主人留下我而送走别的客人。女人的绫罗衣襟已经解开，隐约能闻到阵阵香气，在这个时候我最快乐，能喝下一石酒。所以说：酒喝得太多会出乱，乐极生悲，一切事情都是如此。这也就是说什么事都不能过分，过分了就要衰败。"淳于髡用这些话来规劝齐威王。齐威王说："你说得很好！"于是不再通宵夜饮，任命淳于髡负责接待各诸侯国的使者。齐王王室举行酒宴，淳于髡常常作陪。

淳于髡以后一百多年，楚国出了个优孟。

【原文】

优孟，故楚之乐人也。长八尺，多辩，常以谈笑讽谏。楚庄王之时，有所爱马，衣以文绣，置之华屋之下，席以露床，啖以枣脯。马病肥死，使群臣丧之，欲以棺椁大夫礼葬之。左右争之，以为不可。王下令曰："有敢以马谏者，罪至死。"优孟闻之，入殿门，仰天大哭。王惊而问其故。优孟曰："马者王之所爱也，以楚国堂堂之大，何求不得，而以大夫礼葬之，薄，请以人君礼葬之。"王曰："何如？"对曰："臣请以雕玉为棺，文梓为椁，梗枫豫章为题凑，发甲卒为穿圹，老弱负土，齐、赵陪位于前，韩、魏翼卫其后，庙食太牢，奉以万户之邑。诸侯闻之，皆知大王贱人而贵马也。"王曰："寡人之过一至此乎！为之奈何？"优孟曰："请为大王六畜葬之，以垅灶为椁，铜历为棺，赍以姜枣，荐以木兰，祭以粳稻，衣以火光，葬之于人腹肠。"于是王乃使以马属太官，无令天下久闻也。

【译文】

优孟原来是楚国的乐官，身高八尺，能言善辩，常在谈笑间规劝楚王。楚庄王当政时，非常喜欢一匹马，楚庄王给它穿绵绣的衣服，把它养在华丽的房屋里面，睡在设帷帐的床上，拿枣脯来喂他。后来马因为长得太肥，死了。楚庄王让群臣为它办丧事，要用棺椁收敛尸体，按照安葬大夫的礼仪标准安葬它。左右群臣对此议论纷纷，认为不应该这样做，庄王下令说："谁敢反对这事，就判谁死罪！"优孟听说了这事，走进殿门，仰天大哭。庄王见此情形大吃一惊，问他为什么哭，优孟说："这匹马是您的心爱之物。凭楚国的实力，还有什么事情办不到的呢？国王却只按大夫的礼仪埋葬它，礼仪太轻了。请国王按安葬国王的礼仪来埋葬它。"庄王说："那该怎么葬。"优孟回答说："我请求国王用雕刻花纹的美玉做棺材，用漂亮的梓木做棺椁，用楩、枫、豫、樟等上等木料做护棺，派士兵挖墓穴，让年老体弱的人背土垒坟。齐国、赵国派人陪侍在前面，韩国、魏国的代表在后面护卫。设立庙堂，用最高规格的祭品来祭祀，封给万户大县作为它的供奉。诸侯各国听到这件事，就都知道大王轻视人而重视马了！"庄王说："我竟然错到这种地步吗？该怎么办呢？"优孟说："请让我替大王把它当作一般的牲畜一样来安葬，挖个土灶作外椁，用铜铸的大锅作棺材，再用姜枣调味，铺上木兰树皮，用稻米作祭品，用大火作衣裳，把他葬在人们的肚子里。"于是楚庄王就派人把死马交给主管宫中膳食的官，不让天下人传闻他贵马贱人的事。

【原文】

楚相孙叔敖知其贤人也，善待之。病且死，属其子曰："我死，汝必贫困。若往见优孟，言'我孙叔敖之子也'。"居数年，其子穷困负薪，逢优孟，与言曰："我，孙叔敖子也。父且死时，属我贫困往见优孟。"优孟曰："若无远有所之。"即为孙叔敖衣冠，抵掌谈语。岁余，像孙叔敖，楚王及左右不能别也。庄王置酒，优孟前为寿。庄王大惊，以为孙叔敖复生也，欲以为相。优孟曰："请归与妇计之，三日而为相。"庄王许之。三日后，优孟复来。王曰："妇言谓何？"孟曰："妇言慎无为，楚相不足为也。如孙叔敖之为楚相，尽忠为廉以治楚，楚王得以霸。今死，其子无立锥之地，贫困负薪以自饮食。必如孙叔敖,不如自杀。"因歌曰:"山居耕田苦,难以得食。起而为吏,身贪鄙者余财,不顾耻辱。身死家室富,又恐受赇枉法,为奸触大罪,身死而家灭。贪吏安可为也!念为廉吏,奉法守职,竟死不敢为非。廉吏安可为也!楚相孙叔敖持廉至死,方今妻子穷困,负薪而食,不足为也!"于是庄王谢优孟,乃召孙叔敖子,封之寝丘四百户,以奉其祀。后十世不绝。此知可以言时矣。

其后二百余年,秦有优旃。

【译文】

楚国宰相孙叔敖知道优孟是一个很有才能的人,对他很好。后来孙叔敖病危,嘱咐他的儿子说:"我死了以后,你一定会穷困潦倒。到那时,你就去拜见优孟,你对优孟说,'我是孙叔敖的儿子。'"过了几年,他儿子生活果然很贫困,背着柴在路上遇到优孟,就对优孟说:"我是孙叔敖的儿子。父亲临死时,嘱咐我贫困时去拜见您。"优孟说:"你不要到远处去。"自己马上做了和孙叔敖一样的衣服帽子穿戴着,模仿孙叔敖的言谈举止。一年多过去了,优孟模仿得很像孙叔敖了。楚庄王和左右大臣根本认不出他是优孟。有一天楚庄王设宴,优孟上前敬酒。庄王大为惊讶,以为孙叔敖复活了,想用他做楚国宰相。优孟说:"请允许我回去和妻子商量一下,三天后再给您答复。"庄王答应了他的请求。三天以后,优孟又来见庄王。庄王问他说:"您妻子怎么说?"优孟说:"妻子说千万不要答应,做楚国宰相不值得。像孙叔敖那样,做宰相的时候,尽忠尽职,为政廉洁来治理楚国,楚王才得以称霸。如今他死,他的儿子没有立锥之地,穷得靠打柴来维持生活。如果像孙叔敖那样做楚国宰相,倒不如自杀!"接着唱道:"住在山野耕田很苦却得不到足够的食物。拼命做官,本身贪污卑鄙的,积赚钱财,而不顾耻辱。想在自己死后家庭富足,又怕贪赃枉法,犯下大罪,自身被处死而家室也被灭绝。由此看来,怎么能做贪官呢?想到要做个清官,奉公守法忠于职守,到死都不敢做非法的事,可是又怎能做清官呢!楚国宰相孙叔敖,一生廉洁,一直到死,现在妻子儿子却以打柴为生。做清官不值得啊!"楚庄王听优孟这样一说,于是向优孟表示歉意,就召见孙叔敖的儿子,将寝丘四百户的地方封给他,用来供奉孙叔敖的祭祀,此后传到十代没有断绝。像优孟这样,算是懂得把握讲话的时机了!

在优孟以后二百多年，秦国有个优旃。

【原文】

优旃者，秦倡侏儒也。善为笑言，然合于大道。秦始皇时，置酒而天雨，陛楯者皆沾寒。优旃见而哀之，谓之曰："汝欲休乎？"陛楯者皆曰："幸甚。"优旃曰："我即呼汝，汝疾应曰诺。"居有顷，殿上上寿呼万岁。优旃临槛大呼曰："陛楯郎！"郎曰："诺。"优旃曰："汝虽长，何益，（幸）雨[中]立。我虽短也，幸休居。"于是始皇使陛楯者得半相代。

【译文】

优旃是秦国的戏子，又是个侏儒。擅长讲笑话，但他讲的笑话合乎大道理。秦始皇的时候，有一次，宫中大摆酒宴，正赶上下雨。在殿阶下拿着盾牌站岗的卫兵，衣服都被淋湿了，冻得直哆嗦。优旃见了很同情他们，于是对他们说："你们想休息吗？"卫兵都说："非常希望休息。"优旃说："等会儿，我一喊你们，你们马上大声喊'喏'！"过了一会儿，宫殿上向秦始皇敬酒。高呼万岁。优旃走到栏杆旁大声呼喊，"卫兵们！"卫兵高声回答："喏！"优旃说："你们虽然身材高大，可有什么用呢，只能在雨中站岗！我虽然长得矮小，倒有幸能够在屋里休息！"于是秦始皇让卫兵分成两班，让他们轮流休息。

【原文】

始皇尝议欲大苑囿，东至函谷关，西至雍、陈仓。优旃曰："善。多纵禽兽于其中，寇从东方来，令麋鹿触之足矣。"始皇以故辍止。

二世立，又欲漆其城。优旃曰："善。主上虽无言，臣固将请之。漆城虽于百姓愁费，然佳哉！漆城荡荡，寇来不能上。即欲就之，易为漆耳，顾难为荫室。"于是二世笑之，以其故止。居无何，二世杀死，优旃归汉，数年而卒。

【译文】

　　秦始皇曾经召集群臣商议,想要扩建皇家猎场。东到函谷关,西到雍县、陈仓。优旃说:"太好了!多放些禽兽在里面。如果东边有敌人入侵,让麋鹿用角去撞他们就可以了!"秦始皇因此就停止了扩大园林的计划。

　　秦二世即位,又想要油漆他的咸阳城的城墙。优旃说:"很好!皇上即使自己不说出来,我也会请求皇上这么做。漆城虽然劳民伤财,可是很美啊!把城漆得光亮平滑,盗寇来了也爬不上去。给城墙上漆其实一点不难,困难的是要荫干城墙上的油漆得建一座大房子把整个城墙遮起来。"于是秦二世笑了起来,因此就打消了这个念头。没过多久,秦二世被杀,优旃归顺了汉朝。几年以后就死了。

【原文】

　　太史公曰:淳于髡仰天大笑,齐威王横行。优孟摇头而歌,负薪者以封。优旃临槛疾呼,陛楯得以半更。岂不亦伟哉!

【译文】

　　太史公说:淳于髡仰天大笑,齐威王就称霸天下;优孟摇头歌唱,卖柴为生的人得到封赏;优旃凭栏大喊一声,阶下的卫士可得轮换,这些难道不都是很伟大而值得称颂的事吗!

【原文】

　　褚先生曰:臣幸得以经术为郎,而好读外家传语。窃不逊让,复作故事滑稽之语六章,编之于左。可以览观扬意,以示后世好事者读之,以游心骇耳,以附益上方太史公之三章。

【译文】

　　褚少孙先生说:我很荣幸因为通晓儒术而做了郎官,而且喜欢读《六经》以外的史传杂说。自不量力,又写了六篇滑稽故事,将它们的编在后面。可供阅览,扩充见闻,把它留给多事而又不嫌麻烦的人看,可以愉悦心志,刺激耳目。把它附在上面太史公所写的三则滑稽故事后面。

【原文】

武帝时有所幸倡郭舍人者，发言陈辞虽不合大道，然令人主和说。武帝少时，东武侯母常养帝，帝壮时，号之曰"大乳母"。率一月再朝。朝奏入，有诏使幸臣马游卿以帛五十匹赐乳母。又奉饮糒飧养乳母。乳母上书曰："某所有公田，愿得假倩之。"帝曰："乳母欲得之乎？"以赐乳母。乳母所言，未尝不听。有诏得令乳母乘车行驰道中。当此之时，公卿大臣皆敬重乳母。乳母家子孙奴从者横暴长安中，当道掣顿人车马，夺人衣服。闻于中，不忍致之法。有司请徙乳母家室，处之于边。奏可。乳母当入至前，面见辞。乳母先见郭舍人，为下泣。舍人曰："即入见辞去，疾步数还顾。"乳母如其言，谢去，疾步数还顾。郭舍人疾言骂之曰："咄！老女子！何不疾行，陛下已壮矣，宁尚须汝乳而活邪？尚何还顾！"于是人主怜焉悲之，乃下诏止无徙乳母，罚谪谮之者。

【译文】

汉武帝非常宠爱一个叫郭舍人的戏子。郭舍人所说的话虽然不合大道理，却能使皇上听了心情愉快。汉武帝年幼的时候，东武侯的母亲曾经乳养过他。武帝长大以后就叫她"大乳母"。大乳母几乎每个月都要进宫看皇上两回。每次大乳母入朝的通报一送进去，武帝下诏让他宠爱的侍臣马游卿赏赐给大乳母五十匹帛，并准备酒菜招待乳母。一次大乳母上书说："某地方有一块公田，希望能把它借给我。"武帝说："乳母您想要吗？"便将那块公田赏赐给乳母。武帝对大乳母言听计从。还下诏让乳母乘坐的车子要在御道上行走。这时，公卿大臣，都敬重乳母。乳母家的子孙、奴仆、侍从等仗势在长安城中横行霸道，在大街上拦截别人的车马，抢夺人家的衣服，这些事传到了宫中，武帝不忍心依法治乳母的罪。主管官员报请武帝把乳母一家发配到边疆去，武帝同意。按规矩乳母应当入朝进见武帝，当面辞行。她事先去见郭舍人，并为此伤心流泪。郭舍人说："你入朝见了皇上，马上向皇上辞行，辞行后赶快离开，并且要多次回头看皇上。"乳母按照郭舍人的话去做，向武帝当面辞行后，赶快离开，并且多次回头

二七〇

望着皇上，郭舍人大声骂乳母说："咄，老太婆，为什么还不快走！皇上已经长大了，难道说还要靠吃你的奶来活命吗！还回头看什么！"这时皇上可怜大乳母，非常伤心，就下诏令不得迁徙乳母，反而对谗害乳母的人进行处罚。

【原文】

武帝时，齐人有东方生名朔，以好古传书，爱经术，多所博观外家之语。朔初入长安，至公车上书，凡用三千奏牍。公车令两人共持举其书，仅然能胜之。人主从上方读之，止，辄乙其处，读之二月乃尽。诏拜以为郎，常在侧侍中。数召至前谈语，人主未尝不说也。时诏赐之食于前。饭已，尽怀其余肉持去，衣尽污。数赐缣帛，檐揭而去。徒用所赐钱帛，取少妇于长安中好女。率取妇一岁所者即弃去，更取妇。所赐钱财尽索之于女子。人主左右诸郎半呼之"狂人"。人主闻之，曰："令朔在事无为是行者，若等安能及之哉！"朔任其子为郎，又为侍谒者，常持节出使。朔行殿中，郎谓之曰："人皆以先生为狂。"朔曰："如朔等，所谓避世于朝廷间者也。古之人，乃避世于深山中。"时坐席中，酒酣，据地歌曰："陆沉于俗，避世金马门。宫殿中可以避世全身，何必深山之中，蒿庐之下。"金马门者，宦［者］署门也，门傍有铜马，故谓之曰"金马门"。

【译文】

汉武帝的时候，齐国有个人叫东方朔，喜欢看古代流传下来的史传书籍，喜爱儒学，博览诸子百家的著作。东方朔刚到长安的时候，到公车府上书，一共用了三千片木简。公车派两个人去搬才搬动，皇上到官署阅读。告一段落后，就在所读过的地方做上一个记号，读了两个月才全部读完。皇上下令任命东方朔做郎官，东方朔经常在皇上身边听候差遣，皇上屡次叫他到跟前谈话，没有不高兴的时候。皇上时常当面赐宴给东方朔，吃完饭，东方朔就把剩下的肉全部揣在怀里带走，衣服上尽是油污。皇上多次赐给他绢帛，他扛着挑着就走。他用皇上赏赐的钱财绢帛在长安城中选娶年少貌美的女子。一年娶一个漂亮女人。皇上所赏赐的钱财，全都花在女人身上。皇上身边的那些郎官，多半叫他"疯子"。皇上听到了说："假如东方朔专心做官，不做这些荒诞的事，你们哪里比得上他呢？"东方朔任用他的儿子做郎官，他又做了掌管内廷传达的官，经常持节出使，东方朔在殿中行走，郎官对他说："大家都以为先生是个疯子。"东方朔说："像我东方朔这样的人，就是所说的在朝廷中隐居的人。古代的人，则隐居在深山里。"经常在酒席上，喝酒兴起，蹲在地上唱道："沦落在俗世中，避世在金马门。可以隐居在宫殿里，保全性命，何必要躲到深山之中，茅棚里面呢。"金马门就是宦官署的大门，因为大门旁边有铜马，所以叫做"金马门"。

【原文】

　　时会聚宫下博士诸先生与论议，共难之曰："苏秦、张仪一当万乘之主，而都卿相之位，泽及后世。今子大夫修先王之术，慕圣人之义，讽诵《诗》、《书》、百家之言，不可胜数。著于竹帛，自以为海内无双，即可谓博闻辩智矣。然悉力尽忠以事圣帝，旷日持久，积数十年，官不过侍郎，位不过执戟，意者尚有遗行邪？其故何也？"东方生曰："是固非子所能备也。彼一时也，此一时也，岂可同哉！夫张仪、苏秦之时，周室大坏，诸侯不朝，力政争权，相禽以兵，并为十二国，未有雌雄，得士者强，失士者亡，故说听行通，身处尊位，泽及后世，子孙长荣。今非然也。圣帝在上，德流天下，诸侯宾服，威振四夷，连四海之外以为席，安于覆盂，天下平均，合为一家，动发举事，犹如运之掌中。贤与不肖，何以异哉？方今以天下之大，士民之众，竭精驰说，并进辐凑者，不可胜数。悉力慕义，困于衣食，或失门户。使张仪、苏秦与仆并生于今之世，曾不能得掌故，安敢望常侍侍郎乎！传曰：'天下无害菑，虽有圣人，无所施其才；上下和同，虽有贤者，无所立功。'故曰时异则事异。虽然，安可以不务修身乎？《诗》曰：'鼓钟于宫，声闻于外。''鹤鸣九皋，声闻于天。'苟能修身，何患不荣！太公躬行仁义七十二年，逢文王，得行其说，封于齐，七百岁而不绝。此士之所以日夜孜孜，修学行道，不敢止也。今世之处士，时虽不用，崛然独立，块然独处，上观许由，下察接舆，策同范蠡，忠合子胥，天下和平，与义相扶，寡偶少徒，固其常也。子何疑于余哉！"于是诸先生默然无以应也。

【译文】

　　一次，宫中会集了通晓古今的学者参讨政事，这些学者诘难东方朔说："苏秦和张仪，一遇到大国的君主，就贵为卿相，恩泽后代。现在先生您研修先王的治国之术，仰慕圣人的仁义，熟读《诗经》《书经》，博览诸子百家著作，数不胜数，又有著述，自以为海内没人比得上您，可以说是见多识广，聪颖善辩。可是您竭力尽心来侍奉英明的皇上，过了这么长时间，有几十年了，官职不过是个侍郎，职位也不过是个执戟卫士，想来是您有什么过失吧，这是什么原故呢？"东方先生说："这本不是你们所能理解的。苏秦、张仪所处的是一个时代，现在时代变了，怎么可以同日而语呢？在张仪、苏秦的时代，周朝政权十分衰败，诸侯都不去朝见天子，都凭借武力争相称霸，相互用兵攻伐侵略，互相兼并成十二个国家，决不出胜负。得到人才的就强大，失去人才的就灭亡。所以他们的建议常被人主听信采纳，能实现自己的理想抱负，身居高位，恩泽后代，子孙也可久享荣华富贵。现在就不是这样了。英明的皇帝在位，恩德遍布天下，各诸侯国都服从君主的领导，威势震慑四夷，普天下皆为王土，国家安定，天下太平，合成一家，有什么行动，举办什么事情，尽在股掌之间。贤和不贤的人，凭什么区分他们之间的差异呢？当今天下这么大，有识之士这么多，都竭精尽力到处游说，从四面八方聚集到京城，想谋得官职的人，不可胜数。他们尽心尽力，仰慕道义，仍避免不了缺衣少食，有的投靠无门。假使张仪、苏秦和我都生在今天这个时代，恐怕他们连一个掌故的官都得不到，怎么敢奢望做侍郎呢？古书上说：'天下假如没有什么灾害，即使有圣人，他也无法施展他的才华；君臣上下如果能同心协力，即使有贤人，也没有他建功立业的地方。'所以说：'时代不同，情况也就不一样。'即使这样，难道可以不努力提高自身修养吗？《诗经》上说：'在宫殿内敲钟，声音可以传到外面。''鹤在沼泽深处鸣叫，声音可以传到天上。'假如能够修养好品德，还用担心不能荣耀显贵吗？姜太公亲身行仁义七十二年，碰到周文王，才得以实行他的主张，封在齐国，七百多年没有断绝。这就是士人所以夜以继日努力修学，推行自己主张，孜孜不倦的原因。当今世上那些没当官的人，当时虽不被任用，但像山石一样矗立，像泥土一般安定独处，远视许由的为人，近看接舆的处世，谋略有如范蠡，像伍子胥一样忠诚，天下太平，修身自持，卓尔不群，这本来是很正常的情形。你们为什么怀疑我呢？"于是那些先生都默不吭声，无言以对。

【原文】

建章宫后阁重栎中有物出焉，其状似麋。以闻，武帝往临视之。问左右群臣习事通经术者，莫能知。诏东方朔视之，朔曰："臣知之，愿赐美酒粱饭大飱臣，臣乃言。"诏曰："可。"已，又曰："某所有公田鱼池蒲苇数顷，陛下以赐臣，臣朔乃言。"诏曰："可。"于是朔乃肯言，曰："所谓驺牙者也。远方当来归义，而驺牙先见。其齿前后若一，齐等无牙，故谓之驺牙。"其后一岁所，匈奴混邪王果将十万众来降汉。乃复赐东方生钱财甚多。

【译文】

在建章宫后阁的双重栏中，跑出来一只动物，它看起来像麋鹿。武帝听说后就跑去看。武帝问身边侍臣中熟悉各种动物、通晓经学的人，却没人认识那种动物。武帝下诏让东方朔来看看。东方朔说："我知道这是什么，请赐给我美酒好饭，让我好好吃一顿，我才说。"武帝说："行。"酒足饭饱后，东方朔又说："某某地方有几顷公田、鱼池、蒲苇地，陛下把它赏给我，我才说。"武帝说："可以。"这时东方朔才说："这就是所说的驺牙呀！远方的国家

东方朔

要来归附，驺牙便先出现，它的牙齿前后一样，大小相等而没有白齿，所以把它叫作驺牙。"此后一年多，匈奴的混邪王果然带领十万人归降朝廷，武帝又赏赐给东方朔很多钱财。

【原文】

至老，朔且死时，谏曰："《诗》云'营营青蝇，止于蕃。恺悌君子，无信谗言。谗言罔极，交乱四国'。愿陛下远巧佞，退谗言。"帝曰："今顾东方朔多善言？"怪之。居无几何，朔果病死。传曰："鸟之将死，其鸣也哀；人之将死，其言也善。"此之谓也。

【译文】

东方朔年纪大了临死时，对汉武帝说："《诗经》上说：'飞来飞去的苍蝇，落在篱笆上。善良仁慈的君子，不要听信谗言。谗言不止，天下大乱。'希望陛下远离奸巧佞臣，不要听信他们的谗言。"武帝说："现在看来你东方朔也会说很多好话么！"感到很奇怪。不久，东方朔果然病死了。古书上说："鸟到快死的时候，它的叫声也悲哀；人到快死的时候，说出的话也很善良。"就是这种情况吧。

【原文】

武帝时，大将军卫青者，卫后兄也，封为长平侯。从军击匈奴，至余吾水上而还，斩首捕虏，有功来归，诏赐金千斤。将军出宫门，齐人东郭先生以方士待诏公车，当道遮卫将军车，拜谒曰："愿白事。"将军止车前，东郭先生旁车言曰："王夫人新得幸于上，家贫。今将军得金千斤，诚以其半赐王夫人之亲，人主闻之必喜。此所谓奇策便计也。"卫将军谢之曰："先生幸告之以便计，请奉教。"于是卫将军乃以五百金为王夫人之亲寿。王夫人以闻武帝。帝曰："大将军不知为此。"问之安所受计策，对曰："受之待诏者东郭先生。"诏召东郭先生，拜以为郡都尉。东郭先生久待诏公车，贫困饥寒，衣敝，履不完。行雪中，履有上无下，足尽践地。道中人笑之，东郭先生应之曰："谁能履行雪中，令人视之，其上履也，其履下处乃似人足者乎？"及其拜为二千石，佩青绶出宫门，行谢主人。故所以同官待诏者，等比祖道于都门外。荣华道路，立名当世。此所谓衣褐怀宝者也。当其贫困时，人莫省视；至其贵也，乃争附之。谚曰："相马失之瘦，相士失之贫。"其此之谓邪？

【译文】

汉武帝时候的大将军卫青，是卫皇后的哥哥，被封为长平侯。他带兵去打匈奴，追到余吾水边才返回，斩杀俘虏了许多敌人，立功归来，武帝下令赏赐黄金千斤。卫青将军走出宫门，齐人东郭先生，以江湖术士的身份在公车府候差,在路上截住卫将军的车子,拜见大将军说:"有事禀告将军。"大将军停住车,把东郭先生叫到跟前。东郭先生靠近车边说:王夫人近来备受皇上宠爱,可是她的家里很穷,现在将军得到黄金千斤,如果送五百斤给王夫人的父母亲,皇上知道了一定很高兴。这就是所谓巧妙而便捷的计策。"卫将军感谢他说:"很高兴先生向我献计,我一定按先生的话去做。"于是,卫将军就拿出五百金献给王夫人的父母。王夫人把这事告诉了武帝。武帝说:"大将军自己不会知道这样做。"问卫将军哪里来的主意,卫将军回答说:"是从候差东郭先生那里得来的。"于是皇上下令召见东郭先生,任命他做郡都尉。东郭先生长期在公车府候差,穷困潦倒,饥寒交迫,衣服是烂的,鞋子是破的,在雪中行走,鞋子只有鞋面而没有鞋底,两只脚全踩在地上。过路人见了笑他。东郭先生回答他们说:"谁能在雪地上行走,让人家看见脚上穿着鞋子,鞋下面踩出来是脚印而不是鞋印呢?"等到他被任命为两千石的官,佩带着印绶,走出宫门,去房东那辞行。以前在公车府和他一起候差的人,成群结队在都门外为他饯行,一路风光显耀,在当时就出了名。这就是所说的穿着粗布衣,怀里装着珍宝的人。当他贫困潦倒的时候,没有人理睬,等到他显贵了,就争着依附他。俗话说:"相马人挑马因马瘦而错失良马。从外表观察人因人贫穷而埋没了人才。"大概就是说的这种情况吧!

【原文】

王夫人病甚,人主至自往问之曰:"子当为王,欲安所置之?"对曰:"愿居洛阳。"人主曰:"不可。洛阳有武库、敖仓,当关口,天下咽喉。自先帝以来,传不为置王。然关东国莫大于齐,可以为齐王。"王夫人以手击头,呼"幸甚"。王夫人死,号曰"齐王太后薨"。

昔者,齐王使淳于髡献鹄于楚。出邑门,道飞其鹄,徒揭空笼,造诈成辞,往见楚王曰:"齐王使臣来献鹄,过于水上,不忍鹄之渴,出而饮之,去我飞亡。吾欲刺腹绞颈而死,恐人之议吾王以鸟兽之故令士自伤杀也。鹄,毛物,多相类者,吾欲买而代之,是不信而欺吾王也。欲赴佗国奔亡,痛吾两主使不通。故来服过,叩头受罪大王。"楚王曰:"善,齐王有信士若此哉!"厚赐之,财倍鹄在也。

【译文】

王夫人病重，皇上亲自去看望。问她说："应该封你儿子为王。你想让他封在什么地方？"王夫人回答说："希望把他封在洛阳。"皇上说："那不行。洛阳有武器库和粮仓，又是要道，是天下的咽喉。从先帝到今，按规矩，不在洛阳封王。不过关东的封国，齐国最大，可以封他为齐王。"王夫人用手拍着头叫道："太幸运了！"王夫人死后，就称为"齐王太后逝世"。

从前，齐王派淳于髡到楚国去进献天鹅。淳于髡出了城门，半路把天鹅放飞了，只好提着空笼子，编造了一篇假话，去见楚王，说："齐王派我来进献天鹅，过河时看到天鹅口渴，我于心不忍，把它放出来让它饮水。结果他离开我飞走了。我想剖腹或上吊自杀，担心别人议论说君王因为鸟兽的缘故而致使士人自杀。天鹅是长着羽毛的禽类，有很多和它相像的。我想买一只来代替，这样做不诚实而欺骗君王。我想逃到别的国家去，又担心这会影响我们两国的交往。所以我前来磕头认罪，请大王处置。"楚王说："不错，齐王竟有这样讲信用的人！"于是重赏淳于髡，所赏赐的财物比进献的天鹅还多一倍。

【原文】

武帝时，征北海太守诣行在所。有文学卒史王先生者，自请与太守俱："吾有益于君。"君许之。诸府掾功曹白云："王先生嗜酒，多言少实，恐不可与俱。"太守曰："先生意欲行，不可逆。"遂与俱。行至宫下，待诏宫府门。王先生徒怀钱沽酒，与卫卒仆射饮，日醉，不视其太守。太守入跪拜。王先生谓户郎曰："幸为我呼吾君至门内遥语。"户郎为呼太守。太守来，望见王先生。王先生曰："天子即问君何以治北海令无盗贼，君对曰何哉？"对曰："选择贤材，各任之以其能，赏异等，罚不肖。"王先生曰："对如是，是自誉自伐功，不可也。愿君对言：非臣之力，尽陛下神灵威武所变化也。"太守曰："诺。"召入，至于殿下，有诏问之曰："何以治北海，令盗贼不起？"叩头对言："非臣之力，尽陛下神灵威武之所变化也。"武帝大笑，曰："於呼！安得长者

史记·列传

之语而称之！安所受之？"对曰："受之文学卒史。"帝曰："今安在？"对曰："在宫府门外。"有诏召拜王先生为水衡丞，以北海太守为水衡都尉。传曰："美言可以市，尊行可以加人。君子相送以言，小人相送以财。"

【译文】

汉武帝时，征召北海郡太守到皇帝行宫去。有一个掌管文书的小吏王先生，主动要陪太守去，说："带上我对你有好处。"太守答应了他。其他的官吏都劝太守说："王先生喜欢喝酒，好吹牛，没什么真本事，恐怕不宜一起去。"太守说："王先生想去，不好违背他的意愿。"于是就让王无生和他同行。到了行宫门外，在宫府门等待召见。王先生只顾拿钱买酒，和卫队的长官一起喝酒，整天喝得醉醺醺的，从不去看望他的太守。太守要入宫拜见皇上，王先生对守门的郎官说："希望您替我把我的太守叫到宫门内，我远远地和他说几句话。"郎官就替他喊了太守。太守走过来望见王先生。王先生说："天子如果问您用什么方法治理北海郡，使得那里没有盗贼，你怎么回答？"太守回答说："选拔贤能的人，按照他们的能力分别加以任用。奖赏政绩优异的人，惩罚无能的人。"王先生："这样回答，是自我夸耀，是不行的，希望您回答说：'不是我个人的力量，都是皇上英明神武所感化的结果。'"太守说："好吧！"太守被召入宫中，走到殿下，武帝下诏令问太守说："你是怎么治理北海郡，使得那里没有盗贼的？"太守叩头回答说："这不是我个人的力量，完全是陛下英明神武感召下的结果。"武帝大笑说："哎呀！难得忠厚的人能说出这种话，你从哪里听来的？"太守回答说："是掌管文书的小吏教我的。"武帝说："他现在在哪里？"太守回答说："在宫门外。"于是武帝下诏任王先生为水衡丞，任北海太守为水衡都尉。古书上说："美好的言辞可换取高官，高贵的德行可以施给别人。君子赠人良言，小人赠人钱财。"

【原文】

魏文侯时，西门豹为邺令。豹往到邺，会长老，问之民所疾苦。长老曰："苦为河伯娶妇，以故贫。"豹问其故，对曰："邺三老、廷掾常岁赋敛百姓，收取其钱得数百万，用其二三十万为河伯娶妇，与祝巫共分其余钱持归。当其时，巫行视人家女好者，云'是当为河伯妇'，即娉取。洗沐之，为治新缯绮縠衣，闲居斋戒；为治斋宫河上，张缇绛帷，女居其中。为具牛酒饭食，

（行）十余日。共粉饰之，如嫁女床席，令女居其上，浮之河中。始浮，行数十里乃没。其人家有好女者，恐大巫祝为河伯取之，以故多持女远逃亡。以故城中益空无人，又困贫，所从来久远矣。民人俗语曰'即不为河伯娶妇，水来漂没，溺其人民'云。"西门豹曰："至为河伯娶妇时，愿三老、巫祝、父老送女河上，幸来告语之，吾亦往送女。"皆曰："诺"。

【译文】

魏文侯的时候，西门豹做邺县县令。西门豹到了邺城，召集年高德重的人询问老百姓的疾苦。那些人说："老百姓苦于给河神娶妻，因此穷困潦倒，民不聊生。"西门豹问为河神娶妻的具体情况，回答说："邺县的三老、廷掾，每年向老百姓征收赋税，搜刮他们的钱财达数百万之多。他们用其中二三十万给河神娶妻子，其他的就和巫婆一起分掉，拿回家去。这时候，巫婆到穷人家里看到漂亮女孩，就说这个女孩应当做河神的妻子。就把她聘娶过来，为她洗澡洗头，替她缝制新丝绸的衣服，让女孩一个人住并斋戒；并在河岸边建斋戒的房子。挂上红色的帷帐，让女孩子住在里面。十多天造酒准备饭食，等到那天，大家来装饰这嫁娶的场面，像女儿出嫁一样，准备一张席子，让女孩坐在上面，漂在河中。起初还浮在水面上，漂浮了几十里就沉下去了。所以有漂亮女孩子的人家，担心大巫婆要把女儿给河神，大多带着女儿逃到远方去了。因此城里的人越来越少，越来越贫困，这种情况已经很久了。民间传说：'如果不给河神娶妻子，就会发大水，淹没田庄，淹死老百姓。'"西门豹说："到了给河神娶妻子的时候，三老、巫婆、乡亲们把女孩送到河边上。希望你们来告诉我，我也要去送新娘。"长老们都答道："是！"

【原文】

至其时，西门豹往会之河上。三老、官属、豪长者、里父老皆会，以人民往观之者三二千人。其巫，老女子也，已年七十。从弟子女十人所，皆衣缯单衣，立大巫后。西门豹曰："呼河伯妇来，视其好丑。"即将女出帷中，来至前。豹视之，顾谓三老、巫祝、父老曰："是女子不好，烦大巫妪为入报河伯，得更求好女，后日送之。"即使吏卒共抱大巫妪投之河中。有顷，曰："巫妪何久也？弟子趣之！"复以弟子一人投河中。有顷，曰："弟子何久也？复使一人趣之！"复投一弟子河中。凡投三弟子。西门豹曰："巫妪弟子是女子也，不能白事，烦三老为入白之。"复投三老河中。西门豹簪笔磬折，向河立待良久。长老、吏傍观者皆惊恐。西门豹顾曰："巫妪、三老不来还，柰之何？"欲复使廷掾与豪长者一人入趣之。皆叩头，叩头且破，额血流地，色如死灰。西门豹曰："诺，且留待之须臾。"须臾，豹曰："廷掾起矣。状河伯留客之久，若皆罢去归矣。"邺吏民大惊恐，从是以后，不敢复言为河伯娶妇。

【译文】

　　到了给河神娶妻子的时候，西门豹到河边与大家会合。三老、官吏、豪绅以及村里的父老都到齐了。算上去看热闹的老百姓一共有二三千人。大巫婆是个老太婆，已经七十岁了，身边带着十几个女弟子，都穿着丝绸祭服，站在大巫婆的后面。西门豹说："把河神的新娘子叫过来，看看她漂亮不漂亮。"巫婆就把女孩子从帷帐中带到西门豹面前。西门豹看了看，回头对三老、巫婆、父老们说："这个女子不漂亮，麻烦大巫婆进去报告河神，等后天找到漂亮的女子再给他送去。"就让小吏和差役一道把大巫婆抱起来丢到河里。过了一会儿，西门豹说："巫婆这一去怎么这么久呢？让弟子快去催催她！"又把大巫婆的一个弟子扔到河里。过了一会儿又说："弟子这一去怎么这么久呢？再派一个人催催看！"又把一个弟子扔水中，一共扔了三个弟子。西门豹说："巫婆和弟子都是女人，不能禀告事情，麻烦三老进去禀告一下。"又把三老投入河中。西门豹头上插着毛笔一样的簪子，躬身作揖，对着河水站着等了很久。长老、官吏等在旁边观看的人都吓坏了，西门豹回过头来说："巫婆、三老不回来，怎么办？"想再派廷掾和一个豪绅去催他们。廷掾、豪绅都跪在地上一个劲儿地磕头，把头都磕破了。血流满地，面如死灰。西门豹说："好吧！暂时再等待一下。"过了一会儿，西门豹说："廷掾起来吧！看样子河神要留客人多待些时候，大家都回去吧！"邺县的官吏百姓都很害怕，从此以后，不敢再说为河神娶妻的事了。

【原文】

西门豹即发民凿十二渠,引河水灌民田,田皆溉。当其时,民治渠少烦苦,不欲也。豹曰:"民可以乐成,不可与虑始。今父老子弟虽患苦我,然百岁后期令父老子孙思我言。"至今皆得水利,民人以给足富,十二渠经绝驰道,到汉之立,而长吏以为十二渠桥绝驰道,相比近,不可。欲合渠水且至驰道,合三渠,为一桥。邺民人父老不肯听长吏,以为西门君所为也,贤君之法式不可更也。长吏终听置之。故西门豹为邺令,名闻天下,泽流后世,无绝已时,几可谓非贤大夫哉!

【译文】

西门豹就役使百姓开凿十二条河渠,引漳河水灌溉农田,所有的田地都得到灌溉。当西门豹开渠的时候,百姓嫌凿渠辛苦,都不愿干。西门豹说:"可以和百姓共享劳动成果,但不能和他们一起谋事。现在乡亲们虽然埋怨我让他们受累,但是百年以后,他们一定会明白我的良苦用心。"直到现在那里都能得到河水灌溉的利益,百姓因丰收而富裕,十二条渠道都横穿大道。到汉朝建立,地方官吏认为十二条渠道的桥梁隔断的御道,彼此相隔很近,不行。想要合并水渠,把流经御道的水渠合三为一,只架一座桥,邺县的百姓父老都不肯听从地主官吏的意见,认为这些水渠是西门先生规划开凿的,贤良长官定下的规矩是不可以更改的。地方官终于尊重老百姓的意愿而放弃了并渠的计划。所以西门豹为邺县县令,名声传扬天下。为后代造福,永远不会终止。难道他不是一位贤良的官吏?

【原文】

传曰:"子产治郑,民不能欺;子贱治单父,民不忍欺;西门豹治邺,民不敢欺。"三子之才能谁最贤哉?辨治者当能别之。

【译文】

古书上说:"子产治理郑国,百姓不能欺诈;子贱治理单父,百姓不忍心欺诈;西门豹治理邺县,百姓不敢欺诈。"他们三个人的才能,哪一个最高呢?评论政治的人,自然能分辨得出。